U0560739

怎么干 中国『农产品区域公用品牌』

程虹 著

WUHAN UNIVERSITY PRESS
武汉大学出版社

图书在版编目(CIP)数据

中国"农产品区域公用品牌"怎么干/程虹著．武汉：武汉大学出版社,2024.6. —ISBN 978-7-307-24440-5

Ⅰ.F326.5

中国国家版本馆 CIP 数据核字 2024Y12G84 号

责任编辑:黄金涛　　　责任校对:鄢春梅　　　版式设计:马　佳

出版发行:**武汉大学出版社**　　（430072　武昌　珞珈山）

（电子邮箱:cbs22@whu.edu.cn　网址:www.wdp.com.cn）

印刷:湖北金海印务有限公司

开本:720×1000　　1/16　　印张:20.25　　字数:276 千字　　插页:1

版次:2024 年 6 月第 1 版　　2024 年 6 月第 1 次印刷

ISBN 978-7-307-24440-5　　定价:85.00 元

版权所有,不得翻印;凡购我社的图书,如有质量问题,请与当地图书销售部门联系调换。

前　言

　　农产品区域公用品牌，对于乡村振兴、提高区域特别是县域经济高质量发展的重要性是不言而喻的，所以出现了各地争相打造农产品区域公用品牌的热潮。在这一热潮的背后，不能不正视的一个现象是，有相当一部分区域品牌的打造并不尽如人意。这是驱使我写这本书的最根本原因，也就是要从科学规律上来研究区域品牌打造的底层逻辑、正确方法和有效路径。好在我所在的武汉大学质量发展战略研究院（以下简称武大质量院），十多年来一直在专注地研究质量发展问题，而质量发展中一个基础的研究领域就是品牌，这为本书要回答"区域品牌怎么干"这一重大命题，提供了坚实的研究基础和科学支撑。

　　这些年来，我的工作更加忙碌，一个重要的原因是受很多省市，特别是一些县域的邀请，作关于农产品区域公用品牌的专题讲座。当然也有很多地方组织来武大质量院参加区域公用品牌的培训。听众包括这些区域的党政主官、乡镇和政府各部门负责人、村集体与农业合作社负责人、企业家等，而且反响普遍非常热烈。遗憾的是，受时间有限的约束，很多地方的邀请不能够一一满足，这也是驱使我写这本书的一个重要原因，就是想让更多的参与区域品牌建设的人们，能够从理论和实践两个方面，掌握区域品牌怎么干的科学逻辑和应用方法。

　　作为一位大学的科学研究工作者，非常有幸的主持了多个农产品区域公用品牌的规划，同时也参与了这些规划的实施，并且都取得了比较明显的成效。也正因为此，很多地方都邀请我去主持该区域公用品牌的规划和

1

品牌价值评价,但限于精力有限,并不能都实际参与这些项目的规划与实施,这也是促使我出版这本书的另外一个原因。希望通过本书对很多区域品牌成功原因的深层分析,满足更多地方从案例中学习到区域品牌打造的一般规律与普遍方法。

我相继出版过《中国质量怎么了》《中国质量怎么办》两部学术随笔记,都得到了读者很高的评价。这部《中国"农产品区域公用品牌"怎么干》,可以说是这一系列著作的三部曲,所以在风格上也保持了前两部著作一样的特点,那就是尽可能用相对比较轻松的叙述方式,让更广泛的读者都能了解区域公用品牌怎么干的理论与方法。这部著作的很多内容,也来自于我专题讲座和项目研讨的成果整理,所以有意保留了一些口语化的表达方式。

本书的出版,最要感谢的是那些给了我实际参与区域品牌规划机会的地方领导和企业家,只有在规划的制定和实施过程中,我才能提炼和发现区域品牌建设的一些科学原理和应用方法,从而回答区域品牌怎么干这一问题,这也验证了要将论文写在祖国大地上的必要性与紧迫性。同时,还要感谢聂枭镒、覃美华和叶眉三位同学的参与,她们不仅做了大量的数据和案例的收集分析工作,而且也参与了本书部分内容的编辑与整理。

程　虹

2024 年 5 月于珞珈山樱顶

CONTENTS 目 录

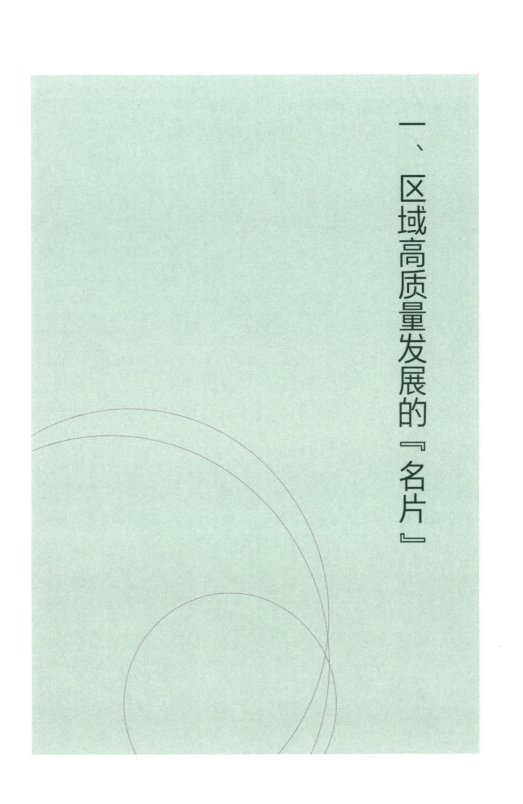

一、区域高质量发展的『名片』

这些区域为何如此有名

2018 年，北大的一位非常知名的教授来武大讲学期间，向我提出希望讲学完后，去湖北的潜江市看一看。我当时感觉有些意外，以我对这位教授的了解，他平常的工作和生活，似乎与潜江没有太多的交集。当然，基于对朋友的尊重，我还是帮忙联系了潜江的一位领导，很热情地接待了北大这位教授的潜江之行。

大约在 2016 年，因为和当时江苏的检验检疫部门有一个项目上的合作，我到江苏南京、扬州和苏州等好几个地方开展调研。每到一地，当地的项目合作人员，在工作之余随意交流的时候，几乎都会问我去了苏州的阳澄湖没有，有些甚至会具体问是否去了昆山的巴城镇？

2020 年，我曾带领团队到广西的一个食品企业进行调研，在参观工厂并完成座谈后，企业家热情地陪同我去当地的一家餐馆吃饭，馆子装潢简朴，但饭菜却十分地道。吃完饭，企业家建议我要是能在当地多待一会儿，可以去荔浦市看一看，刚才吃的一道大家都非常喜欢的菜，就是用荔浦的食材做的。

七年前，我再次去云南旅游，出发前和云南的朋友打电话咨询比较独特的旅游目的地。这位朋友特别推荐应该去普洱市看一看，并在电话里详细说明了推荐的理由，我去了普洱以后，唯一的遗憾就是应该更早一些来这里。

我每次去山东，无论到哪个区域，当地人往往都会提到烟台，并且都会自豪地提到烟台有他们认为中国最好的水果。

其实，以上这五个地方之所以能够被不同的人群熟知，还真不是当地有什么非去不可的旅游景点，它们既不是诸如中国必去的二十个城市、五十个景区等，也不是在工作上有什么必去不可的业务需要。而是这五个地方都有一个共同点，那就是都拥有在全国非常知名的一个农产品。北大这位教授朋友，就对潜江龙虾赞不绝口，尤其是特色的油焖小龙虾，油润不腻，辣而不燥，虾肉入味，又充满弹性；更不要说江苏那些与我一起做项目的当地人士，更是竭力地向我描述阳澄湖螃蟹的美味，蟹肉肉质细腻饱满、蟹黄丰满；我的团队成员在广西吃到荔浦的芋头，都纷纷称赞粉糯绵软，入口即化，香甜可口；我将云南普洱旅行带回来的茶叶送给了好几位亲朋，他们品尝后都说口感沉稳浓厚，有淡淡木香，回味悠长；还有山东烟台的苹果，更是被赞个头大、又脆又甜、细腻多汁。

其实答案已经很清楚了，潜江市、昆山阳澄湖、荔浦市、普洱市和烟台市，之所以在哪怕有些没去过这些地方的普通消费者心中都这么有名，一个重要的原因是有"潜江龙虾""阳澄湖大闸蟹""荔浦芋头""普洱茶""烟台苹果"等这些非常有名的产品。在这些产品的背后，都有一个共同的符号，就是都上榜了地理标志认证产品。2013 年"潜江龙虾"被认证为农产品地理标志，2020 年"阳澄湖大闸蟹"被认证为农产品地理标志，2005 年"荔浦芋"被认证为农产品地理标志，2008 年"普洱茶"被认证为农产品地理标志，2002 年"烟台苹果"被认证为农产品地理标志。而这些标志有一个普遍的符号，那就是"区域农产品品牌"。

这个看似简单的现象背后，实际上蕴含着一个非常重要的启示：一个县域或一个城市，即使没有知名的景点、文化遗产、强大的经济规模，或者便利的交通区位，只要这个地方拥有以地理标志农产品为代表的区域公用品牌，就会在全国老百姓心目中具有很高的知名度。

在我看来，这实际上就是农产品区域公用品牌，对一个区域最大的价值所在：如果拥有在全国知名的农产品区域公用品牌，这个区域就会在全国很有名气。

老百姓如何认知一个区域

截至 2023 年 1 月 1 日，将各个地区按照行政区划分类，除中国台湾、中国香港和中国澳门外，我国内地共有 31 个省级单位、333 个地级单位、2844 个县级单位。对于如此之多的城市，特别是县域来说，大众并不是每个都了解的，只能听说或者记住少数的一些城市，而这些区域往往会有以下的一些突出的特点：

杭州是中国最佳的旅游城市之一，我带过很多届学生，每逢放假的时候听他们闲聊假期的旅游计划，总是能听到他们评价杭州是一个不错的旅游目的地，湖光山色秀丽，有众多出名的且有文化底蕴的景点，像是苏堤春晓、断桥残雪、三潭印月等。他们商量着要在西湖泛舟拍照"打卡"，杭州对他们乃至大多数人而言，是一个充满了美好传说与美丽景色的城市。

而我常年生活在武汉，一个很大的感触是武汉的交通十分便利，有"九省通衢"的称号。武汉高铁站在我国高铁站的编号中是 001，是我国京广高铁和沪汉蓉高铁两条"大动脉"的交会点，更不要说还与长江形成了"中国的立交桥"。从武汉出发，20 个直辖市及省会城市与武汉形成"半天生活圈"，乘高铁、动车，平均 4 小时内都可直抵我国大部分的经济发达城市。货运方面，武汉新港水运口岸进出口货运量，在全国内陆内河十个口岸中排第一位，也是长江中上游唯一过百万标箱的单一内河港口。

我曾经有一段工作经历是在上海，在上海待过好几年。一提到上海，当然就是"魔都"的形容。2023 年，上海市生产总值达 4.72 万亿元，总量规模稳居国内城市榜首。上海金融市场交易总额达到 3373.6 万亿元，多个品种交易量位居全球前列。以浦东机场为主的上海机场，年货邮吞吐量380万吨，排名全国第一。上海港作为全球第一大集装箱港，年吞吐量超过4900万标准箱。

以上三个城市的特点主要是三类：知名的景点、便捷的交通和巨大的规模。但是，中国大部分的区域，特别是更广泛的县域，是没有这三个特点的。然而每个城市，特别是县级区域，都有提高自身在全国知名度的基本需要。这就需要寻找一个更普遍的要素，而这个要素无论是哪一个县域都能够拥有的，从而提高本地在全国的知名度。这个要素，就是具有浓郁本地特色的农产品，并且这个农产品在同领域中具有领先的质量水平，能够被消费者在同类产品中所优先选择，并进而成为在全国有影响力的区域公用品牌。

即使是上海这样高度商业化和工业化的城市，也在认真地打造"松江大米"品牌，武汉也一直以"洪山菜苔"、"武汉热干面"品牌为荣，那就更不要说杭州的"西湖龙井"品牌更是城市的符号。

所以，无论是贵为上海这样国际化的大都市，还是湖北潜江、山东寿光这样的县级区域，要让大众更直观地了解一个区域，一个最直接的做法就是从"吃"上着手。老百姓吃着一个地方高质量的农产品，一定会对这个区域有直接的体验感，因为农产品是从一个区域的土地中生长出来和养殖出来的，本身就代表着这个区域独特的自然和人文环境。老百姓吃的过程，也是在脑海中对这个区域体验的过程，这个体验不仅让他感知到了这个区域，而且终有一天只要有机会，就会驱使他走到这个区域的现场去感受。

这些年来，包括在疫情期间，我都不断地奔波在全国各地去规划设计和测评区域公用品牌，其背后的一个共同原因是：很多区域的主政者都有了一个共识，那就是要发展区域特色农产品，而且目标都是要将其做成有一定知名度的区域公用品牌，从而让全国的老百姓更直观地了解本区域，特别是县域。

特色农产品为何能够代表一个区域

上面说了大众更普遍的是从一个特色农产品中，来认知和了解一个区域。那么接下来我们需要回答的是，特色优质农产品本身有哪些特性，会与这个区域有那么大的关联呢？

优质农产品的一个重要特性，就是产生于一个特定的自然环境，只有好山好水才能产好的农产品，这就是优质农产品代表一个区域的主要原因所在。无论是土壤有机质，还是流域水系，加之该区域的降水、气温条件等，都是构成一个区域独特自然环境的要素。所谓"橘生淮南则为橘，橘生淮北则为枳"，就代表了一个区域的独特的自然环境。新疆哈密瓜为什么那么好吃，因为哈密地区的气候干旱，日照充足，全年日照时数 3200 小时，年积温 5300℃ 以上，年蒸发量超过 3000 毫米，当然还有土壤的独特条件等。当大众吃着如此美味的哈密瓜时，很自然会有亲身去体验哈密这个地方自然环境的冲动。

优质农产品的特色不仅仅是来自自然环境，很多优质农产品都有数百年，乃至千余年的历史，在历史进程中沉淀出与该产品有关的文化，这也是优质农产品的另外一个重要属性。历史上，人们会对那些优质的农产品赋予很多赞美，创造诸多品尝美食的众多场景，更不要说创造了很多赞美这些美食的经典诗词。苏轼在《东坡志林》中栩栩如生地描绘了夜宴东坡肉的场景："酒筵洞灿荡如波，肉幔并陈如列楼。"大家今天在餐厅中品尝东坡肉的时候，往往还能从墙上悬挂的这两句场景描述中，体验到当年苏东坡在绍兴任官时亲自制作的"东坡肉"，这也成为很多人向往绍兴的原因。湖

北十堰市的 "房县黄酒" 为什么有名，一个很重要的原因是《诗经》中有很多类似 "十月获稻，为此春酒，以介眉寿" 的描述。作为《诗经》采风者和编撰者的尹吉甫就是房陵 (现湖北十堰市房县青峰镇) 人，所以很多人把去房县，当成对 "诗酒远方" 的追寻，这就是农产品从文化角度对一个区域的形象诠释。

人们在消费优质农产品的过程中，往往会形成很多习俗、行为方式与社会交往的规则，而这些会构成一个地方重要的民俗与风情。如果游客品尝浙江湖州市的 "安吉白茶"，自然就会体验到 "安吉三道茶" 的民俗，也就是向客人敬奉甜茶、咸茶和清茶的待客礼仪。2023 年，安吉全县共接待游客约 3250 万人次，旅游总收入 457 亿元，连续五年获评全国县域旅游综合实力百强县榜首。应当说，游客对安吉白茶的民俗体验，是达成这一结果的重要因素。

对一个区域，特别是对一个县域来说，优质农产品品牌的一小步，往往是区域发展的一大步！

优质的农产品，以及建立在优质农产品基础上的区域公用品牌，确实是一个区域最有特色的形象，因为它传递着这个区域的自然环境、文化传承与民俗风情。

乡村振兴的重要支撑

乡村振兴的重要性不言而喻，但是要实现乡村振兴，却不是那么轻松简单的。我们可以简单地统计一下很多已经实现了乡村振兴的区域，如湖北省的仙桃、黑龙江省绥化市下属的庆安、广东省湛江市下属的遂溪、四川省成都市下属的邛崃、福建省福州市下属的连江等地区，不难发现这些区域的一个普遍特征，那就是都有在全国或区域范围内比较有影响力的农产品区域公用品牌。围绕这些品牌，这些区域都形成了强大的产业集群，如仙桃的黄鳝产业、庆安的大米产业、遂溪的甘薯产业、邛崃的黑茶产业、连江的鲍鱼产业等集群。以上的事实可以表明，乡村要振兴，区域公用品牌是重要的支撑。

乡村振兴当然要发展产业，但是产业能不能真正做大做强，靠的并不是简单的投资驱动，说到底，是这个产业最终产出的产品，能不能卖得出去；乡村振兴也要进行科技创新，但是创新的目的还是要生产优质的产品，在当今中国海量的产品"红海"中，一个县域的产品往往就是一叶孤舟，很容易翻船；一个县域要做大农产品的加工能力，但是中国今天几乎没有一个不过剩的行业和产品领域，所以加工能力很容易成为要淘汰的过剩产能，以这样过剩的加工能力形成的"规模"，往往就是"伤农"的开始；在过剩的前提下，一个县域再大的市场推广投入，往往只是杯水车薪。乡村振兴是一个要坚定不移推进的战略，实施的路径最需要的是科学的选择，否则产业没有发展起来，而很多县域负债却高起来。

福建省南平下辖的武夷山市，茶叶产业的总投资超过了百亿，但为什么还是有很多投资人要到这个区域去投资呢？原因就在于武夷山的这一产业，是围绕"武夷山大红袍"区域公用品牌来展开的，消费者就是基于这一品牌来购买由投资所产出的产品。我去了中国很多的县市，一个直观的感受就是，一个县的投资能不能上去，并且真正能做到良性产出，核心就是投资与本地优质农产品资源禀赋，特别是品牌是否高度关联？无论是宁夏"盐池滩羊"做到了80亿，还是陕西的"洛川苹果"这个产业做到了140亿，投资能够成功的原因，都是因为拥有这个产业领域最好的区域公用品牌。

对于一个县域来说，科技一定要服务于产品和市场，否则也会沦为表面上看起来有很多成果，但是却不能转化成真正的生产力的场面。我国南方很多县域的大米，品种研发实际上是不错的，可能也更适合南方人食用。但市场的情况却是，包括南方的消费者普遍认为，好大米几乎就是东北大米。这个背后的重要原因就在于全国主要区域的大米品牌推广80%以上都来自东北地区。

投多少钱到市场都不为多，对一个县域来说，显然这是一个无底洞。然而，消费者对一个优质农产品的选择，往往不是看其轰轰烈烈的投入，而是看这个品牌在全国同行业中是否具有更高的影响力。无论是"信阳毛尖"能够做大，还是"和田玉枣"拥有大的市场规模，都是聚焦区域品牌，将品牌真正做大做强，从而带动当地的乡村振兴。

产品当然是基础，但是客观地说，优质的农产品，就不同区域来说，在同一领域内，对普通大众而言很难直观地判断出细微的差别。在这种状态下，消费者选择产品更直观的方法还是来自于品牌的影响力，民间经常有一些"某某农产品拖到另外一个地方就身价倍增"的说法，实际上也道出了消费者用品牌选择产品的客观规律，这也就是品牌能给产品溢价并推动乡村振兴的重要原因。

乡村振兴的方法有很多，但毫无疑问，打造区域公用品牌是重要的科学路径。乡村振兴所有的投入，最后几乎都要接受市场的检验，而市场对品牌的认知又是"第一信号"。

品牌是农民增收的"助推剂"

乡村振兴重要的衡量标准之一，就是农民是否增收。那么，农民如何增收、农民的收入增长幅度如何高于城市的水平，显然是摆在我们面前的一道严峻的考题。

从客观现实来看，提高农民收入现在面临着很多的难题。首先，传统农业的收入提高幅度非常有限，比如种稻亩均一季收入 1200~1800 元，种玉米亩均一季收入约 1500 元，如果一年两季，每亩总收入不足 3500 元。当然通过科技可以加大农业产出量，但一个不容否定的事实是，现有的很多产量是以更多的化肥等投入为代价的，农民获得的增量产出也非常有限。诸如推广大规模标准化农田来提高产出，其前提是每亩地的平均投入要达到至少 3000~4000 元。

其次，农民通过外出打工来获得更高的收益，也受到很多限制。据统计，当前外出农民工月均收入大约为 5200 元，本地农民工月均收入约为 4000 元。外出务工比在本地务工的月收入，虽然高出 20% 左右，但无法弥补他们外出消耗的时间成本及无暇照顾家庭所增加的成本。更何况，随着农民工年龄的增长，外出务工的动力还在下降。

农民通过土地获得的年度财产性收入，也非常有限。目前，一般农村耕地的流转租赁价格也就在 500~1000 元每亩不等，按户均 8 亩地计算，则全年的土地流转收入不超过万元。

我们现在来仔细解构一下，区域公用品牌能够给农民收入带来的价值。最直接的价值是，区域公用品牌提高单位农产品的附加值，一般可以提高

20%～50%，甚至更多。例如，真正的"五常大米"，其市场单价为最低每斤8元，普遍都在10元以上，而没有品牌的大米，交易均价约为2～3元/斤；正宗的"宁夏枸杞"品牌产品价格不低于50元一斤，而普通枸杞单价大概每斤20元；"四川粑粑柑"品牌产品单价每斤10元左右，而普通的粑粑柑单价每斤5～6元。这些溢价的部分，虽然不能完全被农户所独享，但是水涨船高，农民会获得其中30%左右的收益。

另外，区域公用品牌的市场溢价，会提高作为重要生产要素的土地价格，促进农民财产性收入的增长。在广东中山市，水产上市公司流转了农民的土地以后，农民获得的土地转包收入，达到了每亩5000元以上；杭州西湖龙井村茶田每亩地的流转收入至少两万元，而普通茶田的流转收入一般每亩地为一两千元。

由于区域公用品牌集聚了众多的产业投资主体，农民可以在这些工厂里工作，从而获得较高的工资收入。在福建泉州安溪县，"铁观音"这一著名的区域公用品牌，带动了当地茶叶种植、加工、销售等类型的企业达数千家，著名的"八马茶业"、"华祥苑茶业"等大型的加工与流通企业都出自安溪。当地农民从事茶叶采摘的人均日工资150～200元；茶厂加工的农民收入每月平均5000元。

区域品牌还促成了乡村旅游产业的发展，带动了当地农户民宿、餐饮和游乐收入的增长。江西婺源的篁岭村，因"油菜花"品牌而成为旅游网红打卡地，200余农户开设的咖啡馆、民宿、农家乐等，普遍年收入达一二十万元，高的甚至能超过百万元。

农民转移出去成为市民，或者转为从事工业，当然是提高收入的重要途径之一。但是，通过区域公用品牌的打造，不仅可以带来农产品的溢价，还可以提高农民的财产性收入，以及衍生的旅游和民宿收入等，同样可以较大幅度地提高农民的收入水平。相对于城市就业而言，农民通过区域品牌价值获得的收入增长，应该更为稳定、更为持续，也更符合农民的专业技能优势。

表 1   品牌农产品相对普通农产品的溢价比例

	普通农产品	品牌农产品	提高比例	备 注
因产品溢价带来的经营性收入变化	25000~30000 元/亩年	50000 元/亩年	67%~100%	案例：四川粑粑柑
因土地流转带来的财产性收入变化	500~1000 元/亩年	2000~2500 元/亩年	100%~400%	案例：五常大米
因产业集群带来的工资性收入变化	36000~48000 元/年	60000~72000 元/年	25%	案例：安溪铁观音
因农旅文带来的衍生性收入变化	—	100000~300000 元/年	—	案例：婺源油菜花

品牌对产业的联动效应

　　一个区域经济要发展当然要发展支柱产业，特别对一个县域来说，发展可持续的支柱产业则更加重要。但是，对县域来说发展支柱产业特别困难，因为没有资本、人才和科技创新等这些优势，与中心城市产业的发展相比有先天的劣势。那么，最好的产业发展路径，就是要寻求本地资源禀赋有优势的产业来发展，而其中最大的资源禀赋优势还是与农产品有关。在农产品的市场竞争中，发展区域品牌是重要的产业带动方法。

　　湖北仙桃市出产的大黄斑品种的黄鳝，以其壮硕的体态、肥美的肉质和细腻的口感，成为鳝鱼类菜式的高等级原料来源。仙桃从 1970 年左右开始，就有着黄鳝繁育的历史，并且始终是国内繁育黄鳝的前沿地区，不论是基础设施还是农户的技能，都有着广泛的存量基础。自 2000 年以后政府有意识地打造"仙桃黄鳝"区域公用品牌以来，全市已有 100 多家企业和养殖合作社、1.1 万农户养殖黄鳝，拥有全国技术最优的苗种繁育基地，以及全国规模最大的稻鳝虾养殖基地。陆续成立、吸引黄鳝加工和配套企业在仙桃投资建厂，目前已拥有全国最大的黄鳝加工企业、黄鳝饲料加工企业和全国最大的网箱供应企业。不仅如此，仙桃已成为全国最大的黄鳝产地交易市场、全国最大的黄鳝物流中心，全产业链综合产值近 80 亿元，2023 年区域公用品牌价值 172.25 亿元，在黄鳝行业中居于首位。

　　广西百色有着特别适合芒果生长的自然地理环境，是我国芒果种植的起源地之一。自 1985 年百色决定把芒果种植作为支柱产业打造以来，一直在持续地扩大种植规模、亩均产量，以及提高果品的品质，经过近 40 年的发展,"百色芒果"已经成为国内芒果产业最知名的区域公用品牌。在这一品牌的带动下,全市已形成从事芒果生产经营的市级以上重点龙头企业 17 家、农民合作社 202 个,经营 1000 亩以上的种植大户 13 户、100 亩以上的种植户超过 3500 户,全市参与种植芒果的农民超过 10 万户,参与芒果生产、加工、经营工作的人员超过 40 万人。除 80% 的种植产出直接以鲜果的形式销售以外,其余 20% 的产出通过加工成芒果汁、芒果干等产品来延伸产业链提高附加值,加工企业已达 11 家,加工转化率达到 75%。借助建设中国芒果交易中心的契机,重点发展线上线下物流运输配套服务,提高鲜果及加工产品的及时交付能力。目前,百色芒果全产业链的综合产值已经超过了 130 亿元。

云南被誉为"世界花园",是最适宜生产花卉的地区之一。1994 年云南明确了造就"花卉王国"的目标,自此以后,当地一直在推进花卉品种引进、扩大种植面积以及打造拍卖交易市场等工作。经过近 30 年的发展,"云花"已成为国内花卉产业规模第一的区域公用品牌。在品牌的引领下,全省已有约 10 万户种植户,从事花卉生产经营的省级以上重点龙头企业 51 个,花卉合作社 228 个,云南花卉产业经济效益平均每亩 7000 元,远高于其他作物。除了以鲜切花形式进行销售,当地近 4 万家加工主体将花卉加工为品类繁多的永生花、干花、精油、鲜花饼等产品形态,并出口销往 50 多个国家和地区。云南拥有全国唯一的国家级花卉市场——斗南花卉市场,交易规模居亚洲第一,同时还打造了"荷兰式拍卖"的昆明国际交易拍卖中心进行国际接轨的花卉交易,并发布了全国首个鲜切花交易价格指数。目前,云南省花卉总产值已突破 1100 亿元。

其实,上述三个案例都表明了一个规律,那就是一个地区如果有了好的农产品区域公用品牌,不仅仅能够促进农产品本身的价值增值,更重要的是能够吸引全国的投资主体来到这个区域投资对这个农产品的加工,也就是发展二产业。同时,在一、二产业崛起的基础之上,还能趁势发展物流、贸易、零售和旅游等三产业，从而形成该领域一、二、三产业协同发展的该区域的支柱产业。

更重要的是，这个支柱产业有强大的市场竞争能力，因为该产业的资源禀赋就在这个区域或县域，特别是以农产品为原料形成的二、三产业，是在最有竞争力的区域品牌的支撑之下。

品牌形成县域"搬不走"的优势产业

一个县域要发展,当然要发展产业,招商引资的确是一个地方"无中生有"发展产业的重要方法。但是,随着我国各地特别是县域土地、劳动力等生产要素成本的上升,简单靠招商引资来发展一个产业已经变得越来越困难。更何况,类似富士康这类加工贸易的代工企业,对成本极其敏感,而县域政府的补贴又是非常有限的,所以这一类企业逐步搬向劳动力、土地要素成本更低的东南亚、印度等地是一点都不奇怪的。

在同样的土地、劳动力要素成本增加的背景下,无论是南方的金华火腿产业,还是北方内蒙古的呼伦贝尔牛羊肉产业,为什么却越做越大呢?

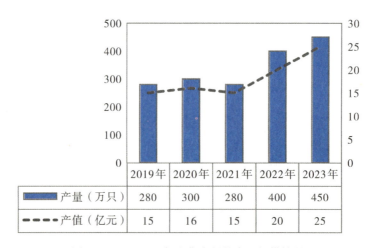

	2019年	2020年	2021年	2022年	2023年
产量(万只)	280	300	280	400	450
产值(亿元)	15	16	15	20	25

图1 2019—2023年金华火腿的产业规模情况

实际上，不仅是这两个地方，全国很多区域如江苏靖江的猪肉脯产业、山东荣成的鱿鱼产业、河南中牟大蒜产业、河北黄骅冬枣产业都非常稳定，而且在持续增长。这里面的规律就在于，一个县域的产业发展不能都是"外生的"，所谓的"无中生有"，最后也可能变成无，因为这个产业到你这儿来，仅仅是因为原来的劳动力、土地成本低，或者你给了一些更优惠的条件。然而这些因素一旦消失以后，自然这些企业就要搬走，从而产业也就再次归零。而我们看看刚才说的河北黄骅冬枣产业，与"外生"的不一样的最本质特征是它的"内生性"。也就是说，冬枣产业，它的原料就是黄骅的，而且在这个领域最重要的种子资源、品质，国内都公认是黄骅最好。更重要的是，这个产业它为什么离不开黄骅，还有一个根本性的因素，那就是"黄骅冬枣"是中国知名的区域公用品牌。消费者一看到这个区域的产品，就自然联想到是用黄骅最好的原材料做出来的，而这个原材料是消费者最认可的"黄骅冬枣"区域公用品牌。

因此，一个县域要真正把产业做起来，最根本的产业规划思路就是要问一下，本地的资源禀赋是什么？特别是对一个县来说，最大的资源禀赋应该就是特色农产品。所以把特色农产品，如果能够做成有一定知名度的区域公用品牌，再围绕这个区域公用品牌来打造一、二、三产业，从而形成强大的产业集群，才是一个县发展产业的根本之道。当然，要发展这个内生性的产业，同样也需要招商引资，比如一产业需要引入大的产业资本来进行规模化种养殖、二产业需要引入包括知名的上市公司来做本地特色农产品的深加工、三产业需要引入大的商业连锁企业、包装和设计企业等。但是，显然这种招商引资绝对不是"无中生有"，而是"有中更有"，是在本地已有的区域公用品牌下，充分利用当地现有的农产品资源进行的，所以不存在会因为要素成本高一点，或者政府补贴到期了就搬走的问题，这就形成了永远搬不走的产业。

对一个区域的主政者来说，时刻要做的灵魂拷问就是：我全力推进的这个产业，是建立在本地区域公用品牌下的优势农业基础上的，从而是一个搬不走的产业，还是没有任何本地的资源禀赋，短期内看起来是"无中生有"，而长期来看却是"有中变无"的漂浮式产业呢？

主官重要的主业：打造区域公用品牌

县委书记是一个县当然的主官，而主官就要干主业。但是，什么是主业却不是那么轻松能回答的。我以下讲的主要是对大部分县市而言，而不是那些极少数已经实现工业化的县市。有些人会说"无工不富"，将抓工业当成一个地方主官的主业，这看似非常正确，因为工业的产出效率明显高于农业，而且也能上缴更多的税收，吸纳相对比较多的就业。然而，正如我们在上面分析过的，就大部分县市而言工业一定要讲资源禀赋，也就是这个工业行业在资源依赖上有什么是非你这个地区不可的，否则这个工业很容易被替代、被转移。还有些人说"无商不活"，将抓三产业特别是流通产业作为主官的主业。这样一个定位，孤立来看是没有什么问题的，如浙江义乌就是靠小商品流通发展起来的。但是，除了这个个案以外，在目前流通业充分竞争并且相对过剩的背景下，加之电子商务的替代，一个县域如果要发展三产业特别是流通产业，怎么样才能实现"买全国卖全国"呢？实际上，你不能不承认山东寿光的流通产业做得特别好，但仔细一分析都是围绕寿光蔬菜来展开的，也就是说离开了寿光蔬菜这一品牌，寿光的其他面向全国的流通产业就并没有什么特殊的优势。

基于我们对一个县二、三产业的分析，都可以看到一位县里的主官，当然应该抓二、三产业，但是我们会发现对一个县域来说，二、三产业要真正抓起来，都离不开一产业作为基础。所以，一个基本的分析就有了基础，那就是主官最应该抓的主业应该围绕一产业来展开。把一个县的一产业真正抓好，二产业才有内生性，三产业才能"买全国卖全国"。

　　问题研究到这里，其实还是没有找到这一问题真正的答案，很多人会说抓农业当然是理所当然的，而且国家和上级也是这样明确要求的，但是抓农业并不能让本地富裕，而且也不可能实现真正的乡村振兴。研究到这里，我们就要进一步探究一个地方的主官，到底应该如何抓农业？抓种质资源的研发重不重要？非常重要，但是在没有市场的情况下，主官在这个领域实际上很难作为。当然，作为一个主官也可以去抓土地规模化、标准化，包括引进和培育现代农业产业主体，这些工作实际上作为一个主官也明显过于业务化和市场化，换句话说会有很多业务部门和专业机构更有能力从事这些工作。主官走到全国的市场去推广本地的农产品，的确是有很多其他县域人员所不具备的优势，但是在现有的制度条件下，主官实际上很难有时间去干更多这些市场化的工作。

　　其实，面对主业的选择用不着太焦虑，还是要抓主要矛盾，以上的问题看起来那么复杂，其实本质就是要把"区域公用品牌"做起来。抓住了区域公用品牌这个牛鼻子，研发人员会基于这个品牌的定位和比较，来确定种子的开发；同样地，农业部门和产业主体，也会基于区域公用品牌的战略目标，来确定标准化农田以及种养殖过程的标准化；更不要说专业市场的经营者，以及加工生产主体，也会围绕着区域公用品牌的市场形象展开销售和加工。所以，说一个县的主官的主业是农业还是太抽象，真正落地的工作是全力以赴地抓区域公用品牌的建设和规划，把这个主业抓住了，农业就会实现规模化，就会有更高的效率，有了在全国极具特色的农业产业，就能够顺势形成内生性的工业，以及有明显品牌优势的商业、流通业。

　　那么"首席品牌官"当然就要干该干的事情，这样才能把这个主业抓起来。首先，要主抓规划，品牌规划是主官最重要的工作。很多地方，之所以区域公用品牌能发展得比较快，就是主官有比较清晰的品牌战略意识。很多地方的主官之所以能将区域公用品牌干起来，就是善于积聚资源，把有限的财力用在刀刃上，如浙江宁波奉化在水蜜桃产业上引进新品种，开展文化节，产业示范园的配套建设，市政基础设施、冷链物流等处加大财政投入。不仅在财力上倾斜式投入，作为很多地方的主官在人力资源的配置上也是集中优势兵力打歼灭战，那就是四大家领导除了抓好本职工作以外，都要围绕区域公用品牌承担各自的工作，政府统筹协调，发改部门争取国家、省、市政策、项目和资金支持，农业农村部门负责品牌规划体系建设，市场监督局做好商标注册保护及品牌标准化工作，宣传部门负责品牌宣传推广活动策划，文旅局负责三产融合提升工程，财政保障建设经费等。更不要说，区域公用品牌每年要打的歼灭战，那就是一年一度的节会，更是全县上下总动员，如湖北仙桃黄鳝节汇聚了农业农村部、省委、省人大常委，市"四大家"领导以及市各职能部门参加；湖北潜江龙虾节有科技部、省人大常委、省农业农村厅、省委宣传部、省粮食局、市"四大家"领导参加。

一个县里的主官，就应该是这个县优势与特色区域农产品的"首席品牌官"。

二、『区域公用品牌』的理论体系与架构

到底什么是"区域公用品牌"

前面我们用了很大篇幅来讲区域公用品牌的重要性，在我看来更重要的是要搞清楚什么是区域公用品牌。如果不把这个问题搞清楚，很多混乱便由此产生。我到很多地方去的时候，这些地方的主官很自豪地对我讲所在的县域有七八个农产品品牌。我听了以后常常非常困惑，以我多年的专业研究，一个地方多少年干出一个品牌就很不容易了，这些地方怎么会有七八个农产品品牌呢？再仔细听其具体介绍，才知道是这七八个产品获得了"国家农产品地理标志登记保护"。还有些地方很自豪地说自己有多少个农产品品牌，仔细一考察就是登记的农产品商标，将商标当成品牌。

当然，引起人们认知混乱的还在于，有些省域开始推农产品品牌，比如"吉林大米"，但你如果去查国家商标登记，却发现"吉林大米"并没有登记证书，还有更多的如"丽水山耕""洛阳农耕"等地市一级的农产品品牌。这些品牌无论是省域，还是市域，都给予了很大的投入，也在全国进行广泛的推广，那这些到底属不属于品牌呢？

还有就是，区域公用品牌与类似华为、小米这些企业品牌有什么不一样呢？为什么要在品牌前面加上"区域"和"公用"这样的前缀词呢？

这些基本概念和理论界定不搞清楚，就会对区域公用品牌的实践产生很大的混乱，如到底省一级和市一级的区域农产品品牌该不该做，它的内涵是什么？与县域品牌，特别是与那些获得了"国家农产品地理标志登记保护"和国家商标登记的品牌有什么不一样，等等。

这就是我要用整个这一章节的篇幅，不断地从各个维度来解析到底什么是区域公用品牌的原因所在。

首先，给出对农产品区域公用品牌的定义：区域公用品牌是在一个区域的自然条件、生产工艺和产品特征的共同演进之下，所形成的具有代表某一农产品市场价值，由该区域所有人群共同所有，并由政府委托行业组织具体运营的，主要以"商标"为载体的市场信号和一组符号具体构成的标识。在满足以上条件之下，该品牌经合法授权也可以由区域外的主体使用。

下面，对区域公用品牌的定义，进行更详细的解构：

自然条件。区域公用品牌所对应的农产品，往往发源于、生长于某一特定的地理区域内。该区域的气候、土壤、水文等自然条件，有着明显区别于其他区域的特点，使得某一特定品种的动、植物发源于这一区域，或在这一区域种养殖能够获得明显更好的口感口味。比如湖北"洪湖莲藕"生长在当地特有的"青刚泥"上，形成了肥厚粉糯的独特口感。

生产工艺。区域公用品牌所对应的农产品，往往在那一区域内有着成百上千年的生产和食用历史。在多年的生产与食用过程当中，形成了约定俗成的种养殖、加工和制作方法。这一系列的传统生产工艺方法，构成了区域公用品牌产品不可或缺的一部分。比如"徽州臭鳜鱼"，其腌制、发酵的制作方法与过程，是这一品牌产品风味的主要生产工艺。

产品特征。区域公用品牌所对应的农产品，一般都具有明显且独特的产品特征，如形态、色泽、品相、口感、口味和气味等特征，从而区别于其他区域的同类产品，并具备明显的辨识度。如江苏无锡的"阳山水蜜桃"，果形大、色泽美、汁水多、入口即化的口感均是其突出的产品特征。

农产品市场价值。与商标（trademark）需按法定程序向商标注册机构提出申请，经审查予以核准后方能使用的有形化资产所不同的是，品牌本质上是一个具备经济价值的无形资产，是消费者对某类产品认知程度。因此，农产品的区域公用品牌应当具备一定的销量、知名度，以及高于普通同类农产品的售价，也就是高于同类产品的市场价值，以反映市场和消费者对这一品牌的认知与认可。

共同所有。区域公用品牌所对应的农产品根植于该区域的土地、自然资源与历史文化，且长久以来形成了被该区域民众使用的传统而不可分割，因而区域公用品牌由该区域的所有人共同所有。但是，共同所有并不代表可以随意使用，基于品牌利益的维护与品牌传播的需要，一般由地方政府代表该区域代为管理与运营。由于地方政府及其职能部门一般不直接持有商标，往往会委托该地行业组织持有和运营。

"商标"为载体的市场信号与标识。区域公用品牌不一定是法定注册商标，但一般来说，区域公用品牌往往有注册商标。这一方面是作为品牌授权、使用、防伪、打假、维权等品牌管理行为的基础依据；另一方面也是终端与消费者识别品牌的信号。商标及其配套 VI（视觉识别系统，Visual Identity）构成元素与识别体系，以及在产品包装、传播物料等多元场景的使用规则，共同构成了便于消费者识别与认知品牌的信号与标识体系。从这里就可以回答，那些并没有商标登记注册的省级、市一级农产品统一名称和符号，是不是品牌的问题？答案是肯定的，只要这个名称和符号有真正的市场价值，即使没有注册为商标，也会被企业的产品所主动使用，因为能为产品溢价。反之，即使注册了商标，如果没有为企业的产品带来市场价值，那也不能称其为品牌，只能叫做商标。

下面，我来逐一谈谈这些年来，在从事区域公用品牌规划与咨询实践中，所碰到的实际操作中，时常因为定义与理论认知不清，而产生的一些常见的问题。

"区域"的含义

虽然区域的含义可以分成从国家一直到村等各个层级，但是区域公用品牌的"区域"界定，一般主要集中在县域。其原因主要在于，中国从秦制开始就一直是以县域为中心的治理。土壤、水和气候这三个最重要的农产品生长的自然因素，在一个县域内具有相对一致的特征。

区域与品牌关联在一起，更多的是代表着一个地区与某个农产品的品种有关。也就是说，这个区域所生产的农产品，因为地理条件的原因，具有区别于其他区域的不同特征。人们往往想起一个区域，就联想到某一特定的农产品；看到某一个有代表性的农产品，也会联想到某一个区域。

区域有历史的含义，代表着对某一类农产品的"信号"。正因为"乡土中国"的强烈记忆，所以区域公用品牌就成了对家乡的记忆、对某一个区域的符号联想。这就解释了为什么很多人喜欢购买某一区域的土特产，因为土特产承载着一个地区的风土人情和人文记忆。对于许多消费者来说，购买土特产不仅仅是为了满足物质需求，更是为了追寻和体验当地的历史。

区域有文化的概念，每个地区都有其独特的文化底蕴。这就能理解为什么很多人喜欢品尝一个地方具有代表性的农产品，因为这个产品会融入当地的文化元素和传统故事，给消费者一个了解和探索当地文化的窗口。比如"葡萄美酒夜光杯，欲饮琵琶马上催"，就让人们联想到古凉州（现甘肃省武威市）的特产，也就是"凉州葡萄酒"。

区域是分层次的。这就可以理解"海南鲜品"，之所以能够作为省级区域公用品牌，是因为海南省有中国极具代表性的鲜果类等农产品；"武夷山水",则代表了作为地一级的南平市,也就是武夷山地区的优质农产品。当然,县域还是区域公用品牌的主要地理范围所在。

区域以县域为代表。我们可以观察到,虽然近年来涌现了大批的省域和地市一级的区域公用品牌,甚至包括某些乡镇和村庄也出现了一些有知名度的区域公用品牌,但是将全国各层级的区域公用品牌做一个整体统计,90%以上都是以县域为中心的区域公用品牌。之所以如此,一是因为上面所讲到的,中国最传统的区域就是"县",这是有历史文化传承的,就像很多人说自己的籍贯一样,大部分说的都是"县";二是农产品一般是与某个县域的自然地理特征相联系,跨越了市域和省域的范围,自然地理条件的差异就会特别明显;三是区域公用品牌往往有"搭便车"的问题,除了极少数地级市以外,如果一个区域公用品牌,多个县市都能共享,往往会出现"三个和尚没水喝"的情况,也就是"公地悲剧"。虽然,我们并不能否定省域和地市级区域,也可以发展农产品区域公用品牌,但是我在这本书中所研究的区域公用品牌,更多的还是以县域为对象。

"公用"的含义

"区域公用品牌"，"区域"在前，"公用"在后，"公用"是建立在区域之上的。这里的"公用"并不是指的纯公共产品，而是代表着以县为单位的某个区域的主体，经授权后可以共同使用的特征。这一特征包括：在某一区域生产的某种农产品，具有共同的生产技艺和操作规范；在某一区域所生产的某种农产品，具有明显区别于其他区域的功能和质量特征；最重要的是，这个品牌属于该区域全体人员共同所有。这也是为什么法国用法律明确规定只有法国香槟地区生产的香槟酒才是"法国香槟"，而其他区域同类型的产品只能称之为"气泡葡萄酒"，而不能使用"法国香槟"这一名称的原因。

在以上的产品和自然条件的区域特征之上，会形成某一区域所有生产者共同创造的生产工艺、技术和方法。诸如西湖龙井、黄山毛尖、碧螺春、祁门红茶、大红袍和铁观音等茶叶区域公用品牌，其世代相传的制作技艺，都已经成为国家非物质文化遗产。"公用"实际上反映了即使在传统的小农经济时代，人们为了提高农业生产的效率，也愿意共同分享农产品生产加工的方法，从而形成重要的公用特征。因而，"公用"并不是一种单纯的行政强制，而是该地的人们在农产品的生产过程中，所共同演进形成的具有"公用"属性的农产品重要特征。

政府只是在区域已经形成的以上"公用"属性基础之上，通过顺势而为的行政规范，将这些特征用制度化的方式固定下来。当然，用某种行政或法律的形式，注册区域公用品牌，是这一规范的基础性表现。同时，还有其他很多"公用"属性的表现，如相同的人文历史、民俗技艺、操作标准和工艺过程等。当然，最重要的"公用"属性，还是这一品牌属于该区域的所有人共同所有，这就是"公用"的最本质特征。

但在经营过程中，如果一个区域不对使用区域公用品牌的市场主体加以约束，某些经营主体为了降低生产成本虚增利润，从而产生降低产品质量标准，滥用品牌欺骗消费者的不端行为，从而损害区域公用品牌形象，并给其他经营主体带来负外部性。我国中部一个省份的某个县域，在20世纪末和本世纪初，其香米品牌在广东曾经极有影响，但就因为该区域内某些企业，在广东销售掺假的"香米"，从而使该品牌元气大伤，也被迫退出了广东市场。因而，在理论上属于该区域所有人共同拥有的区域公用品牌，即使对该区域的人群或市场主体而言，也不能不经法定授权就使用该品牌。

区域公用品牌对区域内具有共同产权特征，意味着对区域外是非公共产品，也就是在区域外是"排他性"的。如果对区域外的使用者不进行排他性限制，或者不严格授权管理，那么就会出现假冒品牌的现象，更极端的是会使品牌价值消失殆尽。例如，前些年某些不法企业，使用化工原料勾兑生产葡萄酒，从而使某一知名葡萄酒品牌的信誉受到极大伤害，使得该区域内的几百家经合法授权的葡萄酒厂，其销量平均下降50%以上。

因此，从以上两个方面来看，区域公用品牌排他性，主要体现在以下两个方面：对区域外产品的排他，对区域内不符合品牌标准产品的排他。但是，对区域外的排他并不是绝对的，这里既有一个区域扩大品牌外溢价值的需要，也有质量标准和生产工艺能力达到品牌要求的原因所在。也就是说，虽然一个农产品并不是在该地生产的，但只要其质量标准达到了该品牌产品的要求，经过该区域品牌的合法授权，并在规范管理的基础上，区域外的农产品也可以合法地使用该区域品牌。

这里要特别澄清一个概念，农产品区域公用品牌，不等于"农产品地理标志登记保护"，代表着是某种共同质量标准上的农产品特征，并不等于必须或者只能在这个品牌的区域范围内生产，而农产品地理标志则有严格的区域限制。

还要进一步说明的是，如果一个县域的品牌，能够外溢到其他区域也来合法的使用，对该品牌所在的区域也是有好处的，也就是能获得品牌授权使用费，或者即使短期不收取授权使用费，也能对该区域获得声誉上的价值。对这个区域来说，如果在省内有更多的外地区域，愿意来合法地使用该品牌，甚至有些省明确规定全省就只用这一个县域的某类农产品品牌，那么这无论从哪个角度来说，对该区域都是极高的综合荣誉，至少表明省一级政府对该县域经济发展成绩的肯定。当然，这种对外地区域的品牌授权使用，在技术上必须做出科学的安排，也就是防止背离该品牌的各类标准，出现规模性的滥竽充数现象，从而损害品牌的声誉和价值。

"品牌"的含义

很多地方之所以简单地把注册商标，或农产品地理标志登记保护当成品牌，其原因就在于，从字面上理解，品牌就是一个产品的"牌子"，那这个牌子当然就是"注册商标"或"登记保护"啊。如果一个品牌都没有一个正式的登记商标，那怎么能叫品牌呢？坦率地讲，这个逻辑的错误太明显了，因为如果注册一个商标，或者搞了某个农产品名字的登记保护，就等于品牌，那么作为一个县的主官几乎什么事都不用干，就责成某些部门成天跑商标或名称注册，从而就拥有了某个产品领域的知名品牌，注册更多的这些商标，该县的经济一定会成为全国最好，乡村振兴当然也就不费吹灰之力了。

对于这个问题，还要进一步地去澄清，因为实在太重要了。我们再从另外一个角度来说，为什么注册了一个商标，或搞了行政登记保护，并不等于品牌。从注册的角度来说，我们每个人的名字都是法定的，可以当成个人的"商标"。但是不是你起了一个人的名字，这个人的名字就成了品牌呢？显然不是。

写到这里，我们就可以得出品牌与商标的一个最大的区别：前者是一种市场声誉，是来自市场的消费主体，对某个商标或名称的高度认可和赞誉。所谓的市场美誉度评价、品牌知名度评价都是对这一名称，在消费者心目中价值的定量测评；后者是一种法定名称权利的登记，也就是某某名称包括其符号和图形，属于某个公司或个人所有，它是一种法定权利的保护，与前者相比根本不意味着拥有了这个权利，就会自然拥有很高的市场声誉。

我们还可以解释品牌与商标的另外一个非常重要的区别：前者拥有可衡量、可交易的市场价值，而后者则不一定有。什么叫品牌？那就是能赚钱，也就是说某个产品贴上了一个名字，价格会卖得更贵，这就是品牌。如果哪一天这个品牌所有人不想干了，将这个品牌卖出去，一定会有很多市场主体抢着来买这个品牌，会给这个品牌持有人以相当的交易现金回报；而商标如果有了市场价值，就是品牌，如果没有，那就只是一个商标，不能称其为品牌。这个分析方法，其实不仅对澄清品牌与商标有用，很多类似的事物，都可以用这个理论来进行解释。比如，有的人声称自己拥有的某项技术得到了专利证书，或者甚至得到了科技进步奖，等等，就号称很有价值。但是，用上面这个方法来分析，就会发现这个说法是不对的，因为这个专利或技术发明有没有价值，只有一个最终评价标准，那就是有没有市场主体来买，能不能最终卖出去。如果一个专利技术号称极其伟大，却无人问津，从一般的意义来说，这一定是自说自话、自吹自擂。当然，这里不涉及因为没有推广而暂时不被市场所认可的技术，也不涉及基础研究成果。

以上的分析，其结论是非常重要的，那就是品牌不等于简单地搞个商标注册，是不是品牌，不在行政官员、行业组织或企业家的自我认知中，而只在于消费者的认知中。只有消费者，才是品牌最终的评价者；为商标或名称所做的一切，说到底都是为了取悦消费者，让消费者认可这个商标或名称，最终将商标或名称变为品牌，这才是真正的"区域公用品牌"。

既然品牌是市场的价值，是消费者的认知，那就要去经营这个商标或名称，品牌的打造之所以是一种经营行为，其含义就在于此。"泰国香米"初期能成功打入我国市场，除了细长透明、整齐美观、香味独特的品质优势，也离不开泰国公主亲自带领推介团，来华访问所做的宣传推介活动，其对象更是选择了广州、深圳等国内一线城市；北京的"平谷大桃"品牌，则通过培养当地桃农销售、图文编撰、视频剪辑以及直播带货方面的技能，打造"一村一播"工程。

县级区域公用品牌

现在很多省域、市域也在打造区域公用品牌，所以要分别来研究县、市、省三级区域公用品牌的差异到底在哪里？

县级区域公用品牌与省、市一个最大的区别在于，品牌的数量规模大。我们可以看一个统计，在国内比较有名的、消费者真正认可的区域公用品牌中，县级占了90%以上。无论是夏县西瓜、怀远石榴、兰考蜜瓜，还是五常大米、庆安大米、万年贡米、射阳大米，以及丰都牛肉、大通牦牛、盱眙龙虾、南县小龙虾等，几乎都是县级区域公用品牌。

之所以区域公用品牌中县级会占规模的绝大部分，原因就来自于县级区域公用品牌大部分都来自于"农产品地理标志登记保护"。这也是县域农产品品牌与省域、市域农产品品牌很大的区别所在，那就是它有明确的原产地。原产地对农产品品牌的价值几乎是决定性的，原因很简单，好的品牌来自于好的农产品，而好的农产品一般是来自于特定的原产地。这个原产地一般说来，会和一个县域的自然地理条件高度相关，越过了这个县域，不是没有相关性，而是相关性会大大减弱。正是在同样的逻辑基础上，在WTO《与贸易有关的知识产权协定》(TRIPS 协定) 中，明确将"地理标识"产品，限定在包括特定质量、声誉或其他特性等产品品质，主要归因于其地理来源、与特定区域密切相关的规则之下，而协定所规定的"地理标识"，实际上约等于原产地名称。

既然一方水土养一方人，那么这个农产品的品质一定有其特殊性。例如，辽宁省丹东市下辖的东港市的"东港草莓"，甜度达 11%~15%，高出一般草莓的 2%~4%；安徽霍山县的"霍山石斛"，茎节短小圆润、中部膨大，显著区别于其他地区的石斛；山东省威海市下辖乳山市的"乳山牡蛎"，蛋白质含量达 12.2%，脂肪含量达 2.0%，锌含量达 0.1%，铁含量达 0.69%，锰含量达 0.14%，硒含量达 0.001%，这些指标显著高于其他产区。

县域区域农产品品牌，基于本地空间的限制，往往会集中在某一个品类的发展上，这既是专业化的需要，也是规模约束的必然。区域公用品牌的名称，一般是"区域名+产品名"，如巴东玄参、抚松人参、象山柑橘、怀远石榴、隆安火龙果、隰县玉露香梨等。

县域区域公用品牌，之所以较省域和市域能够发展得更好，还与县域独特的行政组织能力有关。当然，也可以发展村级、乡镇级的区域公用品牌，但是，无论是就独立的财政能力，还是综合的人、财、物的资源配置能力，村级和乡镇级都无法与县级相比。品牌的推广和建设，是需要相当的人、财、物的投入，而村级和乡镇级很难有这样的实力。当然，有些人可能会说，省、市级的人财物实力应该会好于县级，不是能够更好地发展市级和省级区域公用品牌吗？其实不然，姑且不谈省域和市域面对差异如此之大的自然地理条件，去发展某一个独立品种的品牌，在技术和标准上有很多限制条件，最重要的约束条件还在于，激励和约束不相容。做品牌，包括做任何一件事情，都要考虑制度安排，而制度安排的本质就是激励和约束是否相容。一个省域和市域如果要发展某一个品种的区域公用品牌，那一定会出现有些县域会发展得很好，而某些县域却发展得很不好，这样差的地方会出现"搭便车"的机会主义，而好的地方则会觉得"劣币"开始驱逐"良币"，也会失去发展的积极性，这就是在省域和市域的范围内更容易出现激励与约束不相容。在一个县域的有限空间范围内，激励约束会更相容，相对说来不会有太大的正负外部性，这也就是县域区域公用品牌，较之省域和市域区域公用品牌，往往会发展得比较好的重要制度原因所在。

我们并不否定省域和市域区域公用品牌的发展价值，但是要真正把我国的农产品区域公用品牌建设好，县域区域公用品牌还是核心和根基。

市级区域公用品牌

县域品牌是根基，那么市域品牌是什么呢？与县域品牌一样，有些市域品牌与县域品牌没有什么区别，也是原产地、专业品种、统一标准等等，如"赣南脐橙"就是如此。但是更多的，不是如县域品牌一样的市域品牌，如浙江丽水市的"丽水山耕"、河南洛阳市的"洛阳源耕"，几乎涵盖了这两个区域的大部分有规模的农产品品种，而且区域的自然环境也很不一样，当然也不可能制定单一的品种标准。下面，我们将具体分析这两类市域区域公用品牌的各自特点。

第一种品牌建设模式有一个典型的成功案例，那就是脐橙行业的领军品牌"赣南脐橙"。

在 20 世纪 80 年代初，时任赣州党委政府就统一打造"赣南脐橙"产业，统一规划、统筹包括标准制定、县域差异化发展的策略、产业链建设等各方面产业发展工作。截至 2023 年年底，赣州市脐橙产业集群总产值将近 200 亿元，"赣南脐橙"的品牌价值更是高居水果类榜首。

看了"赣南脐橙"的成功，很多市域的主官很自然地会有冲动，也想发展全市统一的以某一个品种为核心的区域公用品牌。这种想法可以理解，在一个市域内更大规模地发展某一个品种的品牌，其规模效应是不言而喻的。但是，仔细剖析一下"赣南脐橙"在全市发展的成功，其实是有几个很难复制的约束条件的。首先，起步就是市级在主导，而现在很多地方想发展市域品牌，往往是县域已经做得比较好了，然后人为地想在全市推广，这显然起点就与赣南不一样；其次，起步的时间要很早，在 20 世纪 80 年代初，原赣南地委行署就开始在全域抓脐橙产业；最后，还有一个非常重要的约束条件，那就是自然地理条件的相似性，仔细看一下赣州的地图就会发现，赣州市80%以上是山地和丘陵地貌，18个县基本以丘陵和山地为主，而这些山地均以土质偏酸的第四纪红壤为主，并且赣州市经纬度跨越小，均属于亚热带丘陵山区湿润季风气候，各县区温差在2度以内，也就是说赣州市各县区地貌、气候、土壤等都基本一致。

第二种市域品牌建设模式，就是涵盖了本市内各县域比较有代表性的农产品品种。

这个模式从品牌名称上就可以识别出来，一般都不是"地域名+产品名"，而是把城市名称的某个字提取出来，再加上对农产品美好描述的词汇来构成。如"淮味千年"取江苏淮安市的"淮"这个地名，再用"千年"强调了淮安地区所蕴含和传承的千年文化、千年农耕文明、千年味道；而"荆品名门"取自湖北荆门的"荆"，"荆品"同音"精品"，而"名门"则强调了长江中游农耕文明的发源地以及"世界长寿之乡"的农耕文化积淀；黄山市的"田园徽州"取自黄山市的地名古称"徽州"，用"田园"二字让消费者将当地的产品与"自然味·乡土情"相联系。

这种模式的市域品牌，一般涵盖多个品类的农产品。例如，广东韶关市的"善美韶农"品牌，包括了优质稻、蔬菜、竹子、水果、畜禽、优质鱼等6个主导品类；内蒙古自治区巴彦淖尔市的"天赋河套"品牌，包括了粮油、肉乳绒、瓜果蔬菜、药材、籽类炒货、酒、民族特色产品等7大品类产品；浙江丽水市的"丽水山耕"品牌，更是横跨了食用菌、茶叶、水果、蔬菜、中药材、畜牧业、笋竹、粮油和水产品9大农产品品类。

市域品牌与县域品牌的内涵，有很大的不一样，不是一个地名+某一类产品名，其品牌名更像是一个市域农产品的广告词，目的是通过整合市一级的力量，更大力度地去推广本市域范围内的优质农产品。用更形象的语言，向消费者统一推广本市的代表性农产品，不是要消费者去具体选择某一类品种，而是形象地诉求本市域内的农产品非常优秀。"洛阳源耕"市域品牌，整合各个县区的特色农产品资源，推出了高山杂粮系列、特色林果系列、国色牡丹系列、地道药材系列、伏牛山珍系列、源自洛阳系列、非遗传承系列、农耕文化系列 8 大系列产品，将区域内品质优良的农产品集合起来。

市域品牌其实从名称上看，就是诗意化地表达一个市域范围内，农产品集群的优势。实质上，就是本区域优质农产品的形象推广，这种推广与县域基于某一具体品种的品牌推广是有差异的，就是在县域比较"硬"的品牌基础上，引入了更温馨、更诗意、更温暖的比较"软"的品牌形象，两者之间是一种"软硬"品牌形象的互补。

省级区域公用品牌

在农产品领域，现在还出现了很多省域的品牌，如甘肃的"甘味"、天津的"津农精品"、四川的"天府粮仓"和江西的"赣鄱正品"等。与上面的市域品牌的发展逻辑一样，多一个行政层次，用全省的力量来投入农产品品牌建设，无论对市域品牌来说，特别对县域品牌来说，都是一件正能量的事情。现在要讨论的，不是省域品牌应不应该做的问题，而是它的定位是什么？这样才能科学地赋能县域品牌，也推动市域品牌的发展。

我们现在先不直接回答这个问题，而是从消费者的认知谈起。为什么消费者会直观地认为"德国制造"就很好，"日本制造"也非常好呢？不仅如此，现在我们国内的浙江和山东等省份，也在打造"浙江制造""好品山东"的品牌及认证。原因就在于，随着全球化的发展，国际贸易的竞争已经不单纯是企业品牌相互之间的竞争，在众多的产品选择中，消费者在不断地简化自己选择的交易成本，其中一个简化的方式，就是看你是哪个国家制造的。如果你是德国制造的产品，消费者会自然地认为，这个国家具体的产品质量会非常好，值得购买。实际上，国家品牌已经成了产品品牌和企业品牌竞争的一个重要的助推力，这也就是许多国家，包括中国，越来越重视国家品牌形象建设与推广的原因。近几年，国潮品牌的兴起，包括在韩国、日本等发达国家的消费者，都对中国产品给予了更高的评价，这实际上是"中国制造"的品牌效应。我们很难说那么多消费者突然更愿意买"安踏"运动鞋和"李宁"运动服，是因为它们在性能上更了解这两个品牌的产品，实际上背后推动的重要原因，还是来自消费者对"中国制造"整体品牌能力提升的信心。

"吉林大米"作为省域品牌非常成功，为此我专程去长春调研该品牌打造的方法。在过去的十年时间里，当地政府围绕该品牌建设开展了一系列工作，如在高端论坛、大型展会等平台上进行品牌推介，在高端消费人群聚集的场所和重点销区进行有针对性的品牌宣传，深度挖掘文化后推出系列书籍、纪录片、曲艺节目等等。虽然吉林大米作为省域品牌，并不能直接导向某一个具体的大米产品，但是在北京、上海、杭州等销地，明显发挥了"指南针"作用，让消费者知道吉林大米在东北区域中是品质优良的，从而引导大家去选择吉林省内的舒兰大米、梅河大米、镇赉大米等。

在此，要给出区域公用品牌发展的一个至关重要的结论：区域公用品牌已经进入到区域整体形象竞争的新发展阶段，消费者会从对一个区域的美誉度和好感度评价中，来选择具体的品牌农产品。也许消费者很难从众多的县域小米品牌中去选择产品，但是只要消费者认知到"山西小米"，或者"内蒙古小米"很好，大体上就会从中选择某个好的县域品牌，从而加大这个省域的小米在市场上的销售量。

省域品牌之所以非常有必要，因为从整体的区域形象中，引导消费者选择本省域更好的农产品，包括县域的区域农产品品牌产品。这也是省域品牌不同于县域品牌的根本差别所在，当然这与市域品牌也有相似性，那就是自信地告诉消费者：买我这个省的农产品，就是你的正确选择！虽然省域和市域品牌在形象定位上有相似性，但是就面向全国消费者而言，省域品牌毫无疑问更容易被消费者认知。

研究清楚了省域品牌的"形象定位"，那就应该按照这个要求，来设计和确定省级农产品区域公用品牌的发展方式。首先，要从"优质"这个基准点，来设计和确定省域品牌的核心内涵，消费者为什么愿意选择一个省域的农产品，往往只有一个理由，这个省域的农产品比另外一个省域更优质。

当然"优质"的故事要讲清楚是非常复杂的，包括自然地理条件、品种质量、口感口味等；其次，要覆盖本省更多的区域，消费者购买这个省域的产品，不是因为有一个省级的某个品类的农产品，这个从全省极度差异化的自然地理条件来说就有难度，因为这要跨越本省不同的自然地理条件，或者要取消省域内自然发展了那么多年的某一类品种的区域公用品牌。省域品牌的打造，能够更广泛地推介更多区域的农产品，一方面让全国的消费者对本省的农产品有更大的选择空间，另一方面也强有力地赋能了以县域品牌为基础的区域性农产品的优势。最后，省域品牌不能太局限于单一的农产品品种，或者只确定围绕这一单一品种的单一标准，因为即使在一个省内，不同区域间的自然环境会有很大的差异，全省单一品种、单一标准，往往会削足适履，甚至抑制县域品牌的内生发展的禀赋能力。

品牌的伞状结构与功能

以上重点讨论了县域品牌、市域品牌和省域品牌，但是不能忽略另外一个需要讨论的问题：企业品牌与这些不同层级的区域品牌是什么关系？下面，有必要从结构和功能的角度，来讨论和明确品牌之间的相互关系。

企业品牌和区域品牌的关系，尤其是和县域区域品牌的关系，一言以蔽之就是：区域公用品牌起着主导作用，企业品牌一般是在区域公用品牌的引导之下发挥作用。这个判断从理论上来说，是因为农产品的同质化，会使消费者难以选择，而区域公用品牌则往往会让消费者直观地筛选出，什么是更优质的农产品。一个消费者也许并不能鉴别什么是好的脐橙，好的蔬菜，但是他会理性地选择"赣南脐橙"和"寿光蔬菜"，因为这两个品牌给了他很好的消费指南。从实践上看，也可以看到区域公用品牌发挥着主导作用，消费者所熟知的是"潜江龙虾"品牌和"阳澄湖大闸蟹"品牌，而很难明确列出这两个品牌下具体的产品品牌。

区域品牌起着主导作用，并不意味着企业品牌就完全是无足轻重的，因为区域品牌并不是抽象存在的，区域品牌要和企业品牌一起共同发挥作用。从市场中也可以观察到，即使是很强大的区域公用品牌，其旗下的企业品牌也不都具有共同的市场价值，那么显然企业品牌有其独特的价值所在。企业品牌在同样的区域公用品牌下，发挥着更优质的信号溢价功能。客观来说，主要是政府主导的区域公用品牌，只能制定该区域公用品牌优质的产品底线，但是有竞争力的企业，可以在这个产品底线基础上，创造更优质的产品质量标准，实际上这就是对区域农产品普遍性质量的一种提高机制。因为，在大体相似的质量标准的企业中，如果优秀的企业生产更高标准的产品，而且在市场中卖得更好，那一定会带动更多的企业趋同性地使用更高的标准。

另外，企业品牌在同样的区域公用品牌下，有着更敏锐的市场拓展能力。虽然区域公用品牌，在政府的主导下，会有比较大规模的市场推广，但是市场的发现实际上会超越政府的规划与认知。企业在这种条件下，往往就会发挥"侦察兵"和"探险者"的作用，因为企业不愿意在已有的市场中去进行相对同质化的竞争，同时也想更大规模地去拓展新的市场。这样的市场一旦被企业开始感知到，政府的区域公用品牌就可以顺势而为，大规模进入这片新的处女地，从而使区域公用品牌的规模越做越大。

所以，我们会发现，以区域公用品牌为核心形成的产业领域内，区域公用品牌的确起到了主导作用，很多消费者往往是基于区域公用品牌来选择某一类的优质农产品，但是无论是更优质的产品，还是更新的市场，企业品牌也发挥着自己独特的作用。也就是说，在同样达到区域公用品牌标准的企业产品中，企业的主观能动作用依然是非常重要的。

讨论清楚了区域品牌和企业品牌之间的关系，还要更进一步的讨论不同层级的区域品牌与企业品牌的关系。县域品牌、市域品牌、省域品牌和企业品牌加在一起，就有了四个名称和符号。如果把这四个名称和符号都印在某个产品的包装上，那往往会引起人们的疑虑，相互之间是什么关系呢？主要推什么品牌呢？我们再回顾一下前面讨论的这些品牌的定位，县域品牌是基础，反映了消费者对农产品选择的主要信号；市域品牌，特别是省域品牌，从一个市和省的角度，帮助消费者从形象上认知一个市域和省域的农产品很优质，并且节约购买和选择的交易成本。

综合这四个品牌的各自功能定位，会清楚地发现最根本的是"县域"区域公用品牌，这是四者关系的逻辑起点。坦率地讲，这里面行政层级的作用并不大，并不是说你是市域品牌或者你是更高层次的省域品牌，你的影响力就会比县域品牌更大。所有分析问题的逻辑起点就是一点,那就是老百姓认哪个牌子。无论你是什么省里的牌子,还是一个市域的诗意品牌,最终落脚到老百姓要买的时候,还是要认"阳澄湖大闸蟹",或"潜江龙虾"品牌。人们之所以趋之若鹜地购买五常这个县域其中的一个知名的企业品牌,其根本原因也不是因为这个企业品牌的大米,真的比其他区域的企业品牌大米做得好很多,而是人们第一选择就是"五常大米"这个品牌。可见,在这四个品牌的逻辑关系中,县级区域公用品牌就是这四个品牌中的基础和灵魂。如果要更形象地表达,就像一把伞一样,县级区域公用品牌就是这把伞的"伞杆",这个"伞杆"控制着整个伞的开关和结构,就是一把伞的灵魂所在。

仅仅有"伞杆",这把伞的功能还是不全面的,需要8根左右的伞骨才能形成这把伞完整的功能。这个伞骨,就是企业品牌。企业品牌用伞骨支撑着伞面,只有伞骨的支撑,产品才能真正面向消费者。

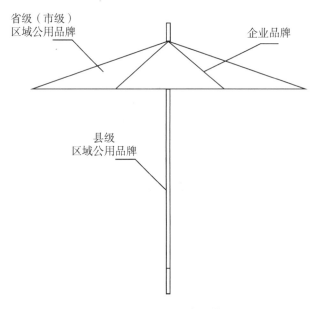

图 2　区域公用品牌"伞状模型"

一把伞，是靠伞面的布料来美化的，消费者在选择伞的时候，很难从伞杆和伞骨中去判断一把伞美的形象，虽然伞杆和伞骨带来了这把伞最基本的功能支撑，但是挑选的时候还是基于伞面的美观设计来选择这把伞。这就很形象地说明了，市级和省级区域公用品牌的作用，那就是用美好的形象告知消费者，这把伞是非常好的，值得消费者拥有，发挥的是形象引领的作用。

以上的分析，用"伞"形象地说明了四个品牌之间的关系，可以称之为区域公用品牌的"伞状模型"。

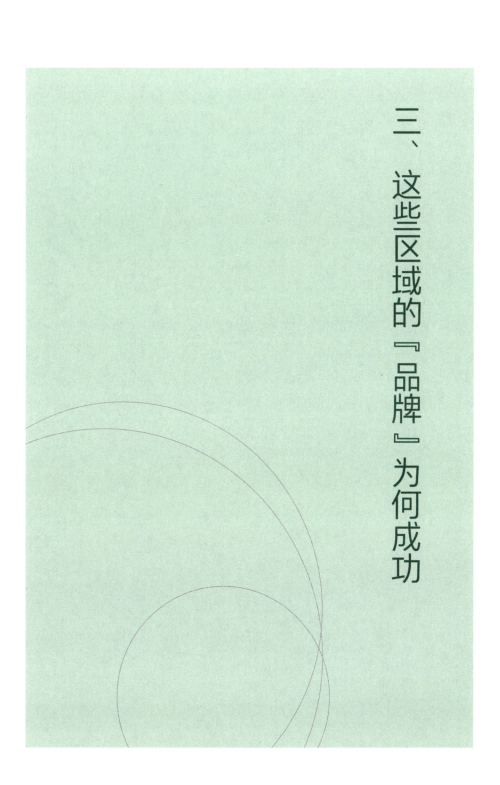

三、这些区域的『品牌』为何成功

解读"五常大米"品牌

我们前面已经掌握了到底什么是区域公用品牌，接下来就得具体按照科学的理论逻辑把区域公用品牌干起来。但是，就像实践是检验真理的唯一标准一样，科学的理论固然非常重要，但这些理论实际上也是来自对成功实践的总结。所以，在确定到底如何干之前，我们还是要心态归零，认真地学习一下已有的各种成功的案例。

我去黑龙江省五常市调研的时候，当地主要负责五常大米的领导很自豪地和我说，中国有两种大米，一种叫五常大米，一种叫其他大米。当然，这里面有五常人对五常大米热爱的因素，但实际上也反映了五常大米在中国的地位。就从市场上说，五常大米可以说是一米难求，你如果参加一些宴席，主人会特别郑重地和你说，这是真的五常大米。因而在《舌尖上的中国》专题电视片中，也直接将五常大米称之为"中国最好的稻米"。作为大米行业的标杆，五常大米的年产值就已经超过了 100 亿元；2020 年在第三届国际大米节品评品鉴活动上，五常大米以卓越的品质和口感，击败日本最高水平的"越光大米"，独揽 3 金。

五常大米的成功当然有很多因素，比如东北黑土地、土壤有机质含量丰富、达到国家二级饮用水标准的高山雪水、独特的小气候，等等。但是，成就五常大米成功的最关键因素是农业的"芯片"——种子，这个种子的名称就叫"稻花香 2 号"。

"稻花香 2 号"的神奇之处就在于非常"好吃好闻"，光食用之前那种淡淡的、自然的香味就已令人陶醉，仿佛是大自然的馈赠，清新而不张扬，足以刺激人的味蕾。咀嚼米粒时，既有弹性，又充满粘性，让人回味无穷。当地的农民在稻田耕作时，就能闻到香气，稻叶和稻秆都是香的，开花时还有更浓郁的香味，这也是 "稻花香之父" 田永太当年给它命名的由来。消费者买回家后，打开米袋即可闻见米香；五常大米在蒸煮过程中，更不要说电饭煲开盖后，更会是满屋飘香，请注意这里说的是满屋飘香，而不仅仅是厨房才有香味。五常大米之所以那么受老百姓的欢迎，就是来自 "稻花香 2 号" 这种自带的香味。

这么好的稻种，是怎么被发现并成功培育的呢？这里要特别说一下已经过世的田永太先生，是他发现并培育了 "稻花香 2 号" 这个品种，也被称为 "五常稻花香之父"。很多人认为田永太先生对我国水稻育种的贡献巨大，有着 "南有袁隆平，北有田永太" 的说法。通俗地说，袁隆平先生解决的是稻谷的产量问题，而田永太先生解决的是稻谷是否更好吃的问题。要知道在水稻育种领域，大自然出现天然杂交水稻，发生优质品种变异的概率是极低的，而这种变异能够被人类发现的概率更是渺茫，仅为百万分之一。而田永太老先生在一生中，却三次发现了变异株并培育出优势品种。

我在五常考察时，专门去拜访了田老先生的传人，也就是田老先生的大儿子。他道出了他父亲发现 "稻花香 2 号" 时的艰辛。田永太先生是一位 "土专家"，生前系黑龙江省五常市龙凤山乡农业技术推广站站长，一生痴迷于水稻育种。1969 年，田永太先生发现并培育了整齐度和成熟度都很好的稻穗品种，名叫 "517"；1993 年，田永太培育出了一个新的优良品种，定名为 "938"，也被称之为 "五优稻 1 号"。他说 "我发现这个品种时是 1993 年，因为我之前培育过 517，沿着 7 这个数字，我就把新品种定义为 938，它的代号就是这么来的。"938 口感十分柔软，香气四溢，而且是长粒米。"一直以来，长粒米总是生长在南方地区，在寒冷的东北，没有人见过地里长出长粒米的。"田永太说。

田永太先生没有停下 "将'论文'写在祖国大地上" 的脚步，依然每天早上天不亮就带上干粮去稻田，每隔 20 米走一个来回，一块田一块田地走，直到晚上才回家。他走遍了五常的稻田，触摸过无数的稻穗，日复一日地观察记录，练就了对变异水稻的"火眼金睛"。每天晚上回家，还复盘当天观察到稻田的各种细微的变化。终于在 2000 年，从数以万计的稻穗中发现了这株特殊的水稻品种。田永太说"这种米太香了，连叶子和稻花都是香的，而且它遗传了 938 的全部优质基因。稻子本身开花还有香，所以就叫稻花香 2 号了。"

虽然田永太先生已经去世了，五常人，包括田永太先生的后人，依然没有停止对种子的科研探索和创新的追求。五常市政府每年都拿出专款，与顶尖的科研机构和拥有实力的企业，共同研发继承"稻花香 2 号"优点的新的品种，建立了高标准的种子资源库，特别是完整的种子溯源体系。

"五常大米"作为我们案例研究的开端，启发是十分深刻的：种子是区域公用品牌打造的根基。

种子、种子、还是种子，重要的事情的确要说三遍，甚至无数遍，尤其是对打造区域公用品牌而言。

解读"寿光蔬菜"品牌

农业技术是支撑现代农业发展的关键因素，这个技术不仅仅包括种子，还包括了其他的技术要素。其实，我们很难理解一个处在北方的山东寿光市，却能在蔬菜领域独树一帜，至少气候环境就限制了一年四季都需要的蔬菜产业的发展。然而，寿光恰恰通过技术创新，克服了自然条件的约束，成为"中国蔬菜之乡"，蔬菜年产量约 450 万吨；拥有被誉为"中国第一菜市"的蔬菜批发市场，年蔬菜交易量超 900 万吨，交易额超过 100 亿元。寿光不仅蔬菜产量大、交易量大，产出的蔬菜品质也更好，"寿光蔬菜"被公认是高品质的蔬菜，价格一般能高出同类菜价的 20%。

我曾经在寿光蔬菜办主任的带领下，几乎跑遍了寿光主要的乡镇，看到的最为令人震撼的场景，就是连绵不断，几乎没有边界的连片连片的蔬菜大棚。当然，既有大型企业所建造的，几乎与大型工厂没有什么区别的现代化蔬菜大棚，也有装备了各种科研试验设备的专业育种大棚，还有用于消费者旅游观光体验的景观大棚，当然更有历经多年使用、主要由农户建造，以合作社为单位的家庭大棚，这些就是寿光蔬菜技术创新的真实写照。寿光蔬菜技术创新的一个重要方法就是发展设施蔬菜，也就是建造了堪称景观的全域蔬菜大棚。1988 年，寿光人开始试种成功冬暖式蔬菜大棚，让北方人从此能在冬天吃上新鲜蔬菜。自此以后 30 多年间，蔬菜大棚几经革新，已经从第一代的"晒太阳过冬"大棚，发展到第七代的高科技大棚。在 80% 的蔬菜大棚里，可以看到智能打药机、施肥一体机、自动卷帘机、自动放风机等智能设备，让大棚蔬菜生产的主要环节基本可以在手机上控制管理。

　　农业技术的应用也有规模化效应，这个前提就是要走专业化道路，建立专业化的合作社。寿光人吃透了专业化的门道，每个村都有自己的主打产品，每个乡镇也都主打 2~3 个品种。寿光共有 968 个行政村，其中涌现出了"中国胡萝卜第一镇""中国韭菜第一乡"等专业特色镇村超 500 个。为了解寿光蔬菜专业化的真实情况，我专门到该市稻田镇的崔岭西村进行调研。这个村很神奇，用一句话就可以概括，那就是"西红柿卖出了草莓价"，2021 年西红柿平均市场售价是 2 元多一斤，而崔岭西村的西红柿平均售价是 7 元多一斤。之所以如此，是因为崔岭西村整个就是一个独立的果蔬专业合作社，早就实现了统一供种、统一管理、统一收购、统一采摘和统一销售。如今，崔岭西村已经拥有了自己的蔬菜品牌"崔西一品"，其蔬菜远销俄罗斯各大超市，在线上的京东生鲜、顺丰优选等平台上，崔岭西村的蔬菜产品已经成了优质优价的代名词。实际上，专业化必须有专业合作社的经营机制保障，在当今的寿光，已经没有什么传统意义上的个体农户，都是专业合作社的一员，而这些专业合作社又都主攻几个主要的蔬菜品种。

　　我在寿光调研期间，听到的最震撼的一句话就是，寿光蔬菜很难被模仿，更难被超越。这并不是说寿光人保守，故意隐藏什么不为外人所知的秘密，也不是说寿光人盲目自大，因为寿光蔬菜在全国多年保持领先就是事实。其实这句话的背后，是区域公用品牌发展的一个很重要的视角，那就是要构筑品牌竞争的护城河，是风投界经常讲的有没有"竞争壁垒"。寿光蔬菜的技术创新，其护城河就在于专注于大棚蔬菜种植的农户，而农户的技能和勤勉的专业精神，就是很多地方很难抄袭的关键所在。无论是果蔬种植关键技术，还是病虫害绿色防控技术，以及果蔬增产技术等各个方面，寿光的农户都掌握了领先全国的种植方法。我在当地调研的时候，经常看到的场景，就是以合作社为单位，社员们聚集在一起交流蔬菜种植方面的诀窍和方法。我们讲得很高大上的科技创新，"干中学"的方法在寿光的农户间已经成为常态，这就是寿光蔬菜崛起的秘诀。

寿光蔬菜区域公用品牌好学吗？很好学，就是不断地做技术创新，通过优质的产品来增加品牌的底色。寿光蔬菜区域公用品牌不好学吗？很不好学，你所看到的那些蔬菜大棚、设施农业、专业化品种都很好学，有钱都是可以买到的，但是寿光蔬菜农户每天在"干中学"中所创新的农业技术很难学，因为每天都在演进、每天都在进步。

最终，要学习寿光蔬菜的区域品牌打造方法，不是看那些有型的大棚、资本和设施等，而是要学习寿光人的创新方法，也就是"干中学"，而这显然是每一个区域都可以做到的。所以，最终的结论就是，寿光蔬菜区域公用品牌的打造，好学还是不好学，只有一个选择，那就是你这个区域能不能建立起如寿光一样的"干中学"的农业生产的创新机制。

解读"西湖龙井"品牌

　　我们在解释区域公用品牌概念时，特别强调了区域的文化含义。现在我们有必要从技术的"硬"角度，转向文化的"软"视角，来看一下"西湖龙井"是怎样从文化角度来建成区域公用品牌的。

　　"茶为国饮，杭为茶都"，西湖龙井茶贵为中国十大名茶之首，被誉为"绿茶之王"。其成功当然离不开独特的自然地理环境，特有的黄沙土壤，富含有机质和微酸性，有利于茶树的生长和养分的吸收。西湖周边山势连绵，林木茂密，形成了独特的湿润小气候环境，也有利于茶树叶芽的生发和养分的积累。但是，西湖龙井能被誉之为"国饮"，显然最大的因素不仅仅是这种自然地理环境。坦率地讲，在全国很多地方至少也有很多与之相似的地理条件，但是却不拥有锻造"西湖龙井"的文化资源。

　　文化是由历史构成的，而历史是需要文字记载与传承的。西湖龙井茶发展至今，已经有一千两百多年的历史，唐代陆羽的《茶经》中就记载到当时天竺和灵隐二寺产茶。无数文人墨客也为龙井茶留下了脍炙人口的诗篇和赞美之词，南宋"中兴四大诗人"之一的杨万里在《上亭林龙井》中描述的"片片西湖碧落，九峯风露心"，讲的就是九曲峰峦和滋润丰富的雨露，使得龙井茶树吸天地之灵气；清代书画家、诗人郑燮（号板桥），更是在《龙井》一诗中赞誉"茶畔龙井百尺悬，碧盖一天山"，描述了茶树与大自然融为一体的美景。更不要说唐代白居易的"明月悬于半空，香茗品尝如醉"、宋代王安石的"西湖龙井，绿叶红花香满园"、辛弃疾的"绿峰迎客，清波送茶"，还有明代唐寅的"一壶浓茶，品味人生"的诗句描述，都可以编撰成一部赞美西湖龙井茶的诗集了。正是这些历代对西湖龙井茶的文献，才构成了"西湖龙井"区域公用品牌的灵魂所在。

制作工艺是文化的重要组成部分，西湖龙井的茶农们在世代相传中，形成了种植、管护、采摘、晒干、揉捻和炒制的手工制作技艺。如采摘时，需选择清晨露水未干时进行，以确保茶叶的新鲜和嫩绿；晒干时，要利用自然光和微风，让茶叶散发出香气；炒制时，更要精确地掌握火候，使茶叶逐渐展现出扁平光滑的外形和独特的口感。而更为珍贵和细嫩的明前茶，炒茶技法就更为精细和讲究了，"抖锅"有助于茶叶的均匀受热和干燥。西湖龙井的制作技法，已经被列入国家级非物质文化遗产代表性项目名录。我曾多次在现场全程观摩这些大师们手工制茶的全过程，并品尝了用同样的原料产出的，机器制茶与手工制茶的两类龙井茶，不得不承认手工制茶的口感口味就是明显胜过机器制茶的产品。

西湖龙井还承载了杭州深厚的人文精神。杭州"一市居民半茶客"，杭州的茶馆业早在宋代就有相当规模。如今，杭州人仍然保持着"泡茶馆"的习惯，视茶为生活中不可或缺的一部分，无论是聚餐会友、节庆团圆、商务洽谈还是悠闲放松，人们都喜欢去茶馆。西湖山水、龙井绿茶与湖畔爱茶人三者的融合，是一道独特的人文与自然场景。我每次只要去杭州，一定会在西湖边上的茶馆里，与三五好友一起共同品尝西湖龙井，而且每一次都会有新的感悟和新的发现。

西湖龙井区域公用品牌的文化当然令人神往，也是一座不可逾越的高山。然而，其文化内涵和路径，是完全可以学习的。无论在哪个区域，在打造区域公用品牌的时候，都应该善于从历史典籍中去挖掘产品的文化记载，更要怀着对传统的敬畏之情，发掘和传承传统的制作工艺，并且要特别保留和打造产品消费的文化场景，特别是历史遗迹。这些文化要素，对于区域公用品牌来说，是永远会增值的资产和资本。

解读"赣南脐橙"品牌

脐橙是消费者最爱吃的水果之一，其主要产区分布在湖北宜昌、重庆奉节、江西赣南和湖南邵阳一带。但在区域竞争中，"赣南脐橙"区域公用品牌更是一枝独秀，现在种植面积已经接近 200 万亩，占全国脐橙种植面积的 36%；总产量达到 180 万吨，占全国脐橙产量的 45%，二者均为全国第一。赣南脐橙总产值超过 200 亿元，仅鲜果的销售收入就达到百亿元。除了产量巨大，赣南脐橙的品质也受到市场高度认可，市场售价平均高出同类产品 30% 以上。

看到"赣南脐橙"品牌这四个字，很多人都会有些异样感，因为赣南在地理上是江西赣州所属，而赣州属于地级市。一个地级市怎么凭空打造了一个在中国水果领域价值最大的区域公用品牌呢？这就是我们解读赣南脐橙这个品牌，所需要回答的问题。

我在赣南考察的时候，给我最大冲击的是在博物馆里面看到的一组材料。早在 20 世纪 80 年代初，就有一批专家经过考察后，得出了赣南特别适宜种植柑橘的科学结论。这一建议，得到了时任中央领导的高度重视，并很快致信江西省负责人，明确指示要在赣南大力推广柑橘种植。为此，当时的赣南地委、行署专门进行研究，并做出具体部署决定发展柑橘种植。在随后的近 50 年的发展历程中，无论是当年的赣南地委行署，还是现在的赣州市委市政府，都将发展柑橘产业作为农业的头号工程，为此发布了数十个产业发展的总体和专项规划，制定了数百条发展柑橘产业的具体政策和发展举措。

我们在讨论区域公用品牌发展的时候，总是绕不开一个问题，那就是政府这只手和市场这只手的关系？赣南的实践证明，政府这只手的有效性在于"顺势而为"。这个"势"包括两个方面：一个是市场的"势"，也就是说在当地的市场主体摸索到一个产业发展的方向以后，政府在第一时间顺势而为，全力发展这个产业领域的区域公用品牌，这个方法我们在后面很多地方还要详细地写到；另一个是科学的"势"，这就是赣南的领导尊重科学家的意见，在此基础上顺势而为，发展出了"赣南脐橙"这样一个大的产业和品牌。赣南脐橙的发展告诉我们，政府的决策非常重要，这个决策实际上就是四个字：科学决策。就是要尊重专家的意见，用专业主义的精神去发展一个品牌。

政府抓区域品牌的发展，实际上需要专业机构这个重要的载体。无论是哪个区域公用品牌发展，都涉及一、二、三产业，其发展都会跨越各个相关部门。有时候如果没有专业机构，看起来各部门都在抓，但实际上各个部门又都可以不负责。所以，赣南地委行署 1991 年就成立了果业局（后更名为果业发展中心），随后在下辖的各个县也基本上都设立了类似的机构。并且，市、县、乡、村（基地）四级果业技术推广服务体系也得以成立。机构的作用不能一概而论，总的当然要精简高效，但是回到区域公用品牌的发展，政府成立专业的机构，其作用显然大于没有专业机构的区域。很简单的一个证明方法，有了专业机构，至少在党委政府层面就会有明确的分管领导。如果没有专业机构，区域公用品牌的发展会涉及很多的分管领导，这样一定会政出多门。所以，赣南地委行署三十年前的这一举措，今天看来依然是富有远见的，并且是正确的。即使是今天已经更名为果业发展中心，其统筹管理的职能依然非常有效。

政府在战略上的重视，以及有专门的机构固然非常重要，但是有"抓手"才能落地。赣南地方政府的抓手始终如一就是"种子"。自 20 世纪 80 年代以来，赣南引进了 8 个大的脐橙品种，试种后发现"纽荷尔"效益最为稳定，并优中选优，提纯复壮。如今，赣南的脐橙品种中，90%以上都是纽荷尔品种，甜度很高，糖度一般可达 13 度，品质好的达到 16 度以上且酸度较低，果汁含量可达到 50%，是优良脐橙品种。

政府这只手的作用，还表现在能够加强行政协调，避免市县两级在品牌上的过度消耗和冲突。虽然，赣南下面的有些县市也注册了以本县市名命名的区域脐橙商标，但是赣南市政府，一直非常明确在整个赣南市统一打"赣南脐橙"品牌。在具体的销售过程中，创新性地提出了一个县对接一个省的"主销战略"，如东北这个区域正是因为由一个具体的县市负责，所以才能集中力量，避免多个不同县在同一地区打消耗战的局面，很快就在东北打开了赣南脐橙品牌的局面。这里面，有一个非常重要的起点，那就是在早期发展赣南脐橙的时候，主导者就是赣南地委和行署，而不是用行政的方法强行不允许县域发展独立的品牌。

赣南市政府特别善于抓大放小，始终将举办有影响力的展会作为重点工作。从 2001 年开始，连续举办了 21 届脐橙节，名称不断升级，从最初的"中国(赣州)脐橙节"，不断升级为今天更有国际范的"赣州脐橙国际博览会"。现在，"赣州脐橙国际博览会"，已经不仅仅在中国脐橙领域具有最高的影响力，在世界上也成为最具专业影响力的脐橙行业盛会。每年会议期间，都会吸引来自全球的商家、客户、专家和消费者云集赣州。

赣南脐橙区域公用品牌，让我们看到了一个地级的政府，怎么真正做到"有为"。这个有为的成功，就是建立在尊重专家的基础之上，这是整个"有为"能够真正"有效"的起点。在此基础之上，赣州的政府官员还尊重市场的主体作用，引进了农夫山泉在全国最大的脐橙果汁生产基地投资建厂，培育了全球最有竞争力的果品分拣智能化的装备制造企业——江西绿萌科技控股有限公司。赣南脐橙品牌的成功，是政府和企业共同合作的结果。

解读"阳澄湖螃蟹"品牌

2000 年前后，我在上海工作期间，每逢周末和节假日，总有朋友邀约要去周边转一转，而在 9—10 月，凡是有朋友相约，几乎是一个目的地，那就是去苏州昆山的巴城镇。巴城镇对很多读者来说可能都比较陌生，而提到阳澄湖估计就是如雷贯耳。巴城镇就靠在阳澄湖，是阳澄湖大闸蟹的主要产区。去吃阳澄湖的螃蟹当然非常愉悦，但是路途却非常苦恼，特别是在进出昆山或巴城的高速路口，塞车一两个小时几乎是常态。原因无他，因为去阳澄湖吃螃蟹，已经成为上海市民最时尚的主题旅游，所以当然就人满为患了。

在这里，我要说一个对区域公用品牌来说至关重要的发展路径之一，那就是面向大的消费市场，紧紧依靠大的都市圈，使自身的产品成为大都市圈重要的消费刚需。2023 年，上海人均消费支出 52508 元，排名全国第一，总人口 2489 万人，排名全国第二，上海人的高消费能力为阳澄湖蟹的品牌发展提供了强大支撑。除了前文提到的产地消费，上海人也是阳澄湖大闸蟹外卖的主力军，每年阳澄湖大闸蟹的外卖销量中，有近 50% 都销往上海，占比全国第一；在上海的所有大闸蟹外卖订单中，阳澄湖大闸蟹销量占比高达 95%。

当然，阳澄湖的经营者也很好地利用了上海这一大市场的优势。在巴城镇，建立了很多连片的蟹舫，这些蟹舫一般都建在水岸边，靠水的部分养着大量成熟的螃蟹，食客可以随意挑选，而在靠岸的部分则是开放的烹饪间，特别是众多的包房。上海游客坐在窗前欣赏阳澄湖水系的美景，品味新鲜的大闸蟹，最后在附近的主题民宿过夜。所以，在金秋时节当地的饭店和宾馆往往爆满，不仅是一房难求，有时候甚至到了一位难求的地步，从而促成了当地"以蟹兴旅"的经济效应。

阳澄湖螃蟹生长于苏州，但很早就成名于上海。在清中叶以前，阳澄湖蟹并不是最出名的蟹，得益于上海近代逐步发展成为中国最大的经济贸易中心城市，阳澄湖蟹也声名鹊起。《申报》是近代中国最有广泛社会影响力的报纸，在《申报》第 8 版中《海上蜃楼》第 9 回讲道："这蟹的出产地距离上海相近的，可也有不少地方却以和昆山相近的阳澄湖为最佳，其肉甘美，和别处不同。"第 9 版《阳澄湖蟹亦丰年》中写道："吴县深秋名产阳澄湖大蟹……以运销上海南京苏州为大宗"，可见当时上海作为阳澄湖大闸蟹的主销地，让阳澄湖蟹有了伴随上海城市一同高速发展的契机。

我在上面讲了，要面向大都市圈成为消费者的刚需，就是因为这样产品的价格才能真正卖得高，蟹农也才能得到养殖业的高收益回报。我在全国很多很多县市讲课的时候，经常讲一句话，凭什么中国农民就不能富起来？这句话背后的含义，不单纯是对共同富裕的追求，更重要的是要提醒这些县的主政者们注意，农民要富起来，根本的途径是要把产品卖出高价钱，产品价格卖得越贵，农民当然也就越得利。而要实现这一目标，一个基本的方法就是要面向大都市的消费者。大都市的消费者，不仅消费人群巨大，更重要的是这些消费者的平均收入也非常高，所以好的产品一定要找到好的买方就是这个道理。不仅如此，大都市的消费者虽然收入高，但工作非常疲惫，而且大都市的车水马龙与高楼大厦，也会增加心理压力。所以，创造像巴城镇这样的消费场景，更能够吸引大都市的消费者，价格当然也会因为体验感而更上一层楼。

阳澄湖大闸蟹面向大都市，发展区域公用品牌的经验，我在很多地方做区域公用品牌规划的时候，都当成一个重要的设计思路，而各地实践下来都获得了很好的收益。其实这个方法说起来就是一句话，区域公用品牌要做出价值，一定要找到高价值的消费区域和消费人群。

解读"潜江龙虾"品牌

我在本书的一开篇,就提到了湖北的潜江市在全国很有名,这个名片就是"潜江龙虾"区域公用品牌。作为潜江龙虾区域公用品牌的重要见证者和参与者,这些年来我一直都在做潜江龙虾区域公用品牌的年度诊断与规划,并且每年都亲自发布潜江龙虾的品牌价值。见证了"潜江龙虾"品牌价值从 2019 年的 203.7 亿元增长至 2023 年的 350.8 亿元,年复合增长率高达 14.5%,连续五年荣登全国行业榜首。2023 年,潜江龙虾全产业链综合产值已超过 750 亿元。除了产值可观,潜江龙虾的价格也是行业领先的,以大青规格的小龙虾为例,一般的小龙虾售价约为 15 元/斤,而潜江龙虾售价则在 30 元/斤左右,达到了一般龙虾价格的两倍。

潜江龙虾品牌能够成名,当然有很多原因,特别是历届党委政府的主要领导,都将潜江龙虾品牌的发展当成战略任务,一届接着一届干,从来不跑调,也从来不变调,才成就了湖北省决定全省公用"潜江龙虾"品牌的辉煌。但是,我在这里更想说的是,这个品牌发展的一些草根的经验,那就是农业一线的农技人员与农民中的养殖带头人,不断推进的"养殖模式"的创新。

潜江龙虾的养殖从 2001 年的"野生寄养"模式开始,2004 年推出"虾稻连作"模式,2013 年推出"虾稻共作"模式,再到 2020 年发展出"复合养殖"模式。

"潜江龙虾"养殖模式可追溯至 2000 年,首创推出了"野生寄养"模式,这一模式的发明者是潜江积玉口镇宝湾村的农民刘主权。他在自家的 75 亩低湖冷浸田开展了稻田养虾的实践，在中稻收割完成之后将购买的150斤野生小龙虾投入到承包的低湖田里，待到次年春耕前夕将其捕捞起来进行售卖，首次便卖了5000元钱。在这之前，当地小龙虾的养殖还处于"散发散养状态"，这一模式提高了稻田的收益，解决了低洼田冬春撂荒的问题。

但是，小龙虾"野生寄养"模式，也面临着种稻与养虾的矛盾，且存在大规模推广的技术困难。因此，潜江市的农技团队历时3年的研究试验，在2004年创新出了"虾稻连作"模式。新模式通过在稻田周围开挖简易的小水沟，等开春耕田时将尚未生长成熟的小龙虾引入小水沟养殖，以此延长小龙虾繁殖生长的时间，提高了经济效益，这是潜江小龙虾养殖模式，初步进入了规模化推广应用的阶段。

"虾稻连作"的模式虽然提高了"种一季稻养一季虾"的经济效益，但仍然没有彻底解决种稻与养虾之间的矛盾。潜江位于江汉平原，上半年的低温阴雨天气较多，这就导致许多小龙虾尚未长大，但稻田却到了排水整田和插秧的时节，导致许多尚在幼苗期的小龙虾不得不以1.5~2元/斤的价格低价甩卖，虾农赚不了钱，当然也就没有发展的积极性。

潜江的农技人员并没有因此而放弃，在2013年探索出了"虾稻连作"的升级版——"虾稻共作"模式。原理就是将稻沟由原先1米宽、0.8米深的简易小沟扩大到4米宽、1.5米深的宽深沟。这样一来，在稻田需要排水整田和插秧时，原来一部分不得不低价甩卖的未长成的小规格龙虾，得以在宽敞的水域中继续生长。当整田和插秧完成后，再把稻沟内的虾引入稻田内继续生长，等到八、九月时幼虾长成，农民就可再以成虾的价格卖出又一批虾。在这种模式下，原来的"种一季稻养一季虾"升级成了"种一季稻养两季虾"，原先要贱卖的小龙虾产量增长了三倍，总的销售价格也上涨了近四倍，极大地提升了农民虾稻种养殖的经济效益，当年被很多国内知名专家评价为"代表了当前我国稻田综合种养的最高水平"。

"潜江龙虾"养殖模式的创新还在持续，目标就是要从"大养虾"到"养大虾",因为大虾的价格是小虾的3倍以上,这样可以更好地提高农民的收益。从2020年开始,潜江市探索虾稻共作标准化模式繁育、虾稻连作与虾稻共作结合(或独立)专养大虾的多种养殖方式并存,这被称之为"复合养殖"模式。连续几年,我都到一线去观察"复合养殖"模式的进展情况,农户养殖平均每亩的总收入超过一万元,原因就是出大虾的比例越来越高。

"潜江龙虾"区域公用品牌的成功,为我国农产品区域公用品牌的发展做出了重要的原创性贡献。那就是党委政府为一线农技人员的种养模式创新,提供宽松的创新环境,并且将基层一线农技人员与农村技术带头人形成协同创新共同体,让这个共同体在"干中学"中,不断创新种养殖技术模式,并最终为农民创造更高的生产收益。

解读"沙县小吃"品牌

　　说到"沙县小吃",有些人可能会有点疑惑,这不是农产品品牌啊,这是餐饮小吃啊。其实,我们在理解农产品区域公用品牌的时候,一定要区分这里说的农产品的范围,不单纯是纯粹的作为初级农产品的蔬菜和小龙虾是农产品,将蔬菜加工为蔬果脆零食,将小龙虾加工为预制菜,更能提高农产品的附加值。所以,无论是初级农产品,还是加工的农产品,都是区域公用品牌的农产品的组成部分。更需要强调的是,区域公用品牌要真正产生价值,要带动一个县的产业发展,特别是带动农民致富,深加工的农产品,也就是将其延伸发展到二、三产业,实际上是更重要的。因而,沙县小吃既可以说是小吃的服务品牌,更是农产品区域公用品牌。

　　沙县小吃这个案例,最重要的启发就是一句话——大力发展连锁销售终端。

　　沙县小吃作为一个地域特色浓厚的产品类型,在今天的中国有如此之大的影响,最直观的就是来自几乎无处不在的"沙县小吃"连锁店。截至2023年,沙县小吃在全国的连锁门店总数超过8.8万家,位居全国餐饮连锁店排名的首位;沙县小吃的门店数几乎是我国肯德基门店数量的5倍、麦当劳门店的10倍。仅沙县小吃集团的子公司就有23家,发展加盟连锁门店近4000家,年营业额已达500亿元。沙县小吃门店还走出国门,现已覆盖全球66个国家和地区。

　　沙县小吃门店迅猛拓展的背后,是当地政府的强力推进。1998年当地成立了沙县小吃业发展领导小组,同时在各乡镇、街道设立小吃办,将组织农民培训和外出开店的人数，直接设立为小吃办工作人员的工作考核指标。鼓励乡镇干部停薪留职，带头走出沙县开办小吃店，特别是对带动更多农民开店的乡镇干部，返岗后给予提拔重用。

沙县地方政府规范全国各地门店设立的机制，避免门店和品牌的随意性，专门重组成立了沙县小吃集团餐饮连锁股份有限公司。沙县小吃集团并不占有实体终端店铺的股权，但通过对"沙县小吃"商标的运营，来有效地管理众多的连锁终端。在政府平台公司的管理下，各地加盟门店的管理得到了统一，从门店门头、装修、菜品、餐具到服装等全都统一风格。尤其是原辅料管理上，加盟门店都可以从 App 上下单所需的原辅料，小吃集团在当地的子公司就会统一配送，从而保证门店终端提供小吃风味的一致性。

政府对连锁门店的管理，一个重要的方法就是推进标准化。无论是在哪个城市看到沙县小吃门店，给人的视觉都是一致的，小店面、固定的 Logo、统一的色彩，容易操作。目前已经制定了包括原辅料种植和养殖、质量要求、加工制作、产品与服务、包装、运输、配送、储存等在内的全产业链标准体系，形成了涵盖 4 个方面 200 余项标准的体系框架。

沙县积极推进门店数字化转型升级，已经在推进大数据选址开店、智能餐饮系统、智能配送、数字化支付结算等。在有些大店终端中，还在全面推进智慧化后厨，除扁肉、拌面、蒸饺、炖罐招牌产品之外的其余菜品，均由智能炒菜机器人烹饪，被业内评价为"沙县小吃转型升级道路上的又一重大尝试"。

区域公用品牌要发展，一个永远绕不开的基本问题就是如何更好地无限接近消费者。沙县小吃发展的经验告诉我们，发展本区域的连锁终端门店，是解决这一问题的最好方法。首先，农产品的销售链条特别长，每一个链条的环节都需要自己的经营收入，这就是往往终端农产品价格很高，而最上游的农户却得不到实惠的原因所在。发展本区域的连锁终端，就至少减少了中间 2~3 个流通环节，而这节约下来的成本既可以让消费者得到实惠，更可以回馈最上游的农民，同时还增加了门店经营者的收入。其次，一个县域发展农产品的种养殖和生产加工，客观来说并不是最困难的，最难的是产品的销售。这些产品要走进全国的千家万户，绕不开的就是要进入环节众多的流通渠道和终端，姑且不说进入这些渠道和终端成本巨大，即使进去了，在海量的产品数量中，也很难在销售上脱颖而出。而由本地直接持有的连锁终端，几乎没有任何障碍的就可以让区域农产品进入消费者的视野，而且是本区域公用农产品品牌的"专卖店"，更是在品牌的市场推广上，形成销售与市场品牌的一体化。最后，发展本区域的连锁终端门店，在我看来最重要的价值，还在于实现了本区域居民特别是农民长久可持续的就业模式。沙县小吃门店终端的经营者，主要来自于沙县的农民，这些农民不仅通过门店与家乡有着割不断的情结，而且忠诚度、专业度都超过了泛泛的财务投资人，并且可以终身经营，还可以传给下一代持续经营下去。

解读"柳州螺蛳粉"品牌

区域农产品品牌的打造，一定要适应互联网经济时代的到来，要充分迎合和满足年轻消费者的需求，也要成为网红产品，成为有高口碑效应的"爆款"。柳州螺蛳粉作为以当地的农产品原辅料加工而成的快餐食品，以及门店堂食产品，毫无疑问也是农产品深度加工而来的区域公用品牌。

柳州螺蛳粉红到什么程度呢？在抖音上"柳州螺蛳粉"的相关话题达到了42亿，小红书上"柳州螺蛳粉"的相关笔记超过42万篇，短短一个月内曾上过9次微博热搜榜前20名，许多网红博主也通过直播"嗦粉"出圈，使柳州螺蛳粉进阶成"现象级"的网红产品。成为"爆款"，当然就有了高额的回报。2023年，柳州螺蛳粉全产业链销售收入达到669.9亿元，同比增长18.1%。袋装螺蛳粉的销售更为迅猛，从2014年第一家预包装螺蛳粉企业面世，到如今袋装螺蛳粉销售额已经快速增长至195亿元左右，已经成为我国方便速食品类的明星产品。在淘宝、京东等电商平台上，柳州螺蛳粉也常年以数千万件的销量，成为中国特色小吃销量的领头羊。

一个区域公用品牌要"红"起来，还是要从口味上找特点。我经常讲，品牌是"吃"出来的，实际上是在说一个非常重要的规律，农产品大部分是用来吃的，如果不好吃，那这个品牌是一定做不起来的。好吃的一个特点，就是要独特，而柳州螺蛳粉在口味上就自带"热搜体质"。柳州螺蛳粉的风味独特，喜欢的人吃到"上头"，不适应的人则难以理解这种美味，这种冲突的"争议性"天然就为螺蛳粉带来了网络上的热门话题。螺蛳粉的口味极具辨识度，那就是酸爽，而且还带有一种很奇葩的"臭"味，这股"臭"味来源于螺蛳粉里的酸笋，它是新鲜笋经工艺发酵后酸化而成的，"闻着臭，吃着香"。

当然，要在网络上红起来，就必须精准地切中年轻消费人群，在这一点上，柳州市可以说打出了一整套网络推广的组合拳。无论是网红的直播带货，还是小红书上的种草，各种极具传播性的短视频，以及话题流量的导入和引导等，极大地激发了年轻人的好奇心。从细分人群来看，目前螺蛳粉的消费主力以女性和年轻一代为主，男性消费者及 "85 后" 人群的比重也逐渐上升，超过 83% 的 "Z 世代" 群体消费螺蛳粉的核心原因就是味道。这些年轻群体具有高频次的消费，超过 50% 的螺蛳粉爱好者平均每 2 周就要吃一次螺蛳粉。

网上的走红，需要网下的硬实力，那就是要通过系统、严格的标准体系，保证这一独特口味的风味一致性。为此，广西特别是柳州当地，制定了全套的螺蛳粉标准体系，对螺蛳粉食品添加剂、卫生、包装、运输、储存及保质期等各方面，提出了全面的技术和操作规范明确要求。《柳州螺蛳粉原料竹笋生产技术规程》《预包装柳州螺蛳粉原料加工技术规程》《柳州螺蛳粉实体店出品规范》的出台，更是实现了全产业链的标准可控。

柳州螺蛳粉的案例分析，的确为区域公用品牌的研究，带来了非常独特的"风味"，那就是区域公用品牌要以独特的口味为基础，也就是做到"好吃"；以互联网为载体，在年轻消费群体中成为网红和爆款产品。区域公用品牌所提供的农产品，固然有非常悠久的文化作支撑，但是在互联网时代，也要将其年轻化，使之成为"热搜"的话题。要挖掘传统的现代表达，使传统与时尚有机地融合在一起，也成为能够在网络上长期"红"下去的流量产品。

四、什么才是有『价值』的区域品牌价值评价

品牌价值评价是对品牌的"体检"

现在很多地方都非常有积极性开展农产品区域公用品牌的价值评价，无论是已经有全国影响力的大品牌，还是刚刚开始起步的，甚至还称不上品牌的区域农产品商标，都在开始做品牌价值评价。当然，也有很多机构发布许多农产品的区域品牌价值。这股热潮的背后，在我看来有很大的合理性，虽然很多区域做品牌价值评价并不一定真的了解为什么要干这件事情，但是大家的直觉还是判断出品牌价值评价确实很有用，至少评价结果的这个数字，还是能比较直观地看出品牌到底有没有价值、更重要的是有多大的价值。

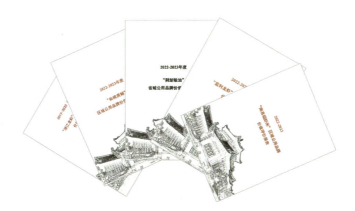

图 3　区域公用品牌价值评价报告

就像一个人到医院进行体检，体检报告会给出这个人身体状况的总体评价一样，让其知道身体总体是健康的，还是处于亚健康状态，或者出现了一些值得预警的症状。同样，虽然品牌价值评价的质量也有高低优劣之分，但是做不做体检，与做多少项目和多高水平的体检，还是有本质区别的。也就是说，只要做体检，人对自身的健康状况就会多少有一个大体的了解，如果认为某个机构的体检水平不高，那至少也提醒自己要找一个更高质量的医疗机构，来对自身的身体状况进行进一步的确诊。所以，既然是体检，那么就应该是每个区域公用品牌都应该干的事情，即使某个商标还不是真正的品牌，或者还在起步与发展过程中，那也应该做品牌价值的评价。只要有条件，无论你是成年人，还是正在发育中的婴幼儿，也无论你自认为身体有多么健康，或者自己感觉健康正在下降，都需要做体检。品牌或者正在发育中的农产品商标，要想真正干好，干得科学而不盲目，通过品牌价值评价这样的"体检"方式，都是做品牌必须经历的过程和环节。道理非常简单，如果连品牌的基本状况都不知道，那决策的依据又来自于哪里呢？

这些年来，每年都有全国不同省份的数十个地区，邀请我去考察和调研当地的农产品区域品牌状况。一般说来，我第一步的工作，既不是去盲目地看现场，也不是听当地负责人介绍相关的情况，而是请他们把品牌的价值评价报告给我参考。因为，一份质量比较正常的价值评价报告，会比较全面地比较该品牌在全国该产业领域的地位、竞争状态，特别是会从价值评价的不同维度，分析该区域农产品的质量、市场、技术和消费者市场需求等状况，还会提出基于不同维度价值分析该品牌面临的问题和挑战，等等。这就是我将价值评价的阅读，当作第一步工作的原因。很简单，有了上述状况的了解，就像一个医生看了一位患者的体检报告一样，就能够比较全面地了解该品牌应该如何诊断。但是，非常遗憾的是，很多地方每年投入几千万，甚至数亿元的资金来进行品牌建设，但是却没有做过品牌价值评价的报告。这样的做法，就像一个医生不知道患者的身体状况，却要开处方去治疗一样不科学，使得这些投入都没有建立在了解品牌基本事实的基础之上，所以效果当然也就大打折扣。

有些地方当我问起的时候，会回复说有品牌价值，多少多少亿。这个在我看来，比没有这个数值可能更糟糕。因为，我们很难相信，一个专业的医疗机构没有任何结构化的体检项目，也没有一些分项的检验结果，却告诉这位患者身体状况如何一样。也就是说，一个品牌只是告诉别人价值多少，仅仅是这一个孤零零的数字，那么它意味着什么呢？要么就是这个数字缺乏严谨科学的事实支撑，要么就是这个数字可能会误导我们对品牌状况的了解。因而，很多地方的负责人，当真正了解了品牌价值的内涵和功能以后，往往会迫切地要求开展品牌价值评价，并且希望能获得专业的、有事实依据的品牌价值报告。注意我这里说的是报告，而不仅仅是报告其中一个数值。

目 录

一、区域公用品牌及产业整体概况

二、区域品牌价值评价的研究过程

（一）成立研究团队

（二）开展理论研究

（三）基于现金流的品牌价值计算思路

（四）深入一线调研

（五）指标体系建立

（六）观测数据采集

（七）数据处理计算

三、评价结果：指标得分与计算结果

（一）各级指标的得分情况

（二）品牌强度系数

（三）品牌价值评价结果

（四）品牌价值的进一步分析

图 4　区域公用品牌价值评价报告目录(部分展示)

为什么品牌价值评价是一个区域品牌工程的基础性项目呢？其实答案非常简单，就像体检报告，是在化验、拍片和检查等一系列行为之后，才能得出这位体检者的身体状况一样，品牌价值评价也是要对这个区域农产品的质量状况进行"化验"，也要到田间地头和工厂车间去对产品进行"拍片"，特别是要到市场中对消费者的购买行为进行"检查"，然后才能得出品牌价值的真实状况，以及给出一个品牌价值的数值。所以，品牌价值评价之所以有价值，并不是仅仅给出一个数值，而是给出这个数值的过程、加总这个数值的各个维度，特别是对其进行的分析，才是真正的价值所在，这也是体检的涵义。

评价的质量标准：咨询与规划

接着上面的品牌评价的真正价值来说，具体而言就是要输出一份"评价报告"。衡量一份报告是不是真有质量，不是看是否给了一个总体的数字，而是要看这些数字是从哪里来的，更要看基于这些数字，给了什么样的分析结论、对品牌的诊断结果，更重要的是在此基础上是否告诉了某个地区，这个区域品牌所属的产业到底该怎样发展？世界上绝对没有产业发展不起来，而品牌价值却能做得很高的区域农产品品牌，因为正如前面已经讲得很清楚的，产业发展和产品质量是"因"，品牌价值和品牌的市场知名度是"果"，如果只是简单地给出一个品牌价值的数值，而没有去告诉基于这个数字应该是如何发展产业和提高产品能力，那一定是"倒果为因"，这个数字本身就没有什么价值含量。所以，评价报告的核心就是看有没有对品牌和产业发展的咨询及规划。

目前，市面上有一些品牌的价值数字发布，评价机构甚至都没有到当地做一点实地调研，就给了品牌一个数字，显然会让当地的相关人员感到非常的困惑。不止一位区域的负责人对我说，这个数字根本不敢用，因为评价机构都没有深入到一线来做过调研，也不知道这个数字的背后的事实是什么，当然就更无从知道对品牌的诊断结果，以及未来该怎么干了。

这些年来，我带着团队每年都要做一些区域品牌的价值评价，最深的体会是，这不仅是一件需要付出相当智力的科学研究工作，更是一件需要付出更多体力的"苦力活"。要做出一份真正有质量的品牌价值报告，需要对当地大量的数据、材料进行学习和处理，更要脚踏实地地走进田间地头

81

和工厂车间进行深入的调研。还要有一套科学的方法论，既要具备掌握调研、分析、发现问题的基本能力，又要有总结、提炼、处理问题的专业能力，还要能收集真实全面的事实和数据，又要有合理的评价体系。品牌价值是靠实体的农业产业做支撑的，而农业产业的链条之长、涉及的产业范围之广、市场主体之多、数据之庞杂，都需要评价机构投入大量的人力、物力、财力和时间成本。以获取数据为例，要想知道产业发展的真实状况，当然得获取最新的一手数据和资料，而这些资料并不全在政府部门已有的统计文件中，像市场中企业主体的某些经营数据，如产品创新和研发等，这些数据的加总对区域品牌的评价是必须的，但并不能通过现有的政府管理部门来轻松获得，这就需要评价机构真正到一线去，用科学的方法对这些企业的数据进行抽样和加总。

还是回到我与团队所做的品牌评价案例中，如某区域的淡水鱼品牌价值评价报告中，我们发现该淡水鱼品牌的产业总产值之所以不高，原因就在于这个品牌仅仅和某一个细分的鱼的品种有关。客观地说，这个区域将该品种做得还是非常不错的，但是这个品种本身在淡水鱼中就是一个非常小众的产品，即使你做到市场份额百分之百，恐怕也做不大。针对这一问题，我们查阅了从三国以来与该品牌有关的历史文献，发现历朝历代所谈的以"该区域+鱼"命名的名称，一直都是说这个地方所产的鱼非常好，而不是说这个以区域命名的品牌，只和某一个品种有关。基于此，我们在报告中提出：该区域品牌所指的是产于该地的淡水鱼，而不是一个极其细分的淡水鱼品种。我至今还非常清晰地记得，当时我们提出这个咨询和规划意见时现场的场景，当地的书记和市长听完之后，立刻激动地说这是一个根本性的发现，这样就可以以品牌来带动当地全部淡水鱼的产业发展，一下子就拓展了市场规模和产业的范围。在随后的时间里，还有很多市场主体得知是我的团队做的这一规划以后，就把准备在其他地方的投资转移到这个区域来，因为他们知道这个品牌一旦在市场强力推广之后，会冲击到他们在原有区域的渔业投资，还不如顺势而为，借助当地这个知名的渔业品牌来发展，那么其行为顺理成章的当然就是把投资转移到这个有品牌的区域来。这个案例，生动地表达了区域品牌价值评价的真正价值。

另一个案例，是某县域葛仙米区域公用品牌的评价与规划项目。在规划中，我们深入解析其价格高昂的原因，并给出了"中国顶级的农产品和食物"的定位，融入"为中高端人群提供彰显身份和地位的高端经典食物"的核心理念，定义为"食材软黄金"。提出了"百亿十策"的发展方式，十年内全产业链行业产值100亿的发展目标，具体策略包括产品形态设计、控制性销售模式、制定标准体系、文化挖掘、工艺创新和专业工匠队伍的建设、农旅文融合打造方式、面向世界的合作与推广、刻不容缓的品牌保护等。其中，还提出建设全国葛仙米高端农产品交易中心，挖掘高端食材的投资价值，形成包括产品质量控制体系、信息服务中心、品牌推广中心等为一体的拍卖中心等具体措施。

其实，以上两个价值评价案例，都是突出了品牌及其产业的咨询和规划，从而真正地赋能这两个区域的品牌建设，尤其是着眼于产业的发展，包括具体的产品规划设计。用产业规划支撑品牌的发展，就是品牌价值评价的基本方法所在。

品牌评价的主要内容与结构关系

品牌价值评价当然很复杂，需要大量的数据，这些数据之间要有紧密的逻辑关系，数据需要比较专业和复杂的计算模型与方法，这些都有专业人员去完成。作为本书的读者，特别是实际负责品牌建设工程的区域主官、参与者和各相关市场主体，并不需要了解评价中这些过于专业的问题。真正需要了解的，是品牌评价是怎么构成的，也就是说评价的对象是什么，是哪些评价的具体要素和指标，才能最后加总出品牌的总价值。

品牌评价一言以蔽之，就是来自市场价值的加总。我们在前面讲述什么是品牌的时候，说得非常清楚，品牌是市场认知，是市场价值的反映。因而，讨论品牌价值当然只能回到这个品牌在市场中的表现，具体来说就是市场销售的总量、在同类产品中的市场份额、市场的增长率和市场价格的区间，等等。我非常理解一些区域的品牌建设者，希望本区域的品牌价值能够评得更高一些，但是当了解了品牌的价值来自于真实市场价值之后，很多人就会知道价值评价不是数字游戏，需要来自销售、市场竞争力等这些真实数据的支撑。当然，反过来说，价值评价数字一旦被市场知晓以后，也会产生某些引导作用，引起消费者的关注和购买，从而提高该品牌产品的市场份额和销售额。我做了这么多区域品牌价值的评价，最深的感受就是要想品牌有价值，那就要以该品牌产品真正的市场销售量、份额和价格为支撑，这也是品牌价值评价第一个最重要的内容。

品牌价值来自市场价值，这是没有疑问的。但是，我们还要深入地追问下去，市场价值来自于哪里呢？要回答这个问题，还是要看市场的消费者是怎么给出不同产品的价值的，那就是产品的品质价值。一个区域农产品之所以大家愿意用比较高的价格去购买，一定是这个产品的品质好，包括内在的农产品质量安全没有问题，同时营养价值也很丰富，更重要的是这个产品的口感口味特别"好吃"，当然还有很多其他与品质有关的指标。从这个内容指标就可以看到，品牌价值评价为什么能发挥"体检"的作用，其中一个就是要全面测量你这个品牌产品的品质，因为好的品质才能支撑更大的市场规模，这是品牌价值评价的第二个重要内容。

品质的支撑对市场价值至关重要，但是消费者作为市场的选择者，特别在竞争条件下，比我们想象的要严苛一万倍，那就是"喜新厌旧"。一个品牌要在市场中的价值不断地增长，除了品质要好以外，其实很多消费者把品质当成理所当然应该做到的，更喜欢不断创新的产品。创新源头当然是来自于人才、研发投入、设备更新改造等，在农产品中的研发指标中，品牌评价特别关注种苗资源的开发，没有新的品种开发就不可能有市场中消费者所谓的"好吃"或者"更好吃"。当然，创新的表现还包括，该品牌有没有新的产品，以及每年推向市场的新产品的数量等。我们前面在介绍很多区域品牌案例的时候，已经讲过工艺创新也是创新的一个重要方面。限于本书毕竟不是专门讲品牌价值评价，不可能全面介绍具体的复杂的指标体系，写到这里，很多读者就能够想象和推导出价值评价的复杂性，包括这些数据获取的巨大难度。正因为复杂而有难度，才能够真正反映出创新是怎样迎合市场消费者需要的，这也是品牌价值评价的第三个重要内容。

市场非常苛刻，尤其是面对农产品及其加工产品，消费者要求产品是绿色的，是生态的，也就是说生态价值是支撑市场价值的重要因素，这是品牌价值评价的第四个重要内容。可能有些人看到这里，会发现做好一个品牌，也就是让消费者真正认可其市场价值，真的是非常不容易。从另外一个角度来说，这也是品牌价值评价的体检功能之一，那就是引导农产品走绿色生态发展道路，要减少农药化肥的使用，要保护土地的生态价值。不仅如此，生态价值评价还要引导绿色循环生产，包括减少单位产出的能耗量、产品及包装的回收利用，等等。

前面在理论上已经分析过，消费者对农产品更高的价格，是来自于对文化的溢价。产品功能总有上限，而文化永无止境。这是支撑产品市场价值的一个重要来源，也是价值评价的第五个重要内容。在评价过程中，作为评价者要通过大量的文献收集和整理，来得出品牌产品的文化积淀，还要亲自走访和体验与该品牌产品有关的文化场景和文化资源，测量出对品牌价值的增值，当然还要从市场中测量消费者通过故事接受和认知到的产品的文化内容，从而确定出品牌的文化价值。文化价值的评价至关重要，对于品牌来说，可以很清晰地指导区域怎么去挖掘和利用文化，从而增加市场价值。

上面，我们分别从品质、创新、生态和文化四个方面去寻找一个品牌如何创造最核心、最关键的市场价值，也就是能指导一个区域以市场价值为核心，从这四个方面去提升和支撑品牌的打造。这里，我们还要从制度的层面去看待品牌市场价值的提高机制，毕竟正如前面所分析到的，区域公用品牌对一个区域来说是"准公共产品"，那么对公共产品的政府治理就显得特别重要。在做区域公用品牌价值评价的时候，我们往往特别关注政府对品牌的治理行为，包括现在很多区域公用品牌都面临的打假问题，也就是品牌保护的行政执法强度和有效性，以及品牌授权和运营中的管理问题，特别是对消费者投诉的处理和保护等。政府的品牌治理，实际上也是品牌市场价值的重要来源和支撑，但是从逻辑关系上来讲，是对应于市场支撑的行政和法制支撑，而且贯穿于品牌的全过程和全要素，从结构上将其独立出来，更可以彰显政府对品牌治理的特殊重要性，这也构成了品牌价值评价的第六个方面的重要内容。

我非常理解全国很多地方都高度关注和投入区域品牌的建设，不管是政府官员，还是一、二、三产业的市场主体，以及普通的民众，在发展区域品牌上几乎没有任何杂音，都是高度一致的。这种统一认知的背后，实际上是来自于期待通过品牌的创造，给本地带来两个重要的成果：一个就是推动与品牌有关这个领域的一、二、三产业的总产值，做得更大更强；

另一个更重要的是，品牌能够带来当地更高的民生价值，包括当地有更多的人在这个产业领域就业，并且因为品牌能够让这些就业者获得更高的收入。其实，产业价值和民生价值，是由品牌市场价值的增加，而自然带来的结果。品牌的市场价值大了，自然就会吸引更多的投资人和市场主体投入到该领域的一、二、三产业中去，从而做大做强本地的产业价值。这也是我们前面已经分析过的，区域公用品牌的建设为什么要以产业作为支撑，反过来产业也能支撑品牌价值的进一步提升。此外，品牌的市场价值大了，参与其中的就业者所生产出的产品和服务，就能卖出更高的溢价，也能提高自身的收入。可以看出，品牌价值评价，既要看品牌的核心是什么，也要看这个核心的价值靠哪些因素来支撑，包括市场的和政府的，还要看品牌能带来什么，具体来说就是能不能促进产业做大和老百姓致富，这也是品牌价值评价的第七个和第八个内容。

归纳以上八个方面的内容关系，可以做如下的概括：品牌价值评价的核心是市场价值，市场价值来自于市场方面的品质、创新、生态和文化四个要素，同时也来自于政府方面的品牌治理这个要素，最后市场价值会转化为产业和民生价值。可以将这八个方面的内容及结构关系，用如下的模型图来进行表达。

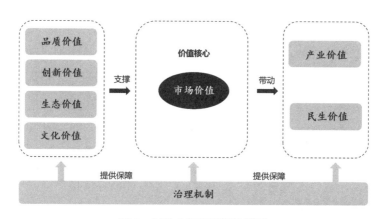

图5 区域公用品牌评价模型

没有调研就没有对品牌价值评价的发言权

品牌价值评价主要是这八个方面，下面还有很多更细的二级指标和三级指标。可以想象，即使不谈分析、咨询和规划，仅仅是把这些数据收集齐全，就要花费相当的人力，要用相当长的时间才能把这个评价做出来。这还不是最重要的，更有挑战性的是，要获得这些数据，特别是了解与品牌有关的真实情况，没有什么捷径可走，只能是深入到一线去调研。

调研首先要掌握大量的资料，这些资料有些是来自于政府历年关于品牌建设的文件、规划和会议纪要，还有些甚至是来自于档案馆存档的一些历史资料。文件通知通常有关区域公用品牌建设的工作安排，一般包括区域品牌公用建设方案、产业发展实施方案以及品种培育与推广工作等；而会议纪要、总结报告等资料则包括对产业发展和品牌建设工作的具体复盘，如品牌宣传成果、农产品标准与数量、企业及合作社等市场主体的发展状况等。当然，一些地方区域农产品产业发展历史悠久，要了解其品牌的建立、品牌发展的优势，还需要到档案馆查阅地方志、非遗项目档案、龙头企业历史档案等，通过收集和整理这些复杂的文档资料，评价人员才可以掌握区域公用品牌建设与产业发展的基本面，建立宏观上的认知。

除了掌握这些重要的历史资料以外，还要选择有代表性的人物，开展深度的访谈。这就要求调研人员，要在公共部门、行业组织以及企业等主体中，选择代表性人物进行深度访谈。在公共部门，就要重点访谈农业农村部门中分管种植业或渔业的主要负责人，以及农业技术推广中心主要负责人等；在行业组织，就要重点访谈区域农产品产业发展协会负责人、产业联盟负责人等；在企业主体，则要重点访谈产业链上，各龙头企业和中小型企业，以及种养殖合作社的企业家等。在某个市级区域公用品牌价值评价项目调研中，我的团队发现当地建设了行业内交易规模第一的交易中心，但该中心却是一个村级的平台。因此，团队重点访谈了该交易中心的负责人，发现该村集体通过供应链金融创新，联通了养殖户、交易市场、经销商以及银行等主体，畅通信贷、资金流通的渠道，带动了当地农产品产业的发展，而这自然也构成了创新价值评价的重要素材。

区域农产品品牌价值评价毕竟是评价项目，所以作为研究团队一定要去做大量的数据收集、清洗、统计等工作。如在计算市场价值时，仅仅"市场价格"这么一个指标，就要搜集大量的市场数据。我的团队在做某个大米区域品牌价值评价项目时，为准确估计其产品价格水平，通过线上、线下的销售终端渠道，收集超过 200 个大米品牌的交易均价。而在评估该品牌产品的美誉度时，在电商销售平台收集超过 5000 条客户评价，然后再利用文本资料进行语义好评分析。

数据的获得和处理虽然非常重要，但实际上数据也是一种对现实工作的抽象，仅仅获得和处理数据，对于品牌评价是远远不够的。尤其是要分析这些数据，再加上对这些数据要得出结论，更要提出咨询和规划意见，如果仅仅只是停留在对数据的处理上面，是很难实现这些目标的。因而，最重要的调研方法就是到一线去、到现场去。

到一产业的现场去，系统掌握农产品种养殖的概况及所依附的内生资源禀赋。评价团队要全面了解到底是什么样的土地、水源、气候等自然生态环境，才能生长出品质独特的农产品。同时，大部分品牌农产品的生产，离不开独特的种养殖技术，那么评价者还要充分了解当地的种植或者养殖技术、集约化规模化种植状况以及生态种养殖模式等。此外，农产品的品质与种子息息相关，因此，还要了解当地育种与选种、种子贸易等情况。当然，还有诸如农产品收购价格、土地流转收入等涉及民生价值，以及农产品销售渠道、销售地区等涉及市场价值等方方面面的数据与事实，在此就不再展开陈述。

到二产业的现场去，了解农产品如何实现"改头换面"与产品增值。农产品加工是实现农产品增值的重要方式，而加工企业是区域品牌重要的创新主体。加工产品无论是种类的数量、品质功能特征、产品更新的速度都与产品功能以及消费者需求满足度有关，这些信息与数据也需要评价者进行系统化的整理与统计。创新的价值还来自于企业的硬件水平，如生产线设备等，以及企业的"软件"，如质量控制体系、工艺、流程检测等，还有研发投入和人才占比等。

到三产业的现场去，对品牌价值评价来说就更为重要了。因为价值评价的核心，就是发现市场价值，而市场是由品牌产品的经营者和消费者构成的。因此，要融入他们当中，了解品种丰富、产品标准水平以及产品品质功能等是否满足消费者需求，评估消费者的满意度以及产品美誉度，直接从消费者端获得关于产品、品牌的反馈，挖掘消费者认可区域品牌产品的特质，以及问题所在。这里还要特别强调一下，对消费者的调研，除了访谈和数据统计观察以外，还要进行问卷调研，利用问卷收集更全面的信息。如在做某水产品项目时，我带领团队，详细设计了消费者调研问卷。最后，根据统计结果发现，消费者对该品牌产品的需求，主要是新鲜度。

虽然调研过程非常艰辛，但是调研成果的获得却非常幸福。有了调研就有了发言权，不仅仅能够得出比较科学的品牌评价数值，更重要的是能够透视这些数值，得出对品牌背后事实的分析结论，以及在这个基础上，提出咨询和规划的发展目标，从而通过价值评价推动产业和品牌的价值增值。

开展"田野调查"

之所以说品牌价值评价是一项专业性很强的工作，不单纯是来自于上面说的评价内容要很专业，还包括评价的方法也要很专业，其中一个很重要的方法就是怎么开展科学的调研。除了上面说的以外，既然区域公用品牌生长于田野之上，那么当然就可以采用"田野调查"的方法。

"田野调查"是一个要求评价者集中时间，扎根在品牌区域，利用观察、访谈以及问卷等多种方法，进行实地调研的质性研究。采用"田野调查"的方法进行品牌价值评价，评价者不仅能获得一、二、三产业发展的第一手数据，还能通过观察、访谈等方法直接和一线的市场主体、品牌运营主体"对话"，了解产业发展的真实面貌和存在的问题。

为了使区域品牌价值评价的委托方，掌握更多的信息，有必要介绍一下"田野调查"的几个主要方法，包括参与观察法、深度访谈法、问卷调查、焦点小组讨论等。先来看一下参与观察法，参与观察法要求调研者直接参与研究对象的生活或活动，以亲身体验和观察的方式收集数据。在去年"十一"假期前后，我的团队成员历经十余天时间，踏遍了当地的大街小巷，无论是大商超，还是小商店，都有他们的身影，90%以上的商店都被纳入了田野调查的范围。不仅仔细记录下每个店铺所售卖的大米品牌，还耐心地梳理了产品种类、价格以及各品牌销售额等情况。在调研过程中，更是摇身一变成为"销售员"，亲自观察消费者如何挑选大米，通过亲自介绍产品、称重以及包装等不同环节，从卖者的角度体验了该品牌产品的真实交易。更不用说，在秋冬交际的清晨，当第一缕曙光还未探出地平线时，为了进行调研，我的团队成员就已在贸易市场就位。随着养殖户们开始摆放货品，团队成员便隐蔽地观察、记录成交的数量和价格，细致入微地注意每个细节，从货物新鲜度到客流量，以及养殖户与批发商户之间的互动等。

当然，参与观察法能够收集到一手信息和数据，但要深入地了解产业发展状况，就离不开深度访谈（In-depth Interview）。深度访谈是指由拥有访问技巧的调研员，对一个符合特定条件的访问对象，通过提出开放式问题，让受访者自由发表观点，从而获取详尽的信息和深层次的见解的方法。在某个评价项目调研中，我的团队几经辗转，通过多方渠道，花费了将近两周的时间，才联系上该领域内苗种人工繁育技术的专家。团队成员通过层层追问，与专家进行了长达数小时的访谈，从当地苗种人工繁育的历史，到苗种人工繁育的技术创新，再到技术推广的难点及建议等。专家提供的这些专业的知识、详细的事实、解决问题的方案等，无一不为我们评估该品牌的创新价值，规划产业发展提供了重要依据。

针对产业发展的问题，我们一般采用焦点小组讨论法。焦点小组讨论法，是一种通过引导一组筛选出的参与者，在互动环境中集体讨论特定话题，以收集他们关于某一事物或者特定主题的观点和感受的方法。这种方法强调参与者间的讨论和相互影响，目的主要在于深入理解他们的态度和需求。在某个大米区域公用品牌评价项目中，在当地产业协会的协调组织下，特别邀请了当地的数十位中小企业家，围绕着当地大米区域品牌下的中小企业发展现状这一话题进行了讨论。讨论会上，正是各位中小企业家们针对问题各抒己见、表达真实想法，让我们迅速了解该区域内，大中小企业角色定位不清晰，是阻碍区域农产品产业发展的关键问题。正是通过对这些关键主体的深入访谈，我们才能发现区域品牌发展的"真问题"。

在以上的这些定性研究方法的基础上，还可以辅之以问卷调查法。问卷调查法，最基础的功能，是能够帮助评价者系统地收集关于个体或群体的数据，从大量的样本中提取有价值的信息，从而为品牌价值评价提供量化基础。在为某个区域品牌做评价和规划时，为了真实了解消费者的情况，专门进行了消费者调查。利用"五一黄金周"，在当地获得了数百份消费者的问卷信息，从而为该区域的民宿定位和价格制定，提供了有力的数据支撑。

在为湖南某地的大米区域品牌做评价与规划时，通过"田野调查"，为其重新定义了产品的定位。我们通过多种田野调查方法，了解该区域大米，相对其他南方区域的大米更加软糯的特点，而南方人则更偏好软糯大米，并在问卷调查的基础上，提出该区域大米是"最适合南方人口味大米"的定位，使其取得了市场价格评价达到 8 元/斤的成效。

就像要把论文写在祖国大地上一样，也要把区域公用品牌的价值评价计算在"田野调查"之上。通过"田野调查"的专业方法，就可以从方法论的角度提高品牌价值评价的质量水平，最关键的是能够真正融入被评价对象之中，从对象的视角来看待和分析品牌真正的价值在哪里。因而，我们在选择品牌价值评价的专业机构时，一定要从对方是否掌握"田野调查"的科学方法入手，只有把握了正确的过程，才能产生科学的品牌价值数值。

"年度体检"让品牌穿越不同周期

品牌的发展是有过程的，不同的阶段品牌建设面临的问题是不一样的，当然采取的品牌举措也是不一样的。分析一下国内品牌发展得比较快的区域，几乎都有一个共同的特点，那就是分年度地长期进行品牌评价。还是回到体检来说，在 20 世纪，德国就开始了"一年一检"的机制，而正是在此后，德国公民的胆固醇水平、高血压、冠心病发病率等指标均产生了不同程度的下降。其背后的原因很简单，就是年度体检能够持续观测指标的动态变化情况，医师和患者能够根据指标变化，有针对性地调整应对方案。

那么同样的，区域公用品牌是否也需要进行"年度体检"呢？好比人有少儿、青年、中年、老年等生命阶段一样，品牌也有其萌芽期、成长期、成熟期等生命周期阶段，不同的发展阶段，面临的问题与发展的侧重点也不同。例如，在发展一个大米区域公用品牌的初期，无论是面对国外的泰国香米、印度香米以及日本越光米等国外优质大米品牌，还是国内的吉林大米、五常大米等行业领先品牌的竞争，首要任务就是让消费者认知和接受自身的品牌。而当这个大米品牌已经到了具有相当的市场影响力和市场份额的成熟期，需要着重考虑的问题就变成了如何维护和提升品牌价值、如何创新以及拓展市场。这也就是说今年、明年和未来这一年，区域公用品牌的发展逻辑不可能一样，如果不抓住发展的阶段去经营品牌，那么品牌的经营就不可能有阶段性的成功。

显然，地方发展区域公用品牌一定要有畏惧之心，要抓住品牌每年度发展的逻辑再去经营品牌。这也就意味着，地方政府必须掌握当年区域公用品牌发展的最新现状，包括上年度面对的问题，特别是当年要采取的有效对策等。要做到这一点，最有效的工具就是品牌评价的"年度体检"。

贵州修文县"修文猕猴桃"的品牌发展，就很能说明问题。在发展的起步年份，主要问题是知名度太低，远不及当时同类猕猴桃的其他区域品牌。为此，修文县主动出击参加各类水果展会，并在重点区域举办专题推广会。有了一定知名度以后，才开始举办能够吸引外地客户来本区域参加"修文猕猴桃节"，这里实际上有一个阶段策略问题，如果先不在外地一些市场进行推广，而是盲目地在本地举办猕猴桃节，一定会让外地客户觉得十分的突兀而不愿意参加。在长期举办猕猴桃节并产生相当大的影响之后，修文县又开始在"鲜"字上做文章，发展300多座保鲜库，并开始大规模进入电商平台，使全国各地的消费者能吃到更鲜的"修文猕猴桃"，从而在同类品牌产品中，凸显了修文猕猴桃的核心竞争力。为保持修文县猕猴桃的长期发展能力，又开始在最上游的品种领域进行创新，建立"中国·新西兰一带一路猕猴桃联合实验室贵州中心"以及"贵州修文猕猴桃研究院"等科研平台，引进和利用国外先进种质资源和繁育技术，促进修文猕猴桃的发展。显然，修文猕猴桃品牌的可持续发展，与其坚持对品牌的年度复盘，找到不同阶段的发展规律有非常大的关系。

品牌的建设非常花钱，更要命的还在于，花了钱也不一定能成功，这一点对普遍缺钱的县域政府来说，是一个要时刻警惕的问题。之所以花钱没有花到点子上，是因为决定花钱的决策没有一个基本前提，那就是对品牌年度的发展状况不了解。品牌建设的失误，最大的问题在于，没有年度的专业评估，那么做出的花钱的决策，一定是效果不好或者有巨大的风险。要真正做好品牌，最基础的工作就是要做专业的年度品牌价值复盘和评价，在这个上面花的投入，才是"以一当十"。决策的失误，是品牌建设最大的浪费，而这个失误一定是没有把握品牌发展的以年度为核心的阶段性规律。

我们经常说，区域特别是县级区域的工作要久久为功，在品牌建设上更是如此。衡量一个地方是否有真正久久为功的品牌建设理念，一个基本的衡量方法，就是看这个地区是否在做一些长年坚持不懈的品牌建设工作，而其中最基础的就是年度的品牌价值评价。坦率地讲，这项工作的确没有那么热闹，好像也是常年的日常工作，但就是这样的日常工作才能"水滴石穿"，穿越不同的发展周期，让品牌持续成长，并真正为市场所接受。

图 6　连续多年进行品牌价值评价

年度品牌价值评价的"龟兔效应"

现在人们经常说，要有长期主义的精神，这里面当然有重要的复利效应，其实巴菲特的年化收益率只有19.91%，但是连续62年以这样的复利持续增长，最终实现了财富从10万美元发展至世界首富之一的辉煌成就。说到品牌，这种复利效应就会更明显，通俗一点讲，只要坚持下去，品牌就会有辉煌的一天。这不仅仅是一个理念问题，还有方法问题。正如上面所说，为什么品牌要做年度的评价，就是要通过这样一个机制，使品牌真正地做到长期建设。

我们先来看一个长期进行品牌建设的案例。说到茶叶，武夷岩茶想必大家都听说过，其中最知名的当属"茶中状元"武夷山大红袍，高品质的大红袍茶叶价格一斤至少要上千元，特等大红袍茶叶价格一斤售价可达上万元。这样成功的一个区域品牌，其发展过程并非一帆风顺，武夷岩茶自宋代就成为贡茶，1959年被评为全国"十大名茶"之一，在17世纪兴起的以茶叶为大宗货物的中蒙俄之间的商贸大通道中，福建武夷山是这条"万里茶道"的起点。尽管历史悠久、知名度高，但由于产量不大，1999年"客土法"传统耕作方式难以延续，新种植方式未及时跟上，武夷岩茶的品质无法得到保障，在茶叶市场中名声逐渐消散，发展陷入瓶颈期。

进入2000年以后，武夷山市开始有节奏地进行品牌推广，特别是2006年在福州市，推出了以"浪漫武夷 风雅茶韵"为主题的茶旅融合活动；同年国庆期间，在北京钓鱼台国宾馆和王府井等地，举办同类推介活动，在首都市场形成示范效应。这样的推广活动，包括各类茶事活动，如斗茶赛、茶王赛等,武夷山市都连续不断地举办。在 2010 年,更是推出了《印象·大红袍》实景演出,13 年来演出高达 5200 场,平均每年高达 400 场,在旺季的时候一天甚至要演出 4 场。武夷岩茶,从 2017 年开始连续 7 年居中国茶叶类区域品牌价值第 2 位。

很多地方做区域品牌建设有一个担忧,那就是本地起步很晚,而同类品种中其他区域已经有了一些比较领先的品牌,那么本地应该采取什么样的策略呢?答案就是,坚持做年度的品牌诊断和价值评估,并在此基础上坚持制定清晰的年度发展策略,久久为功,就会实现对领先品牌的反超,这就是国内区域品牌竞争中的"龟兔效应"。下面,我用亲身参与的一个真实案例,来说明这个效应。

2016 年至今,我受某区域的委托,一直在做该地小龙虾品牌的年度价值评价和规划。客观地说,当时这个区域的整体产业发展,没有沿海某大省的一个区域发展得好。经过这么多年的努力,该区域成功实现了对沿海区域的超越,成为全国公认的该产品领域品牌价值的引领者。从我与该区域这么多年,从未间断过的年度合作机制,就可以看出该品牌能够实现超越的一个重要原因,那就是与第三方专业机构合作,在每年复盘和价值分析的基础之上,找到年度发展最有效的品牌策略。

如在新冠疫情前的 2019 年,我们通过年度评价发现,养殖与加工规模都有了很好的基础,但是产品的市场溢价率不高,其原因主要在于产品的精深加工能力不强。为此,我们在 2019 年的年度评价与咨询报告中明确提出,要以精深加工为主攻方向,开发更有附加值的新产品。为此,当地引入全国的专家举行新产品擂台赛,推出了近百款各种工艺的小龙虾加工新产品,仅终端餐饮的新产品溢价就超过了 30%。

2020 年上半年,新冠疫情暴发,我们在当年的价值评价与咨询报告中,分析面对区域阻隔和物流不通的状况,提出要全力发展电商直播。不仅政府官员亲自到一线进行小龙虾的电商直播,虾农也在养殖基地现场开展直播，工厂也把直播现场搬到了生产车间。同时，社会各界也因势利导，大力培育小龙虾的电商直播产业，参加直播的企业和网红人数呈现爆发式的增长。虽然疫情带来了一时之"危"，却催生了该区域电商产业的发展之"机"。

2021 年，我带领团队深入多个省调研该品牌产品市场终端的状况，发现该品牌"知名度"很高，但消费者的"指名度"却不高。也就是说，品牌在市场"空中"的影响力比较大，但是品牌在"地面"的效应没有得到真正的实现，消费者在餐饮终端中点名消费小龙虾的比例很大，但是指名消费该区域品牌小龙虾的比例虽然排在第一，但是比例的绝对值并不是特别领先。为此，我们在报告中明确提出，该年的品牌建设重点，就是要将"知名度"转化为"指名度"，具体措施，包括将年度节会办到重点销售区域的美食餐饮一条街上、更多的授权品牌指定消费餐饮终端、推广该区域小龙虾独特的菜品等。在这些措施的有力推动下，消费者的指名消费率，较上一年度提高了 20% 以上。

2022 年，我们在品牌价值评价与咨询过程中，深入地比较了一、二、三产业发展的状况，发现三产业，特别是终端零售相对于一、二产业比较滞后，主要表现在缺乏自主可控的各种连锁终端业态。为此，我们在报告中提出，该年度应该将创新的重点，放在激励市场主体开发各类连锁终端模式上。结果当年大型小龙虾主题餐饮连锁、小型便利专业连锁，以及夜宵小推车等各种终端模式竞相迸发，并在全国各地相继落户，授权或独立的连锁餐饮终端实现倍增。

2023 年，我们重点对该区域的同省内的其他小龙虾区域进行调查，发现该区域，无论是对其他区域一产业的市场主体，还是对二产业的大型加工企业，尤其是对三产业的全国性流通市场，都具有巨大的吸引力，也就是能够通过该品牌的共享，实现对全省产业价值的增值。为此，我们在年度报告中明确提出，一定要主动服务，积极推动全省其他区域共享这个品牌的价值。该省在当年做出明确决策，重点支持全省共享该区域品牌。

区域品牌的成功没有什么理所当然，该区域的案例证明，后来者要赶超，只有一条根本的出路，那就是每年都以"归零"的心态从头再来，一年接着一年地持续奋斗下去。该区域的品牌价值，之所以能实现15%的年复合增长率，其原因就在于此。

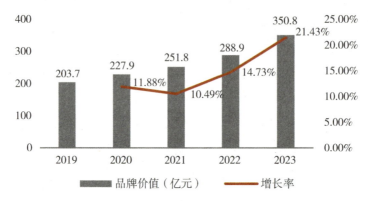

图 7　2019—2023 年该区域龙虾品牌价值逐年增长

品牌价值评价和发布主体的"品牌效应"

品牌价值评价固然非常重要，给出一个数字，也可以用通稿的方式，让不同的媒体去进行传播。但是，比较两个品牌的影响力，你会发现一个非常显著的区别在于，同样是比较好的数字，一个区域公布以后，市场的反应是悄无声息，另一个却是市场反应强烈。这中间的差别就在于，数字的评价是一方面，而评价数字的传播却是另外一个方面。

坦率地讲，如果一个评价数字只是为了得出一个数值，那实际上意义是不大的。因为，品牌的根本是为了传播，品牌价值评价的数值当然也是为了传播。如果没有更大的传播效应，那这个评价的投入就是沉没成本，这个投入可以说是不值得的，但是，如果同样的投入，其产出的数字能够被市场广而告知，那这个投入就真称得上是高效率的。因而，品牌评价中绝对不是给一个数字，发个证书就完事了，这带有很大的自说自话、自娱自乐的色彩，而品牌建设包括品牌价值评价，其根本的目的是让市场认知和传播。

要传播好品牌价值的数字，当然就要看这个数字的生产单位是什么样的。如果一个品牌价值评价单位，有很多的评价案例，并且这些案例当中有很多在全国有很大的影响力，那么这样的评价单位本身就是一种权威的背书。因而，寻找有专业能力的评价机构，是这个品牌价值产生传播效应的前提。道理非常简单，同样一句话，从一个知名机构口中说出来，与从一个不知名的机构口中说出来，其效应是完全不一样的。也就是说，可能两家机构给出的品牌价值的数值是一样的，但是一个是有名的机构，一个是无名的机构,那么这个数值的价值显然是完全不一样的。我们还可以从另外一个角度看这个问题,品牌评价提供的本来就是一个无形资产的产品,这个无形资产它需要本身有品牌资产的机构来发布,这样这个无形资产才能转化为有形资产。如果一个机构本身就不具备无形资产的价值,那么它所提供的品牌价值这个无形资产,显然就会大打折扣。这里的结论是非常清楚的,在确定品牌价值评价机构的时候,一定要将评价者本身的价值作为重要的前提条件,有更高价值的评价者会让同样的数值,变得更有市场价值。

不仅品牌价值评价是一项专业工作,对品牌价值的讲解和发布同样也是专业性极高的工作。因为,在发布会的现场会有产业相关的各级政府领导、协会代表、企业家、新闻工作者等嘉宾,如果只是简单地宣布开展了评价、得出了一个数字,显然现场是不会有什么反应的。因为人们对数字的理解是抽象的,并不知道某个数字具体代表着什么,只有当你解释了某个数字意味着什么,有什么样的价值,在全国这个数字是一个什么地位,特别是这个数字的背后有着怎样的故事的时候,与会人员才会给予正向的反馈,而这种反馈就会通过包括互联网在内的媒体形成传播效应,进而提高这个数字的价值。

全国大部分区域品牌年度大型活动,其基本流程一般都包括开场的表演节目、宣传片播放、领导讲话等。这些流程相对比较常规,会场气氛也会比较平静,但是当区域品牌价值发布时,会议气氛往往会非常热烈。原因就在于,与会者非常关心区域品牌这一年度的情况,包括创新催生了什么样的新产品、市场竞争有哪些新的进展、种养殖技术有什么模式变革,等等。当然,最重要的还是各项价值的评价,以及加总起来的总价值,特别是在价值分析的基础之上,该区域品牌新一年度应该采取的战略举措。为什么该流程在大会上所占的时间,是其他流程4~5倍的原因就在于此。

每年我都要被邀请参加数次品牌价值的发布,甚至有些区域为了我能亲自发布而调整会议的时间，原因仅在于每次发布的效果都非常好，与会者评价超过了预期。很多当地的干部群众，因为这一发布彰显了区域的价值而感到自豪。其实，每一次的发布对我来说，责任都如泰山压顶。我知道中国很多县域的知名度，就是依托于某一个优质的农产品，而对这一优质农产品品牌价值的发布，显然就不是一个数字的公布，而是对当地价值的发现与推广。因此，为了一次 30 分钟左右的发布，我往往要准备 10 多天，甚至更长的时间，要挖掘品牌价值报告中真正的亮点，并要把其转化成 PPT，都是一次再研究、再创作的过程。更不要说科学地表达该区域品牌的内在逻辑关系，价值背后的事实和故事，以及新一年度品牌建设的方向等，更是要精心地策划和反复地演练。

做好区域品牌真正的价值研究与发现，本身就是一件极有价值的事情。但是，这个价值还只能称为"存量"，如果没有成功的发布，这个存量就会变为"沉没成本"。只有成功的发布，也就是引起与会者，包括媒介与社会各界的高度关注，这个价值评价才有真正的"价值"。价值发布是对品牌价值的进一步增值，也是将研究"存量"变为市场"流量"的关键环节。

品牌价值的外溢效应

前面已经讲过，区域品牌与原产地品牌是不一样的，前者可以跨越不同的区域来共同使用这个品牌。当然，成功的原产地品牌，一定是成功的区域品牌，但是，由于严格的原产地限制，一般不能在区域外使用。区域品牌虽然与区域的自然条件有一定的关系，但并不等于只有该区域的产品才能授予这个品牌的名称，因为区域品牌最本质的是质量标准，也就是说只要达到了区域品牌所规定的产品标准，经过合法授权就可以被命名为这个品牌的名称。

区域品牌之所以受到各地方的积极推动，也得到消费者的普遍欢迎，其本质的原因并不完全等于只是某个区域范围内生产的，而是来自这个品牌的产品拥有一致的产品标准，也就是相同的产品质量。在供需双方的共同作用机制之下，区域品牌势必要发挥其正外部性效应的作用，也就是把品牌价值外溢到具有同样质量标准的其他区域中去，从而实现更大范围的高质量发展。

既然客观存在着区域品牌的外溢现象，那就需要有一套方法，来科学地测量品牌的外溢价值。要测量出主要在一个省内或一个市级范围内，如果有更多的区域来共同使用某一个品牌，到底带来了多少的品牌外溢价值。所以，有必要从技术方法着手，简要地解释一下如何进行品牌价值的外溢效应评价。

一般来说，区域农产品的交易方式可以分为三类：第一类是用于直接销售的农产品原料的交易，一般发生在该区域承担交易中心功能的场所；

第二类是用于加工的农产品原料以及半成品的交易，一般发生在该区域的加工场所；第三类是用于餐饮终端的农产品原料的交易，一般发生在直接采购该区域原料进行加工的各类餐饮场所，或是全国各地以该区域公用品牌作为店铺名称的餐饮场所中。因此，在进行品牌价值溢价效应的测算时，需要对上述三类可能发生溢价的交易环节都进行计算并汇总，才能较科学全面地得出溢价的价值。

对于上述三类环节中，品牌价值外溢效应的衡量，主要通过两个维度评价：一是品牌所带动的交易量，即有多少农产品是以某区域公用品牌的名义实现的交易，这反映了该品牌的知名度和市场份额；二是这一品牌所带来的交易溢价，即同质化产品条件下，以该区域公用品牌的名义，实现的同类农产品交易所带来的价格提升，这反映了市场对品牌的信誉和认可度。

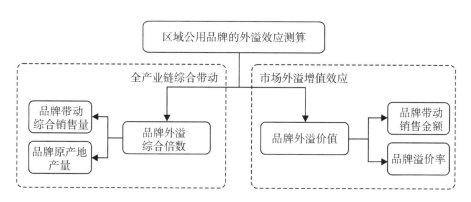

图 8 区域公用品牌外溢效应测算模型

在 2023 年，我带领团队测算了某水产类区域公用品牌的外溢价值。首先是计算品牌带动的交易量，采用"线下+线上"的方式，调研了当地的交易中心及其分中心，各大加工厂、省内各大知名餐饮品牌，以及分布于全国各地的 3000 余家品牌授权店。对品牌产品的交易量进行统计可以得出，以该区域公用品牌带动的交易量为 78.1 吨；其次是品牌所带来的交易溢价，分别计算了塘口价、加工产品售价以及标志性菜品售价的平均加权溢价率，分别为 69.5%、25.3% 和 18.8%。最后，结合品牌外溢综合倍数的处理，计算出该区域公用品牌带动了近 5 倍于自身产量的交易量，实现了 127 亿元的外溢价值。

品牌溢价的前提是真实，一个真实是产品得到了原区域品牌的合法授权，另一个真实是产品达到了区域品牌的同类质量标准。因而，品牌的共同使用在理论上并不难，最难的是实际的运营，既要保障使用品牌的产品都得到了合法的授权，又要有相应的机制保障这些产品都能确保达到共同的质量标准。这就需要建立一套系统的管理运行机制，也需要借助第三方的专业力量来进行系统化的科学设计。

五、『好吃』的产品是品牌的根本

品牌是"吃"出来的

一个农产品品牌卖得好不好，品牌力强不强，最根本的决定因素是什么呢？一个化繁为简的思路是跳出生产者视角的"如何卖"，换位到消费者视角来思考"为何买"？回归到消费者为什么愿意买或吃某个农产品，消费者的回答会非常简单，就是"好吃"。在当今社会，老百姓基本的饱腹需求是得到满足的，更多时候进食的目的不是为了填饱肚子，而是为了追求"好吃"带来的舒缓的心理状态。科学研究证明，美味食物可激活调控情绪的中脑边缘多巴胺神经系统，促进多巴胺释放，令人产生愉悦情绪；另一方面，持续进行咀嚼和吞咽运动的过程，帮助人们转移内心的紧张和焦虑情绪，放松身心。

"好吃"是硬道理，不是说其他不重要，而是一切都要建立在"好吃"的基础上。举个例子，比如一个农产品主打健康功能的卖点，但这一功能如果是以产品不好吃为代价，那么这个健康功能一定卖不好，这毕竟是食品而非药品。同样，如果要卖农产品的科技概念、文化概念等，也都要建立在不损害"好吃"的基础上。当然，"好吃"是有底线的，不能添加国家安全标准不允许的物质。这里，讨论的是可以食用的农产品，还有些不可食用、用于使用的农产品，如用于纺织品、化妆品制作的农产品，消费者会将"好用"看成是最重要的因素。

"好吃"的区域公用品牌产品，在各个销售渠道和终端，都成为消费者购物的优先选择。在草莓品类中，辽宁"丹东草莓"近年消费者关注度不断增加，冬季市场零售价一般在 50 元/斤~60 元/斤，而一般的草莓售价在 20 元/斤～30 元/斤。为何丹东草莓的售价能达到同类产品的近 2 倍呢？原因就在于"好吃"，丹东草莓最大的特点就是甜，其甜度可达 12%～14%，品质好的可达 16%，而一般草莓的甜度在 9%～10%，在 2022 年百度"十大热搜年货商品"榜单中登顶榜首。

"好吃"的区域公用品牌除了在零售渠道快速增长，作为餐饮食材也正在展现强大的竞争力。湖北荆州下辖的洪湖市的莲藕，生长在当地特有的"青刚泥"上，不同于其他藕"脆"的口感，洪湖莲藕的口感是"粉"，掰开时千丝万缕，烹饪时也更加绵软入味，特别适合炖煮成藕汤，有着"长江的鱼，洪湖的藕，才子佳人吃了不想走"的美誉，成为湖北餐饮店藕汤的标配。事实上，已经有很多餐饮店正在将"好吃"的区域农产品搬上餐桌，如巴奴毛肚火锅在去年 11 月推出了"地理标志保护产品"系列，包含山东乳山的"乳山牡蛎"、河南温县的"温县铁棍山药"，以及陕西柞水县的"柞水木耳"等地标食材。

我们团队多年来，都在全国各地随机地与消费者进行面对面的深度访谈，了解消费者对于食品品牌以及品质的认知。当消费者被问及为何购买某种食品的考虑因素时，将好吃的重要性程度排在第一位或者第二位的受访者占比超过 85%，多数消费者在购买食品时将好吃作为首要因素。归根结底，农产品品牌的打造要基于品牌背后的产品好吃与否展开，否则进行再多功能研发、广告推广等，如果产品不好吃，那么这一切努力都有可能付诸东流。

区域农产品一定要"好吃"，看起来一个很简单的道理，但是做起来却是很难的，特别是要在品牌打造的全过程当中，都要始终问一个根本问题：我们所有做的关于品牌的一切，最终能够让消费者感觉到产品好吃吗？

因为，"好吃"才是硬道理！

"好吃"的科学方法

区域农产品品牌打造需要产品"好吃"，这一点不会有太大分歧。但是，很多人会认为"好吃"就是一种主观的个人喜好，萝卜青菜各有所爱，如何做到好吃是没有科学方法的。如果抱着这样一种认知，那估计品牌的打造就非常困难了，又说"好吃"是品牌打造的前提，但是"好吃"又没有科学的方法，那只能说品牌打造是一件全凭运气的事情了。

所以，我在这里要专门花一段篇幅来详细地纠正这种错误的认知，因为这个实在太重要了，涉及能否真正科学打造品牌的问题。市场上出现的好吃的产品，即使会有少部分人出于自身主观的喜好觉得不那么好吃，但是往往大部分人是觉得好吃的，这就说明好吃是存在客观标准的，可以被科学解释的。

回到农产品本身，从科学角度来分析品尝食物的过程中会产生哪些感受，这些感受汇聚成了"好吃"。具体来说，人们在接触食物时，食物中微小的挥发性分子会飘散在空气中，并由鼻腔捕捉，这被称为香气。接着在品尝食物的过程中，口腔与食物互动后产生了两种信息结果，一种是舌头用味蕾感受具体的口味，常见的几种口味有酸、甜、咸、苦、鲜等；另外一种是食物的质地给予口腔内各部位的感觉之总和，称之为口感。在进食以及吞咽的过程中，嘴巴以及喉咙的后部会进一步感受到食物的香气。香气、口味和口感交互作用，基本就是人们品尝食物过程中的整体感受，称之为食物的风味。下面用一个简单的公式，来表达这个过程：

风味＝香气＋口味＋口感

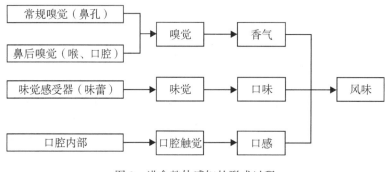

图9　进食整体感知的形成过程

进一步来解构食物风味这三部分各自的科学内涵。香气是食物中，挥发性成分对人的嗅觉系统产生刺激所引起的感觉。食物的香气种类繁多，很多食品本身就含有香气物质，特别是在水果和蔬菜中，同时食品的加工过程也会产生多种香气，如炖煮、烧烤等过程让各种肉类产生浓郁的肉香，发酵过程则让酒、醋等发酵产品散发独特的香气。闻名全球的西班牙伊比利亚火腿，最高等级(5J级)的火腿肉，入口有浓郁的坚果香气，兼具烘烤感觉的芬芳香气，这一独特的香气来源于产出火腿的黑猪，在饲养过程中只能用橡果饲养，平均一头黑猪每天需进食7公斤以上橡果，才能产出带有浓郁坚果香味的火腿肉。

再来看口味，它是食物与口腔内分布在舌头、上腭及会厌表面的味蕾(学名为味觉感受器)接触后产生的感觉。通常，食物的基本味道分为"酸、甜、苦、咸、鲜"5种基本味。除了这5种基本味，辣、麻还有涩味等刺激味蕾以外感受器的复合感觉，在生活中也习惯被称为口味。上述这些口味都是单一口味，但实际消费者吃到的食品更多是复合味，也就是两种及以上单一味所组成的口味，如酸甜、咸鲜、麻辣等，满足人们多样化的需求。比如湖北随州的企业创新性地将本地的优质香菇制成香菇酱产品，推出原味、微辣、麻辣、香辣等多种口味。

最后是口感，口感的准确定义是"口腔触觉"，林语堂先生曾经细致地分析过："竹笋之所以深受人们青睐，是因为嫩竹给我们的牙齿以细微的抵抗"，他将口感形象地比喻为食物的"组织肌理"。口感的种类多达几十种，软、脆、嫩、滑、松、酥、糯(黏)、爽等，这都是第一层次的口感，光这第一层就有十几种；再细分到第二层，以"脆"为例，可进一步分为"触齿即成碎屑"的"油酥""如莴苣多水，齿切爽利"的水脆、"略硬，入口有响声"的焦脆等，各不相同。以蓝鳍金枪鱼为例，作为金枪鱼中最高级的鱼种，寿命最长、体型最大，喜欢较深和较冷的水域，脂肪含量高达 15%，远高于一般的金枪鱼，充分满足了消费者对鱼类"柔软多汁"的口感偏好。

在了解了上述香气、口味和口感的科学定义后，现在我们可以归纳一下风味了，它是由摄入口腔的食物带来的综合感觉，包括上面分析的嗅觉、味觉、口腔触觉在内等产生的感觉的总和。虽然人存在个体的差异性，但在对食物的认知上，共性却远远大于差异，以上述三个方面来分析，人们会形成对于某一类食物"好吃"的一些共同认知，如消费者普遍更为偏好香气浓郁、清甜、有嚼劲、软硬适中的大米，这也是为什么各类农产品都存在感官评价方法。

因此，"好吃"的区域农产品是有科学依据的，那就是通过农产品的香气、口味、口感等的打造，赋予其独特的风味，满足消费者对于"好吃"的共同认知，从而赢得消费者的青睐。

"好吃"主要取决于"香气"

上面我们从科学的角度详细讨论了打造"好吃"农产品的三个方面，这里还要深入地讲一讲如何真正做到"好吃"。香气、口味和口感共同构成食物的风味，满足消费者对于"好吃"的需要，进一步分析，这三个要素之间是完全等同的关系，还是存在某一个因素更决定性地影响着大多数消费者对于"好吃"的评价呢？答案是并不等同，实际上风味的决定性因素是香气，科学研究证明，香气对于食物整体风味的影响占到了75%。

正如前文介绍的，香气是食品中挥发性成分对人的嗅觉系统产生刺激所引起的感觉，因此要讨论香气的重要性，首先要讨论的是人体的嗅觉。其实，香气之所以如此重要，一个最直观的理由，那就是消费者天然对于香气敏感。科学研究表明，在人类所有感官中，嗅觉是最敏感的，尤其是与相对迟钝的味觉相比，大部分风味是由嗅觉体验到的。这也是为什么感冒、鼻炎的人吃什么都觉得食之无味，喝中药的时候捏住鼻子就会觉得没那么苦，这都是因为嗅觉神经被阻塞进而大幅影响了食物的风味体验。

更有趣的是，嗅觉也是同记忆和情感联系最密切的感官。不同于视觉、听觉、味觉和触觉，嗅觉是唯一能直接进入大脑情感和记忆中心的感觉，它绕开大脑皮层与中脑之间的丘脑，通过一两个突触直接到达杏仁核和海马体。这也是为什么特定的气味能够唤起人们生动的记忆和强烈的情感，正如普鲁斯特在小说《追忆似水年华》中写道，主人公把蛋糕浸泡在红茶里，被茶水浸泡过的糕点散发出来的气味，让他清楚地回忆起了儿时住过的家，以及家附近的小路和小镇的样子，这种气味的记忆力也被称为"普鲁斯特效应"。科学研究证明，人们回想 1 年前的气味准确度为 65%，然而回忆 3 个月前看过的照片的准确度仅为 50%。

我们再来看一看，一些"好吃"的区域农产品能否加深我们对香气的理解。以泰国茉莉香米为例，其在 2009—2021 年的 13 届世界最佳大米评选活动中 7 次夺冠，享誉全球。它的历史可追溯至 1945 年，泰国东部春武里府的一位农民发现了 KDML 香稻品种，KDML（Khao Dawk Mali）泰语意为白色茉莉花，到 1959 年 5 月 25 日，正式定名为泰国茉莉香米。米如其名，这类米天然散发着清新的如茉莉般的香气，煮熟后更为浓郁，凡是吃过泰国茉莉香米煮出的米饭的人，吃过好几年都对这股独特的香气难以忘怀。类似的，法国黑松露散发出的麝香、蜂蜜和泥土混合的复合香气，也让人记忆深刻。

除了嗅觉系统的灵敏性与深刻记忆，香气本身也是食物风味多样性的重要构成。不同的香气成分可以形成丰富的香气组合，这种多层次的香气能够使食物呈现出更复杂、立体的风味特征。茅台自 2005 年开始进行"风味导向"的研究，耗时近 15 年形成了一套风味剖析技术体系，从科学角度回答了茅台酒香气的构成。依据这套风味"解码工具"，茅台各轮次基酒风味被划分为花香、水果香、青草香、甜香、干植物香、坚果香、酸香等 9 个维度，并解析出提供香气贡献的关键风味物质，由此形成茅台酒的风味轮廓图。茅台酒的风味包含了 39 种香气、5 种口味和 5 种口感，香气的丰富性远高于口味与口感。

茅台之所以好喝，离不开它独特而丰富的香气，能够让消费者初闻有酱香、陈香、曲香弥漫；深嗅有花香、果香、粮香、陈香、焙烤香等复合香气；饮用完毕之后，再嗅空杯，仍有浓郁香气环绕持久。

分析到这里，香气的重要性已经十分清晰了，它就像农产品及加工成食物风味的灵魂，要想让人"吃得好"，"闻着香"是前提。

我之所以要不厌其烦地，甚至比较技术化地介绍香气的内涵，原因只有一个，香气决定着产品是否"好吃"，而这又是品牌能不能立得住的基础。虽然，大部分与区域公用品牌打造有关的人群，特别是主官用不着去直接研究和开发这一偏技术性的香气，但是深入地了解香气的科学内涵和重要知识，对于所有与区域公用品牌有关的人来说，都是至关重要的。无论在区域公用品牌的打造上走多远，都要回到香气这一决定产品是否好吃的基准点上面。可以肯定地说，一个区域农产品如果没有独特的香气，甚至没有办法去打造产品的香气，那么品牌的成功是很难很难的。

"香气"要具体而形象

因为香气决定了"好吃"，所以还要进一步地从买方、从消费者角度来进一步看香气的问题。每一个人都是消费者，消费者有一个普遍的特点，就是"买的没有卖的精"，我们在这里将其理解为消费者需要香气，这没有问题，但是消费者对香气的理解一定是不专业的。所以，在打造区域公用品牌的时候，一定要用消费者能够理解的方式，让他迅速地感觉并能够认知到这个产品的香气到底是什么？也就是说，对产品的香气不能泛泛而论，而是要让消费者具体而形象的认知到，产品的香气到底是什么？

龙井茶作为绿茶中的佼佼者，有一个很大的特点，那就是它对于香气的描述和其他绿茶是不一样的。龙井茶的香气是"炒豆香"，据《钱塘县志》载："茶出龙井者，作豆花香，名龙井茶，色清味甘，与他山异。"而很多绿茶的香气，则一般描述为清香浓郁、回味悠长，等等，显然"炒豆香"具体而形象，而所谓浓郁悠长等，让消费者还是不明就里。

很多区域品牌农产品，在香气的描述上存在各种各样的问题，就以大米类产品来看，常用的描述是"香味浓郁""香味飘逸"，具体一点的描述诸如"有清香""清香四溢"等；"香柚"品牌的描述也很类似，常用的表述是"散发芳香气味""香气浓郁"，相对具体的描述如"蜜香""柚香"等；肉类农产品也不例外，各地的"香猪"品牌常见的香气表述是"香味醇厚""具有特有的浓香味""肉香扑鼻""无腥膻味"等。其实，这样的描述在所有区域农产品中是普遍现象，显然无法让消费者产生具体的香气认知，而香气又是农产品是否好吃的最关键因素，如果连香气的描述都是抽象的，那怎么去挖掘产品好吃的独特卖点呢?

(左图为我国品牌含"香"字的农产品,右图为外国酒类)

图 10　部分区域农产品香气描述词云图

那么我们该如何具体描述香气呢?根据科学研究,人的舌头能够分辨出 5 种基本味,人耳可以听出约 50 万种音调,人眼可以区分数百万种颜色,而人类的鼻子能够辨别的气味则更多。因此,要对复杂多样的香气进行分类,有许多科学研究已经有一些很好的成果。1985 年,被誉为"嗅觉机制研究起点"的《气味全图》面世,书中系统分析并收入了大量气味,基础的描述项达 146 项,包括果香、柠檬香、玫瑰香、黑胡椒香、枫木香、蜂蜜香等。2013 年基于《气味全图》,人们发现了 10 个气味的主要趋势,从而锁定了 10 种基本气味,分别是芳香、木香、果香、腐败臭、化学味、薄荷香、爆米花香、甜香、葱蒜臭以及柠檬香。

上述香气分类方法,就是通过参照物的类比来进行分类,就像星巴克的产品清单上会有"榛果风味"的字样,就能让消费者快速捕捉到这个产品的香气。这一分类方法的原因在于,气味并不受大脑语言区的处理,嗅觉系统直接连接了杏仁核等处理情感记忆的区域,人类习惯于将不同的气味,与某个具体的经验和情景相结合,隐含着的是香气的"经验主义",也就是香气往往要和某个具体参照物相关联。

的确，香味有很多种，但是并不是所有的香味都能得到市场的欢迎，我们来看看市场主要认可哪些香气，总体来说，具体到各类细分领域时，消费者偏好的香气会有所不同，但整体来说大多数消费者对于果香、花香等清新的香气接受程度良好。从整体趋势来看，近 5 年在食品领域花香风味正受到越来越多消费者的喜爱，比如乐事推出的春季限定款樱花牛乳味薯片、奥利奥的玫瑰荔香味饼干、莫斯利安的接骨木花味酸奶等。

具体到区域品牌农产品，该如何做好香气的描述呢？首先，消费者更容易接受和记忆的香气描述类型是提供了具体的、常人熟知的参照物的香气描述，而不能是抽象的"浓郁""清香"，或者是回到品类本身的"茶香""肉香"的描述。进一步地，香气天然地与人类的情感与记忆直接联系，在描述中适当融入部分情景，能够更好地让消费者产生情感联想。以某茶叶销售终端为例，对下关沱茶的香气描述是"太阳炙烤出的烟香味"，对东方美人品牌茶叶的香气描述是"小叶绿蝉亲吻出的香槟乌龙"，竹叶青茶的香气描述是"讲一口川普，带一身嫩栗香"。

现在，市场上出现了很多专业仪器，如电子鼻分析仪，可以快速识别并分析食品的香气。仪器通过模拟嗅觉器官感知，提取风味物质的"气味指纹"，从而区分、辨识不同的气味样本。随着科技的发展，人们正在研究气味的数字化识别与表达，也就是"数字嗅觉"。

虽然我们花了一些篇幅，似乎有些不厌其烦地在说一个太具体的技术问题，但把这个领域的知识基本掌握了，就能够科学理性地把握好如何去让一个本地的农产品"好吃"。更重要的是，掌握从消费者角度如何描述、提炼和传播香气，这样就能让区域农产品的品牌，插上形象的翅膀，通过具象的香气表达，让消费者不仅能感觉得到，更重要的是，能够认知到这个农产品具体的香味到底是什么，从而建立起该产品就是"好吃"的强烈印象。

聚焦终端产品的打造

前面反复讲产品要好吃,而好吃就是要把香气、口味和口感提炼好和研发好,这就是产品的本质。要真正地把品牌树起来,之所以很不容易,不是来自外面那些推广会、展销会,也不是来自那些用钱就能买到的广告投入,主要是来自品牌的背后是产品。好吃虽然是打造好产品的核心,但毕竟产品开发是一个系统工程,所以这里还要详细地谈一谈,如何面向消费者打造好的终端产品。

要打造好的终端产品,就要了解一个产品的构成,包括核心的使用价值,如农产品的口味口感、产品质量、营养含量、健康功能等,第二层有形的产品,如名称、包装、规格等,以及附加产品,如农产品销售折扣、礼品、服务等。值得注意的是,农产品的终端产品并不只限于原料型产品,用原料加工而来的产品也是终端产品的一部分。以苹果为例,除了生鲜苹果,苹果还可以加工为苹果汁、苹果干、苹果片、苹果酱等,进一步还可以衍生为苹果保养品、苹果香氛等新领域的产品。

无论是终端上的原料型农产品,还是对原料进行加工之后的产品,终端产品除了好吃,最重要的终端产品打造,就是要分析、提炼和描述好产品原料的特征。消费者在真正吃到农产品之前,是需要一些信息来了解该产品的,如产地的土壤、日照、气温等各种自然条件,这都直接支撑了原料的高品质。以山东烟台的栖霞苹果为例,其产地的自然条件特征可归纳为"六山一水三分田",是典型的山区丘陵地区,土壤肥沃,排水性好,非常适宜种植苹果;新疆阿克苏地区的苹果,其产地主要特征之一是充足的日照，年平均日照时长超过 2600 个小时，利于苹果树的生长以及果实的糖分累积；四川大凉山的苹果，地处川滇交界处的大凉山，海拔 2300～2800 米，高原果树的一大优势就是害虫少，不用套袋，长出来的苹果天然好吃。可以看到，同样是苹果，在各地不同的产地自然资源条件下，是需要传播不同的产品信号的。

区域品牌的终端产品打造，确实要不断地回到农产品原料本身，因为无论是直接品尝这个苹果，还是品尝苹果加工而成的"苹果派"，它都是苹果作为食用的对象。在此基础上，这个原料作为终端产品打造还没有结束，这就涉及原料的另外一种产品属性，那就是对功能的分析、提炼和表达。人们现在对产品不仅仅是要好吃，越来越大的趋势是产品的功能要有利于身体的健康。因而在终端产品打造时候，还是以苹果为例，除了上面说的苹果作为一个原料的特征，在终端上还要向消费者传递多吃苹果，对身体的健康作用。例如，一瓶普通的苹果醋，如果仅仅停留在"酸甜可口"的定位上，显然难以吸引消费者的眼球。但在山西运城下辖的临猗县，有一种名为"柳腰身"的苹果醋，以纯净自然、原浆不加水而出名，从其命名上就可以看出，其传递的健康功能，是有助于消费者保持腰身的纤细、控糖减肥的，这无疑对于女性群体更有吸引力。

区域终端产品，无论是种养殖的原料型产品，还是经过进一步加工过的产品，都与生产的工艺有关。从原料型产品来说，要讲清楚这个产品生产的主要过程和环节，特别是生产方式。如山东青岛下辖的黄岛区的"宝山苹果"，以施有机肥和农家肥为主，当地的专业合作社逐渐采用生态种植的方式，依靠鸡吃虫、鹅吃草的生态循环来控制虫害，当地合作社拥有的 6 个苹果品牌中，4 个都通过了国家无公害食品认证。加工型终端产品也不例外，也要介绍清楚主要的原辅料构成，包括是不是减量生产，也就是在同类产品中，食品添加剂的投入是不是比别人更少。例如甘肃省平凉市下辖的静宁县，依托苹果产业大力发展以果汁、果醋、果脆为主的精深加工业，其中主打的鲜榨苹果汁 NFC 产品是在产地采摘鲜果后，浸泡后高压冲洗，直接榨取果汁打浆杀菌，100%每一滴都来自苹果，不含人工色素。

终端产品的打造当然最关键的是要有产品的核心定位，这个定位包括两个方面：一个是产品功能定位的提炼，典型的如新疆阿克苏地区的冰糖心苹果，糖度比普通苹果高 20%左右，有"最甜苹果"的美誉；另一个是对销售对象的定位，包括销售区域、主要消费者人群等，如山东青岛下辖的黄岛区上柴村，是宝山明月苹果的发源地，当地坚持走高品质路线，组织合作社走进济南、上海、广州等城市宣传推介，在包装设计上推出"明月国风礼盒"高端特色农产品，满足消费者对农产品的文化属性需求。

终端产品的打造当然也包括价格、渠道和包装、IP 设计等，这些我们将在本书的其他内容中详细再来做介绍。我们在这个单元中所讲的终端产品打造，主要是好吃是前提，挖掘原料的多方面特征是关键，生产的工艺是基础，定位是核心。

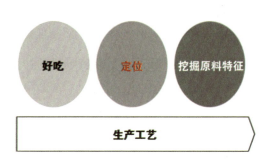

图 11　区域品牌终端农产品打造模型

创新产品结构与品种

终端产品的打造，除了上面说的原料和原料的加工方法这些内容，还有一个非常重要的内容，就是如何形成有效的产品组合。无论定位的产品或消费对象多么精准，需求总是多样的，即使苹果公司做极简主义，也绕不开每年推出的新一代产品还是有多个不同的颜色，这就是产品组合的必要性所在。

终端产品的打造无论是什么样的品种结构组合，还是绕不开原料这个基准点。品牌农产品品种和结构的丰富性，实际上是来自原料的丰富性，直观地说就是原料不是完全同质化的。农产品生长于土壤之中，虽然区域农产品对土壤等自然条件有一些基本的要求，但是土壤的条件会有差异，包括不同地块的土壤面对阳光的照射角度都会不一样，这就必然产生农产品的外观、色泽和大小也会有区别，而这些区别就会构成农产品在品种结构上的不同的等级划分。以山东红富士苹果为例，按照果径大小、糖酸度、鲜度、细嫩度、香味等维度，就分成了 18 个产品等级。

对农产品原料不同部位的使用，也会产生不同的产品品种。苹果的果实部位可以鲜食，榨成苹果汁，烘干成苹果片，熬制成苹果酱等，果皮可以制茶，磨粉成调料，果核部位可以提炼成苹果籽油、苹果核粉等。这不仅丰富了品种类型，还实现了资源的最大化利用。

农产品品种的打造，除了基于原料端而出现以上这些不同的类型，更重要的品种开发，是来自消费端，也就是基于消费者的差异，开发满足不同消费者的产品类型。消费者需要的产品，首先是来自消费者本身的基本分类，比如是男性还是女性，是年轻人还是成年人，不同的消费群体会有不同的偏好，对应的产品类型也是不同的。如云南普洱茶，针对中老年消费群体，推出珍稀古树茶和高品质的陈年老茶，而对年轻人和女性消费者，就衍生出普洱茶膏、普洱茶粉和普洱茶饼干等终端产品。除了按照性别和年龄进行分类，还可以进一步根据消费习惯，精准地定位不同细分人群，进行产品开发，以山姆和盒马正在售卖的三款波士顿龙虾为例，有鲜活大虾、冰鲜礼盒、带料理包的半成品，其中生鲜针对追求新鲜食材、喜欢亲自下厨的人；冰鲜选择肉质丰满的虾尾打包销售，与整只虾相比，虾尾的处理和烹饪也更简便，适合追求经济实惠但对食材的新鲜度没有太高要求的人；半成品波龙则适合那些缺乏烹饪经验或时间紧张，但又想品尝美味的消费者，只需简单地加热也能轻松制作出波龙大餐。

另一个品种开发的思路，就是基于消费者在不同场景中而形成不同的产品类型，如旅游消费场景、早餐场景、夜宵场景、送礼商务场景等。以好想你红枣品牌为例，基础产品有普通去核即食红枣，衍生系列有红枣片、蜜饯、红枣银耳羹、红枣核桃芝麻糕等，高端系列还有严选新疆阿克苏灰枣、阿胶固元糕等。通过合理搭配并有效组合，打造成以基础产品和衍生系列为主的休闲装与家庭分享装，以高端系列为主的商务礼品装等。

区域农产品品牌的打造，也有一个品牌生命周期的问题。以上说的这些品种多样化的开发方法，一个重要的作用就是能够让品牌始终保持年轻化，通过不断的品种更新，特别是新产品的开发，让消费者通过丰富的产品品种，以及不断上新的新产品，保持对产品品牌的新鲜感和动感的认知。

品种的开发并不是越多越好，因为每开发一个产品不仅要投入研发费用，还要产生相应的生产和销售成本，不过这只是一个技术层面的问题，也就是要把握产品种类适当的边界。但是，尽量丰富产品的矩阵与组合，既是做大产业的需要，又能满足消费者不同的需求，更能让品牌保持活力和新鲜感。

"好吃"产品要有性价比

  品牌来自市场价值，市场价值第一个方面就是要有相当的市场销量，第二个方面价格在同类农产品中还要能反映品牌价值。这两个方面实际上是有矛盾的，要想市场上销量，当然价格还是最重要的利器，因为需求就是价格和购买量之间的关系，价格低才能上销量。但是另一方面，毕竟一个相对比较好的市场区域品牌，如果价格卖得比那些没有品牌的产品还要低，这个销量是上去了，但是显然不能称之为品牌产品，因为品牌产品一定是价格比同类不是品牌的产品要高才对。

  这个问题是做区域品牌产品必须面对的，实际上就是性价比问题。面对这个问题，首要的基本原则就是，价格必须高于本行业内非区域品牌的产品。除非是在品牌培育的早期，用低价慢慢打开市场，或者是在成熟期将价格的相应优惠作为促销手段，否则价格一定要高于非品牌的产品。这里面重要的逻辑就是，消费者会认为"一分钱一分货"，质优不可能价廉，因为做出与品牌相对应的产品，无论是种养殖环节，还是加工环节，成本一定高于那些非品牌产品。

  明确了品牌产品的定价规则，要解决的一个技术问题是，价格高到多少才是合适的呢？毕竟价格太高，会带来曲高和寡，整个行业的总产量上不去，那发展区域公用品牌就很可能只是图个表面热闹，而不能带来产业规模的增长，相应的企业也做不大、就业和收入也不可能太好。我这些年来，做了不同领域的区域公用品牌价值评价和规划，无论是粮食、蔬菜领域，还是水产、水果领域，综合来看做得好的区域公用品牌产品，其定价一般会高于行业平均水平的 20%～30%。之所以是这样一个价格区间,一个是能够明显地区隔出与一般农产品的品牌与质量价值,这里面也能够获得相应的溢价收入;另一个是这个价格并没有高得离谱,毕竟农产品还是一个消费者每天要吃的刚需产品,把价格定得太高,并不利于市场份额和销量的提高,整个市场价值也不能做得太大。对农产品品质相对比较看重的那部分消费者来说,而且这个群体越来越大,吃上仅仅贵 20%～30% 的优质品牌农产品,既能换来自己的安心,又在可以承受的范围之内。这样的价格定位区间,就能支撑市场上量、产业做大。

当然,市场定价其实不是主观上能够人为这样确定的,价格毕竟来自供求关系的变化。对有些区域品牌产品来说,供应量因为原产地,特别是土地种养殖面积的限制,供应始终是短缺的,有时候价格甚至会成为奢侈品一样。有些产品供应的节令性特别强,如螃蟹按中国人的消费习俗就是金秋十月前后,在这种条件下区域品牌产品的价格也会比较高。如果这两个因素都叠加到一起,那么价格就会更高,阳澄湖螃蟹的价格就是这样高起来的。但是,毕竟大部分品牌农产品都没有这两个条件的限制,所以价格一般会波动在高于非品牌产品 20%～30%。高出 20%～30% 的定价并不是主观人为确定的,而是来自市场多年反映出来的一般规律。

讨论完了市场供求决定价格的问题,还要讨论与定价相关的另外一个问题,那就是区域农产品的总成本问题。虽然品牌是要不断地增加产品的溢价,但是也要追求不断降低成本的效率。总体来说,农产品的总的成本大体上是由生产成本和流通物流成本这两个主要的部分构成。

先来看如何提高生产成本的效率。农产品生产成本居高不下的一个重要原因,就是分散化、粗放式的生产方式。分散化的生产经营通常很难实现规模效应,而通过土地流转、合作社经营等这些方式去扩大种养殖规模,区域内的生产主体就可以分摊固定成本,包括土地租赁费、农业机械设备购置费以及基础设施建设费等。种养殖规模越大,单位产品的固定成本也会越低。如吉林省汪清县实行规模化打造黑木耳种植基地的发展策略，当地老百姓能够通过黑木耳通用菌物资联采的方式，降低固定成本。当然，除了规模化种养殖，要进一步降低生产成本，还要转变粗放式生产方式，实行集约化生产。浙江省仙居县在"仙居杨梅"种植基地，配备轨道车、自动灌溉、电动卷帘机等自动化设备，仅人工运输成本亩均就降低了70%。

再来讨论如何有效地降低流通物流成本。在这个成本过程中，最主要的是渠道成本和销售费用。农产品产业链要经过生产、收购以及零售等多个环节。对很多交通不便的区域来说，线下渠道环节繁多，就不如电商直播渠道成本更低。为什么电商直播，会在农产品领域突飞猛进，原因就是减少了渠道环节，从而使流通成本相较于线下下降了20%左右。

区域公用品牌要在效率上有竞争力，地方政府要高度关注物流基础设施的建立，要在这个方面形成更低的网络成本优势。如内蒙古锡林郭勒盟，在杭州等城市建立了"锡林郭勒羊"前置仓，使得直发的物流成本总体下降了30%。

区域品牌农产品当然要讲性价比，但我们这里所设计的性价比，是高端性价比。现在人们往往一提到性价比，就是价格低得不正常，然后产品质量更是开展逐劣比赛，这是一种非常低端的性价比，也是不可持续的。我们要追求的高端性价比，是要保证品牌产品的品质，通过系统化的效率提升来降低成本，从而让消费者感觉到用这个价格，买到优质的品牌农产品很"值"。

产品包装要实现双品牌的有机融合

我去过全国很多品牌农产品的区域，听到的一个最普遍的说法就是，做区域品牌太费钱，随便一个媒介的投入就是几十上百万，有些全国性的媒体千万和过亿的投入也似乎是常态。但是，这些说法只是把外部的这些媒介当成品牌推广的平台，这些媒介当然非常重要。但是，区域公用品牌实际上自己就有很好的媒介，那就是产品本身。可以观察一下，区域品牌农产品的包装是多种多样的，这些包装上面除了一些常规的信息和品牌的Logo 以外，就包装本身而言，是看不到包装要传播区域品牌信息的。

不仅如此，区域公用品牌的传播，实际上不是独立存在的，而是附着于企业产品品牌之上。这里要讲一个非常重要的概念，前面在讲述品牌理论的时候涉足过，区域品牌与企业品牌的关系问题。这里要从区域品牌传播的角度，来进一步讨论与企业品牌的关系。区域品牌显著区别于企业产品品牌的重要差别在于，区域品牌不可能独立于企业产品之外，无论它是什么样的价值，总是要出现在企业产品的包装之上。这个特点实际上也是区域品牌传播的最独特之处，我们很难看到一个 A 企业的品牌，能够长期堂而皇之地出现在另一个 B 企业的产品包装之上，但是区域品牌的 Logo 和品牌名，就能出现在所有合法授权的产品包装之上。

区域品牌与企业品牌这样一种独特关系的分析，会得出一个极有价值的结论：企业产品的包装，实际上就是区域品牌传播最好的媒介。再进一步展开分析，企业做产品，需要产品包装，这本来就是一个既定的成本存在，无所谓成本高低如何。企业要把区域农产品做出去，一个强烈的需求，就是希望区域公用品牌能够有显示度，这个显示度包括一些外部媒介等。但实际上，没有哪一个企业只要是做区域品牌农产品，不在自己的产品包装上，打上区域品牌的 Logo 和品牌名的。换句话说，企业怎么样来说自己的产品很棒，除了自身的企业品牌名之外，更需要的是区域品牌的背书。在市场上可以发现，几乎全部的区域品牌农产品包装上面，虽然都是企业在花成本做产品的包装，但是都无一例外地有区域品牌的 Logo 和品牌名。通过以上的分析，可以看到相对于区域农产品品牌而言，企业产品的包装就是一个重要的广告媒介。这个广告媒介的价值十分巨大，因为这些企业的产品要陈列在全国各个不同的终端上，要通过货架的陈列向消费者进行展示。所有这些陈列和展示，实际上都可以将区域农产品的品牌，传递给无数的消费者。消费者无论是在销售终端浏览这些产品，还是购买之后将其在路上拿着回家，以及在家中放着或者拆开包装食用的时候，实际上都在接触区域农产品品牌的推广和信息。

但是，令人非常非常痛心的是，这么一个宝贵的、信息传播量巨大的媒介，却长期没有得到有效的利用。我们很难在产品包装上，比较醒目地看到这个区域农产品品牌的信息和传播，有很多只要消费者不注意，甚至都看不到区域品牌的信息，这是目前一个比较普遍的现象。

现在，我们就可以解答一开始所描述的很多人觉得品牌投入太大的问题，解决方案就是：将企业品牌的产品包装，当成区域公用品牌推广的主要广告和形象媒介。

一是要改变区域农产品品牌的包装结构，要用最突出的一面完整地呈现区域公用品牌的信息。用最突出的一面来呈现区域公用品牌，主要的目的就是让消费者在众多的产品当中迅速地识别产品的来源，真正发挥好区域品牌对企业产品的背书效果，从而促成交易。要强化传播的效果，就要完整地呈现区域品牌的信息，包括区域品牌的 Logo、标语、区域代表性标志图案等。

二是要在这个区域品牌的呈现中，最充分地反映区域公用品牌的有价值的信息。区域公用品牌之所以能够为企业品牌背书，就是因为消费者对这个区域农产品生长的环境、对区域农产品品质的认可。理所当然地，在包装上就要呈现这些要素，包括产地的气候、水源和土壤等自然环境信息，以及农产品的种养殖、生产工艺等其他农产品品质相关的信息。消费者关心什么信息，就要重点传递什么信息。例如，云南普洱咖啡的包装不仅展示了当地少数民族风情、标志性的大象以及山川丛林丰富等区域特色，还重点展现了 E1800"高海拔"，"高山原豆"所带来的"香气浓郁，纯粹醇厚"的产品品质信息。

三是设计上要有冲击力，要当成一个广告来进行设计，包括 Logo、主题语、色彩搭配等在内的元素都要精心设计。要通过图形符号、文字和色彩等元素的组合设计，增强视觉冲击力和记忆效果。例如，内蒙古兴安盟地区在打造"源自兴安"区域品牌时，选用了"兴安产，安心选"主题语，简洁明了地传达品牌的核心信息以及对消费者的承诺。

完全可以想象一下，当消费者拿着区域品牌的农产品包装盒，其完整的一面都是 Logo、广告语和色彩一致的品牌标识时，特别是更多的消费者走在大街上，其构成的就是农产品区域品牌的一道美丽的风景线。产品包装物本身就成了最好的流动广告媒介，既向受众传递了区域品牌广告信息，又给企业的产品予以了最大的品牌赋能，是一个双赢，乃至于多赢的品牌传播方法。

六、销地逻辑：品牌『发布』与产品『品鉴』

"品牌发布会"是引爆点

品牌做再多事情，只有一个检验标准，那就是能不能推动品牌下的本区域农产品真正的在市场中卖得好。市场总体来说可以分为两类：一类是"产地市场"，也就是本区域农产品所在地的市场；另一类就是在本区域之外，也是产地之外的市场，这个被称为"销地市场"。这两类市场都非常重要，但毕竟大部分农产品不可能在产地市场就完成全部销售，而只能到销地市场。所以，在本节我将花一些篇幅，来给大家讲述在销地如何做市场，尽可能讲清楚销地市场的基本逻辑。现在很多区域农产品之所以在销地做不好，品牌花了很多钱，最终在销地还是了无声息，一个主要的原因就是没有从规律上掌握销地逻辑。

我这些年来一直在观察，一直在思考区域品牌进入新市场的策略问题，发现很多区域公用品牌进入一个新市场，都没有什么销量，问起当地的与品牌有关的人士，都说我们这个区域公用品牌的产品在那个城市是有的，但为什么却悄无声息呢？实际上，这是区域公用品牌面临的一个极大的挑战和问题，显然就是进入市场的策略有问题。这个问题在哪里呢？原因并不复杂，还别说那些大城市的市场，即使是一个县域的城区市场，恐怕也有上万甚至数万个产品品类，如果你的产品只是进入到这里面去，显然就像进入了一片红海市场，一定会被淹没掉，当然也就悄无声息。

直观想起来，既然进入了一个新市场，当然应该是本区域的企业率先去做。如果是一个企业去做自己的品牌，那么它会从产品进入渠道，配合相应的空中的市场广告等投入，加上一些促销这样立体地去推广。如果是

133

它做的产品不完全是自己企业的私人品牌，还有区域公用品牌，特别是这个区域公用品牌的产品是首次进入某个新市场，那么消费者根本就不了解这个区域公用品牌，那么怎么会去购买这个企业的产品呢？

更进一步地说，作为一个区域公用品牌，一个市场化的企业有什么激励去率先做这件事呢？这是一个区域公用品牌，假定有很多企业来做这个产品，我作为其中的一个企业，如果率先去做这件事情，实际上就是在为其他企业"买单"，这就是经济学上所谓的正外部性。有外部性的事情，显然就具有公共性，所以单独一个企业来率先进入一个新市场，至少不具备普遍性。

一个区域公用品牌要进入一个新市场，它有什么独特的优势呢？它与企业品牌的不同点在哪里呢？消费者会关注它的什么呢？那当然就是它的"区域"两个字，其实在无论多少品牌和种类的商品中，区域总会引起消费者的好奇。中国人都有乡土情结，都有对其他地方的好奇之心，如果一个地方出现了"五常"大米、"西湖"龙井茶，消费者一定会对黑龙江五常市产生好奇感，也同样会对西湖这个区域产生探索欲。在几乎无法穷尽的产品名称和企业品牌中，有一个品牌的名称是非常稀缺的，那就是长期形成的、主要以县域为代表的地域名。因而，区域公用品牌要进入一个市场，就是要告诉这个市场的消费者，某个区域的特色产品来到了这个城市，显然这就会引起当地消费者的好奇心，所以首先推广区域为载体的品牌，是进入一个市场的最独特的也是最有价值的选择。

既然区域公用品牌进入一个新市场，首先要做的就是品牌推广，那么问题又来了，起点是这个推广怎么做呢？很多地方在一个地区投很多广告，有些在一个新地方做品牌旗舰店，还有些地方搞很多品鉴与促销活动，当然这些做法都是必要的，但作为起点显然不是最合理的。区域品牌正如前面说的，是要讲这个区域的自然和文化特点，这在一开始通过广告不可能做到；品牌旗舰店是一个点上的推广，当一个区域都不被消费者知道的时候，点的推广对于一个城市的新市场来说，其效果是杯水车薪；品鉴与促销是一种深度的体验，消费者都不知道这个品牌，一上来就是"深度"显然是南辕北辙。基于以上这几点，我们需要选择一种既能讲清楚区域品牌的区域特点，又要能广而告之的一种品牌推广方式，那么针对一个城市举办的"区域公用品牌产品发布会"就是一个最优选择。

之所以要选择"品牌发布会"这种方式，一是发布会显然非常适合做深度讲解，因为发布就是要至少用一个小时讲清楚本区域品牌的自然、功能和文化特点，参加发布会的人本来就不是非专业人士，当然愿意听这一场不用付费的知识服务。二是发布会这个场景，面对的对象主要是一个城市有影响力的人群。不管是媒体人士，还是官方人士，以及渠道企业负责人，还是消费者代表或相关专家，总而言之，这些人参加完发布会以后，都可以通过自己的工作岗位或渠道，对这个区域公用品牌进行广而告之。三是发布会非常容易做延伸服务，包括品鉴、专家的专业介绍、品牌价值发布等，都能够非常有效地为一个城市的推广做好市场的氛围准备。四是发布会的组织既有深度，又有广度，同时成本还相对比较优。

其实发布会的重要性已经成为一个普遍的品牌推广常识，可以说小米不可能在两年的时间有那么大的汽车技术的突破，但是不得不承认，小米汽车品牌的产品发布会引起了全国消费者的关注，这显然不是那些广告、促销的投入所能带来的。同样，苹果品牌新产品的市场推广，最大的投入之一就是发布会，每一次发布都被消费者、无数的粉丝翘首以待。

讲好品牌故事

前面我们用了很大的篇幅，验证了消费者选择产品最根本的逻辑就是好吃，但是在没有亲自食用，或者使用过这些产品，又或是在没有口碑的口口相传的前提下，消费者要接受一个区域产品，最初还是来自对这个地方的文化、风土人情的好奇和兴趣。这种好奇心可以转化为对当地农产品的探索和尝试，从而形成对该区域农产品的认同和偏好。消费者对区域好奇的内容，本质上就是产品内容，也就是农产品的品牌故事。

通过讲故事的方式来做品牌推广，一个方面是因为当今大部分的消费者，都接受了比较好的教育，已经厌倦了粗暴的产品和品牌推广方式，而是希望更深入地去了解一个产品的灵魂，从而说服自己为什么要买这个产品，特别是这个品牌为什么值得信任？要回答消费者的疑问，仅仅靠简单粗暴的传播方式，或者靠高频率的广告投放，显然是无效的。消费者要的是品牌和产品的内容，如果只是讲产品和品牌的名称，又没有什么内容能传递有价值的信息，这样的钱当然是白花了。要顺应消费者的需求，只能是老老实实地通过内容告诉消费者产品为什么有价值、这个品牌到底好在哪里？所以，现在区域品牌的销售已经进入到"内容营销"的时代，简单来说内容表达就是要讲好品牌故事。

另外一个原因在于产品竞争的同质化，让产品没有办法得到消费者的注意，那当然就更谈不上购买。现在要做区域品牌的农产品实在是太多了，不仅有那些已经拥有商标的，还有一大批得到了原产地注册登记保护的，很多的产品就是以"某区域名称+产品名"来销售的，更不要说还有很多地级市，以及省一级也在打造各自的"区域公用品牌"。中国现在拥有海量的"区域名+产品名"的农产品应该是一个基本事实，在终端上几乎所有农产品的标签，都是"产地名+产品名"。因此，在这种产品传播几乎是同质化的条件下，要想得到消费者的关注，吸引消费者的眼球，仅仅传播"产地名+产品名"，可以肯定地说是一种无效的劳动。面对这种挑战，只能是越过"产地名+产品名"，讲清楚产地名背后到底意味着什么，要讲清楚"是什么"，当然就是在做产品品牌的内容了，这就是讲品牌故事的重要性。

讲好品牌故事很重要，但是故事要讲些什么呢？讲故事当然要有差异化的内容，应该是原产地特定的自然生态环境、历史文化以及风俗民情等方面的特点。安徽砀山地区的"砀山酥梨"，其品牌故事就围绕原产地环境展开：砀山四季分明、雨热同期、日照和降水充足；800年黄河故道冲刷沉淀，形成富含矿物质和微量元素、土层深厚、土质疏松的沙质土壤条件。这一品牌故事，能够让消费者理解到砀山酥梨之所以好吃，就是因为有独特的自然环境。

种养殖和加工工艺、在全国的地位和历史传统等，也是品牌故事的重要来源。湖南省怀化市的"靖州茯苓"，讲的就是"十方九苓 七出靖州"的品牌故事。"十方九苓 七出靖州"，前半句的意思是十服中药里有九服都有茯苓，强调了茯苓的重要性，后半句则点明当地茯苓生产集散总量约占全国70%，生产规模全国第一的行业地位。

山西是这样讲"山西老陈醋"的故事："《周礼》有'醯人掌共醯物'的记载……史称公元前八世纪晋阳已有醋坊，春秋时期已遍布城乡。由于'冬捞冰、夏伏晒'的岁月积淀，山西醋因其陈放时间越长而品质越佳，故被称作'山西老陈醋'。"这个品牌故事，突出的就是挖掘"老"的主题，让消费者通过"老"认识山西陈醋的价值。

"东阿阿胶"能够从一般的中药材品种，逆袭为与人参、鹿茸并列的顶级滋补品，奥妙之一也在于讲好了品牌故事：唐李世民初登大位，即派遣大将尉迟恭前往东阿县，封存阿井。为什么会垄断阿井以独享阿胶呢？因为军队征战会导致人困马乏，身心疲惫，而用了东阿阿胶熬汤劳军之后，竟然使将士们的体力很快得到恢复。这一故事通过代表性的历史人物，并与人体的健康功能高度关联，很容易吸引消费者对品牌产品的认同。

区域品牌的竞争实在太激烈了，而区域的公共投入也实在太有限了，但消费者对品牌信息的接受更是太苛刻了。面对这样的约束条件，通过"讲故事"来讲述区域公用品牌，既能在不同的品牌竞争中形成鲜明的内容特点，显然也是一个投入少而产出高的传播方式，又能让消费者在很短的时间内，产生形象的记忆和认知。因而，多花一些时间，花一点小钱，请一些专家来挖掘本地区域品牌的故事，丰富产品品牌传播的内容库，是区域品牌在销地见效的很重要的一招。

搭建公关传播的"立交桥"

我们前面讲在销售地，首先要开好发布会，其次要做好品牌故事的挖掘和传播，这两个方面其实讲的是一个基本方法，那就是在销地进入市场的初期，要以公关传播为主，而不是以广告传播为主。

对区域品牌的传播来说，主要有两个方式：一个就是广告的投入，通过广告的投放达到品牌传播的效果；另一个就是公关的传播，借助政府、媒体和专业机构的力量，构建起公众对品牌的知晓和信任。前面已经分析过，区域公用品牌的"区域"两字，是区别于一般公司和商品品牌的重要特点，这个特点决定了要传播区域背后的内容，也就是上面说的讲好故事。内容好不好，故事能不能让消费者信任，就不是简单通过广告能解决的。广告主要解决的是知名度的问题，它并不能实现消费者需要对品牌和产品内容进行充分了解的目的。对此，诸如找到行政部门，在正式的会议或文件中对该品牌进行肯定，再或者通过知名的专家，用科研的方式，解释产品确实很好的科学机理，另外还可以通过新闻媒介，或者大的网络平台，来详细地介绍品牌背后的权威内容与故事等，都属于公共关系传播的范畴。这种方式虽然与直接的投放广告不一样，但最终的效果都是为了传播品牌，最终引起消费者购买。

区域公用品牌，一定要进行知识传播、科学传播和专家传播。讲的就是一个意思，要借助专业机构，包括该领域内知名专家的权威影响力、专家的专业知识以及挖掘产品科学和技术价值的能力等，从科学实证的角度宣传区域产品和品牌。当前很多地方邀请行业内的专家及其团队，通过开展科研项目、实地调研项目以及检验检测项目等方式，去认证原产地环境、提炼产品功能，并且发布相关的成果报告。例如，甘肃邀请专家针对"甘味"特色农产品品质指标，进行专项研究并召开成果发布会，发布了"兰州百合"、"平凉红牛"等40多种特色农产品营养品质指标。如"平凉红牛"蕴含风味氨基酸、肉类特征香气物质高达十余种，焦香的成分高出同类产品217.9%。当地还以"数说甘味"为主题，通过制作宣传画册、趣味视频以及开展科普小课堂等方式进行宣传，全网浏览量8.45亿次。这些技术性的成果发布之所以有效，其原因就在于农产品实际上是经验型产品，消费者很难直接判断高低优劣，不可能了解全部的指标，权威专家的认可对于消费者认知和判断产品品质就变得很重要。

区域公用品牌传播的另外一个方式，就是举办各种研讨会、科技产品鉴定会等，这些会议通常集聚行业专家、企业家代表以及主流媒体等主体。当地能吸引和邀请到这些主体来参加会议，一方面本身就意味着当地的农产品品质优良，产业发展基础良好；另一方面，这些主体分享和交流经验，确实也能实实在在地推进产品进步和产业发展。江西万年县在建设"万年贡米"区域品牌过程中，积极承办国际学术研讨会、工作交流会以及稻米产业绿色安全可持续发展等与稻作有关的国际会议，既宣传了当地的稻作文化，又促进了技术交流。此外，还有很多地方举办和参加其他诸如种子培育、种养殖技术改进以及加工技术创新等方面的会议。

专业会议非常重要，但其受众群体有限，就需要借助权威的媒介将这些专业成果广而告之。"云南咖啡"品牌近年来声誉鹊起，就离不开包括全国性权威媒体对专家研究成果的广泛传播与报道。实际上，作为舶来品，消费者还是习惯于认为国外的咖啡豆更好，这就成了云南咖啡要在全国打破的知识障碍。为此，云南通过专业的研究成果，加上权威的媒体传播证明，仅就气候条件而言，云南南部光照时间长，有利于植株的生长及光合作用，而且昼夜温差大，晚上温度低，有利于咖啡豆养分的积累，使得云南小粒咖啡的有效营养成分好于国外。

专家的作用和专业媒体的作用非常重要，还有一个不能忽略的，公关传播的一个重要对象就是行业组织。毕竟品牌是否有好口碑、产品是不是真正的好，同行也是重要的专家主体，所以这个时候代表同行的专业组织就非常重要。由全国性的行业组织举办会议、召开活动，其重要性在于代表了行业对于区域品牌整体性的评价水平，如果一个品牌在行业中都没有口碑，消费者又凭什么认可呢？通过全国性的茶叶专业组织，评价"梧州六堡茶"是"中国黑茶发酵工艺发展史上的先驱"，其权威性是不言而喻的。

品牌公关传播离不开政府这个关键的对象，政府在自身的行政管理过程中，需要很多对农产品的品质、标准和科技项目的评价与管理，这些内容都是非常好的公关传播的权威依据。山东蒙阴县积极参加蜜桃的国家级示范区建设，通过成为"国家级出口水果质量安全示范区"，向市场充分证明自身产品的品牌价值，2023年蒙阴县的蜜桃总产量达到20.5亿斤，位居全国县级首位，总产值108亿元。

当然以上的这些公关传播方式都非常重要，但是所有的公关传播只有一个目的，就是让消费者对品牌产生强烈的认知。为什么以"小红书"为代表的内容平台如此受到网民的欢迎，原因就在于将内容的传播置于首位，而且是通过消费者自己的"种草"，来真实地分享对农产品的消费故事，这也是公关传播的重要方法。好的"种草"产生流量的背后，都不是所谓的自然流量，而是有组织传播的结果。因而，区域品牌的建设者，必须有意识地借助专业机构，并挖掘本区域内的民间资源力量，在这些内容平台上，有意识地传播本区域品牌的公关内容。

销地市场的传播要善于打组合拳，特别是要构建品牌传播的公关"立交桥"，以专业机构和专家为传播的起点，依靠媒体和行业组织的力量，充分参与政府的专业化项目，实现面向消费者的公关传播价值。

举办大师打造的主题"品鉴宴"

销地之所以能称之为"销地",一个直观的特征就是当地汇聚了众多的农产品,特别是汇聚了将农产品通过加工打造成"美食"的烹饪大师。因而,在销地要传播区域品牌农产品,就必须借助这些大师的资源,通过举办品牌产品这一主题的品鉴宴,来传播区域品牌。

既然是品鉴,那就是这些菜品是经过了研发的,谁来做研发,谁才能将这个区域品牌农产品的原料,做成一道道美味的菜肴,那当然就是"烹饪大师"了。烹饪大师是厨艺之大成者,核心的能力就是能将同样的原料,制作成普通人做不出来的精美菜肴。大师除了能将品牌农产品的原料转化为精美的菜肴,还有一个重要的能力,那就是自带"流量"。大师特别是销地市场的顶级大师,能亲身参与开发菜品,本身就表明了行业权威对品牌农产品原料的认可,也能让更多消费者愿意购买和品尝,更能促使销地餐厅销售这一类产品。

不同的大师会有开发菜品的"独家秘笈",用好农产品开发好菜品,也有一些规律性的方法。云南昭通市曾邀请 5 位烹饪大师,开展创新 100 道昭通苹果菜的大型活动,就遵循了一些共同的方法。

理解"昭通苹果"作为原材料的定位、功能和优势是前提。大师们选取"昭通苹果"中甜度高、口感好的"红富士"品种,制作了 10 道苹果甜食。然后确定加工的工艺,既采用烤、炸、拌等西式加工方式,又采用炒、烩、蒸、焖、红烧等中式烹饪方式,还原"农家味道"。同时还注重菜品的定型设计,为养生人群开发了苹果烩茭瓜、苹果素丸、什锦苹果拼等 10 道"养生素食"菜品；为轻食人群开发了苹果炒百合、蓝莓苹果山药、苹果西米羹等"健康果蔬"菜品等。

区域农产品的品鉴宴，不是一般的菜品集合，而是要突出该品牌这一主题，就是围绕该品牌农产品，将其作为原材料，开发出更丰富的系列菜品，使消费者从多样性中，牢牢记住该品牌突出的主题印象。湖北十堰市的郧西区，就在武汉等销地市场举办"郧西马头山羊"品鉴宴，突出"臻味出山 伏羊领鲜"这一主题词，呈现了羊蹄焖烧淡水鱼肚、马头羊野生菌酥饼、马头羊鲴鱼狮子头、韭菜酱炙马头羊排、鲜鲴鱼炖马头山羊、香菜梗滑溜羊里脊、香辣汁羊杂串串、白切羊肉、马头羊汤配面疙瘩等精美的菜品，让销地市场的消费者代表，迅速认知到郧西马头山羊的独特价值。

当然，有个主题、菜肴、大师打造后，这个品鉴宴的要素就具备了。那么，选择合适的场所来举办品鉴宴，是活动成功的另一关键要素之一，特别是场景的布置，包括餐桌席卡的摆放与设计、样品与道具的陈列，以及灯光和宣传视频的制作，甚至是服务人员的着装等都要服务于区域公用品牌产品的定位、主题与展示需求。在豫菜高质量发展暨黄河鲤鱼文化论坛的"豫菜品鉴宴"环节中，将黄河鲤鱼，特别是黄河流域九省标志性建筑元素，呈现在36米的长桌上，体现了九曲黄河设计理念，服务人员身着白色服饰、手捧着定制的天青色瓷盘，使盘中"红烧黄河鲤鱼"的造型、香味和色泽，与整个环境融为一体。

品鉴活动最终目的还是要促进品牌和产品的传播，除了邀请相关政府部门、媒体、意见领袖出席，还应当重点邀请销地的餐饮企业、渠道企业负责人参加。在郧西马头山羊品鉴宴活动过程中，地方负责人就与受邀参加的十多家头部餐饮企业负责人，签订了2万多头郧西马头山羊的采购协议。豫菜品鉴宴，也邀请了新加坡同乐餐饮集团、阿五餐饮等餐饮行业负责人参加。

这几年来，特别是新冠疫情之后，以"品鉴宴"的方式，在销地推广品牌和产品，已经越来越多了。每年高峰期的时候，我甚至有时候在同一天，要参加好几场在同一城市举办的不同区域品牌的品鉴宴。品鉴宴创造了一种非常独特的体验场景，明显做活了品牌，也做活了产品，让与会人士通过直接的品尝认识到品牌农产品的魅力。往往品鉴宴举行之后，区域品牌和产品在销售地的影响力及销量明显会上一个大的台阶，不仅是有这些与会者的公关传播效果，包括参加者中有很多就是该销售地的大的餐厅的经营者与决策者，而且很快就会决定引进该农产品打造的菜品，销量在销地城市自然就扩大了。

"知名餐厅"是品牌推广的载体

借助大师的力量打造品鉴宴，一个直接的成果就是以这个区域农产品为原料，形成了一系列的菜品开发。这些菜品除了支撑品鉴宴的成功，当然也能够引起消费者的模仿，在自己家里就可以探索着去做这些菜品。但这不是最大的价值所在，客观说如此精美的菜肴，显然不是普通人家能够做出来的，也不能体现这个产品真正的市场价值。这些菜品最好的转化方式，就是让销售地的餐厅，都来推出该品牌的系列菜品，这样才能将这个菜品前期的开发和推广成本，在后期通过更大规模的餐厅菜品消费进行转化。所以，销地的一个重要逻辑，就是要充分利用好一个重要的载体——餐厅。

餐厅之所以对区域农产品开发而成的菜品推广这么重要，是因为它是一个重要的区域农产品的采购和消费渠道。一个城市的餐饮消费一般占社会消费品零售总额的11%左右，占粮油食品、烟酒饮料类零售总额的30%左右，"新冠"疫情过后消费复苏，这一比例还在进一步扩大，而餐厅中60%成本都要花在原材料上。

在销地市场，尤其是那些知名的餐厅，凭借深厚的品牌影响力，长久以来积累的口碑，成为本地人餐饮消费的重要场所，更是外地人争相打卡的热门之地。这些餐厅在食材的选择上极为挑剔，一旦开始使用或推荐某区域农产品时，它们往往会迅速成为市场的焦点，吸引大量消费者的关注。顾客们对餐厅的信任，往往会转化为对农产品的信任。消费者会认为，这些知名餐厅采用的农产品原料，往往是经过严格筛选、品质上乘的。

南京大牌档就是一个很典型的例子，这个始创于1994年，以南京小吃为主的餐饮品牌,已在全国的14个城市开设了40多家分店。将鸭子作为菜品原料的代表,体现了"盐水鸭"这一菜品,对这一餐厅的决定性支撑作用,加上其他南京菜肴餐厅共同推动盐水鸭的销售,显著带动了当地鸭产业的规模化发展。

餐厅的带动作用,不仅仅体现在餐厅内,也能辐射到消费者在家消费。餐厅消费带动了消费者在家熬制藕汤的需求,洪湖的龙头加工企业于2019年推出了藕汤预制菜产品,一经推出当年销量就达到500万包。类似的,水八仙是江南地区餐厅的传统名菜,俗话说"秋吃水八仙,赛过小神仙",包括菱角、荸荠、鸡头米等8种水生植物。为了让消费者在家中也能轻松备菜制作好吃的"水八仙",盒马上架了来自地标产区的新鲜"水八仙"食材和预制菜,这些产品也成为当季热销品。

区域品牌面向餐厅推广,还有一个效应,那就是通过终端餐厅对菜品的迭代开发,来倒逼品牌产品生产和加工能力的持续提高。创立于2003年的"老乡鸡",原名"肥西老母鸡",其最经典的产品是一碗"肥西老母鸡汤",凭借这碗鸡汤在全国开出近千家直营店。

这碗畅销20余年的鸡汤,背后是对源头养好一只鸡的管控。老乡鸡选用的鸡,均经过两端饲养,一端先由农户养殖120天,重量达到三斤二两后,再到另一端的老乡鸡自营养殖场养60天。

餐厅对区域农产品品牌的拉动,还体现在严苛的供应链要求上,要建立起与餐厅无缝衔接的供应链系统,这也提高了品牌农产品的供应链能力。在四川,使用内江黑猪肉制作回锅肉已经成为许多正宗川菜馆子的"标配",为此内江构建了对餐饮企业即时配送的供应链体系,保障其黑猪肉的新鲜与品质。

要进入销地市场,就要牢牢抓住销地市场中的餐饮连锁终端。在我所做的很多区域品牌规划中,销地的餐饮渠道其重要性一点也不亚于零售渠道，特别是在开拓市场的早期，用餐饮渠道形成示范效应，比简单的在零售终端中强推产品效果往往收效更好。餐饮渠道是先导市场，更有示范效应，通过这一示范效应才能带动零售市场的发展。

发现"团餐"市场的带动效应

与餐饮渠道一样，团餐市场也是提供专业化餐饮服务的，只是面向的是企业、事业和机关单位。"新冠"疫情这几年，虽然餐饮业整体规模出现了下滑，但团餐行业规模却呈稳步增长态势。即使在 2020 年，餐饮市场整体负增长 15.4% 的情况下，团餐市场仍能保持 2% 的增速。2022 年团餐市场规模接近 2 万亿元，占整个餐饮行业高达 45.1% 的比例，相比 2017 年的 30% 增加了 15 个百分点。团餐市场之所以重要，就是因为它本身也是区域品牌重要的销售对象和销售渠道。

实际上，团餐市场的集中度在不断地提高，很多机关、企事业单位的食堂，因为专业化的原因，都交给了专业的团餐经营公司来经营。团餐公司向这些单位提供专业的团餐服务，往往比这些单位自身来做食堂业务要专业得多，更有规模效应。很多专业的团餐公司，其规模已经有好几十亿，而且发展的势头越来越好，原因就在于它们提供的是专业的餐饮外包服务。作为区域品牌的推广对象来说，团餐经营公司无疑是一个正在崛起，而且还会越做越大的渠道。

团餐经营公司本身就非常专业，在各种选品中对品牌农产品的认知，一定是高于某些具体单位的，更容易鉴别出品牌农产品的价值。此外，团餐经营公司因为同时经营着各种不同类型机构的内部餐厅和食堂，其采购规模已经超过了很多连锁的机构和大型的商超，本身就是一个规模巨大的销售和消费对象。团餐公司这个渠道，区别于一般渠道还在于，它本身就直接提供终端产品的消费，一旦其决定了购买，只要不存在单位消费者的不满意，那么区域品牌农产品，就从渠道的原材料直接变为了最终的消费品。

团餐市场的示范效应，除了团餐经营者自身购买，还能带来其他更大规模的购买量。大的团餐经营者的购买决策往往具有引领作用，选择某一供应商或某一类食材时，这种选择往往会被视为可靠、安全和优质的代表。其他潜在团餐单位的购买者，受到这种示范效应的影响，进而会选择相同的供应商或食材。由于团餐的受众广泛，当其中某些产品得到消费者认可时，这种认可会迅速规模化地扩散，还会延伸到其他消费领域，吸引更多的消费者在其他场合或渠道购买并享用。团餐市场不仅仅实现了品牌农产品的销售，也是很好的品牌推广渠道。

在山东临沂下辖的平邑县，当地一家企业通过搭建校园食材采购平台，实现了沂南黄瓜、费县西红柿、平邑西葫芦等地标性蔬菜从种植基地直供学校食堂，产地网上溯源，价格公开透明。目前该平台已经服务平邑县初中高中技校共计 68 家学校，并成功将模式复制到烟台、青岛、济南等地。

区域品牌农产品进入团餐市场有着一个巨大的优势，那就是高于一般农产品质量安全的标准。对于团餐市场的相关方来说，要把"好事办好"，一个最基本的约束条件是，本来是好心好意地给干部和员工提供进餐的福利，一旦出现质量安全问题，那反而就是好心办坏事。因而，提供绝对安全的食材，就成了团餐市场相关方的一个基本底线。虽然，食材不可能完全没有风险，但是向区域农产品品牌购买的食材，总体其安全性一定会更高一些，这是人之常情。区域公用品牌产品提供方，相对于其他供应方，由于有品牌做背书，其安全性自然会得到团餐公司和业主单位的信任，能够更好地进入团餐市场。

团餐市场因为面向的是一些大型的单位，这些单位所供应的菜品，都含有福利补贴性质，同时又是大规模的采购，对于区域品牌来说，其价格就有着非常大的优势。从福利角度讲，价格往往不是最敏感的因素，农产品的品质和品牌才是选择的关键，这一点恰恰符合区域品牌农产品价格高于一般农产品的特点。从集体采购角度来说，由于团餐市场具备长期、可持续和稳定的消费特点，区域品牌农产品能够通过长期稳定的供应，形成一定的价格折扣优势。

区域农产品在销售地的推广，类似团餐这样的渠道和终端至关重要。这里面一个基本的思维方法就是，认知到区域品牌农产品要精准地找到自己的消费对象，主要是一些中产人群，而这些人群可以说绝大部分工作在机关、事业单位和一些规模以上企业中。团餐市场不仅仅是一个渠道，而且是一个面向消费人群的平台，让品牌能够零距离地接触其精准的消费对象，也就是中产消费人群。

让"品鉴中心"成为销地永不落幕的"品鉴宴"

以上这些渠道和终端都很重要，尤其是品鉴，能带来品牌和销售的同时扩大。但是品鉴宴往往是一次性的，即使每年都举办一次，组织和投入力量都是非常大的。因此，如何在销售地形成一个永不落幕的品鉴宴，就成为了我们需要深入思考的问题。这时，品鉴中心（展销中心）的价值便凸显出来，它是一个与消费者在销售地深度互动、建立长期关系的平台。

品鉴中心实际上是一个区域品牌实力的具象化展现，它用真实的物理空间存在证明了区域品牌的定位与属性。一个精心设计和运营的品鉴中心，通常能够体现出区域品牌在资金、技术和人才方面的投入，包括品鉴中心的规模大小、设施完善度和服务质量等。实际上，品鉴中心从空间的整体风格、色彩选择、装饰细节到氛围营造，都能体现品牌对品质和细节的追求。宁夏贺兰山东麓红寺堡葡萄酒体验中心，便承载着品鉴交流、产品展陈以及文化宣传的综合性功能。该体验中心落地在深圳，并且紧靠着深圳海上世界旅游景区，为深圳市民和旅游者，提供了一个常态的葡萄酒品鉴场所。

品鉴中心的重要功能之一，就是举办常态化的品牌和产品展，吸引人们来感受和了解区域品牌农产品，中心可以利用声光电等多种手段，生动展示农产品产地的自然风光和种植场景，或者展示农产品的品种、品质以及加工工艺等方面的特点。例如，在"甘味优选"农产品（北京）展销品鉴中心，中心的产品展陈架与区域的地理环境相融合，划分沿黄河产业带、高寒牧区以及中部旱作等区域的农产品展陈区，让消费者直观地看到农产品产自什么样的地形地貌，并且辅之以相关的图文和视频资料等。

既然叫品鉴中心，当然就要有可"品"可"鉴"的地方，让消费者亲身感受产品的品质。品鉴的方式一般有两种：一种是促销型的体验品尝装，让消费者直观感受到农产品的口感和风味，激发他们的购买欲望；另一种是以品牌推广为目的的品鉴宴，通过邀请行业内的专家、媒体以及潜在的消费者、合作伙伴参加，提供专业的品鉴服务和讲解。例如，湖南吉首市"湘西黄金茶"品牌下的多家企业，联合起来在长沙成立品鉴运营中心。这些企业在中心不定期开展"湘西黄金茶"促销活动来推广品牌，并且长期为消费者提供免费品鉴的服务。

除了作为展示和品鉴的场所，品鉴中心也可以举办很多公关活动、专家研讨会等。区域品牌的推广在销地市场是一个长期的过程，需要举办很多常态性的公关推广活动，有了一个固定的品鉴中心，这些活动的举办就可持续，不仅场地的功能可支撑活动的举办，而且中心本身也会形成活动举办固定的流程和方法，从而大大地降低活动举办的成本。如湖北省优质农产品展销中心，就是这样一个优质农产品长期进行推广活动的平台，无论是该省"房县小花菇"的推广，还是"恩施玉露"茶叶的推广，以及其他品牌的推广，几乎每天都有不同的品牌在其中举行主题推广活动。

品鉴中心还能聚集销地的餐饮力量，持续地打造以区域品牌产品为原材料的精致菜品，长期组织销地的各餐饮企业进行交流，共同推进新菜品的开发。通过这些开发过程，可以将其中对原材料的信息反馈给原产地，成为原产地在上游做好农产品的重要依据。云南野生菌的菜品开发之所以能够时常更新，就是因为相关的市场主体长期在昆明等销地市场，通过收集餐饮终端菜品开发的情报信息，而不断地改进和开发云南野生菌的新菜品。

区域品牌要向下扎根销地市场，并且要公共性地赋能企业在销地的市场经营活动，就必须在销地建设"品鉴中心"（展销中心）。进入一个市场，就要建立品牌的"根据地"和"桥头堡"，品鉴中心就具备这样的功能。品鉴中心不能以销售为目的，不是一个经营的平台，而是一个品牌推广和展示的平台，这个比具体的经营重要得多，因为所做的是区域品牌的核心推广工作，可以通过这个工作有力地促进企业在销地的具体经营。后面还要进一步分析，品鉴中心主要应该由国资平台来承担，要建立一套可行的运行机制，保障品鉴中心长期可持续的发展。

七、产地逻辑：年度『盛会』与场景『体验』

充分发挥品牌推广的"主场优势"

一般来说，像世界杯、奥运会这样的大型赛事活动，在哪个国家举办，东道主获得的奖牌数量就会多一些，运动员们在自己的主场，表现得通常会更加优异，这就是我们所说的主场优势。品牌推广也有"主场优势"，那就是在品牌所在区域的推广。

前面主要讲了销地逻辑，也就是怎么在本区域之外的市场把品牌和规模做大。区域农产品还有一个市场，那就是产地市场，确实这个市场没有销地市场大，但它有着销地市场所不具备的两个特殊优势：一个是能够让全国的消费者来到产地，更深入地体验区域农产品的价值；另一个是销售成本和收入更有优势，能获得更高的产品利润。在讨论完销地逻辑之后，在本章节，将集中地讨论产地逻辑的问题，也就是如何发挥品牌推广的"主场优势"。

区域品牌农产品，一个基本的逻辑起点就是"原产地"。所谓原产地，就是指能够生长出如此好品质的农产品的自然环境，包括土壤、气候、生态和水资源等要素。这些自然环境要素，还会构成一幅美丽的田园山水画。不仅是发达国家的消费者，现在更多的是中国的消费者，因为品尝了非常好的区域农产品，而对生长这个农产品的区域产生了亲身探寻的强烈愿望，也就是人们对"诗和远方"的向往。很多区域农产品的原产地，为什么能发展好旅游，其内在的原因就在于此。我这些年来，一个最经常重复而又"永不厌倦"的旅游体验，就是在独特的自然环境中，品味和欣赏只有在这片区域，才能生长出如此美丽而又美味的农产品。给人带来的不仅有味蕾上的享受,还有情感上的体验,更有探寻这片土地为何如此神奇的理性思考和延伸阅读。我相信,很多人有与我一样的体验,那就是到一些独特的自然环境中,去品尝从中生长出来的美味的农产品。区域农产品之所以要高度关注"产地逻辑",是因为产地独特的自然和人文体验,在销地很难体验到。

宁夏虽然在大西北,但给我的感受却如江南一样美好,原因无他,就是能在当地体验贺兰山东麓地区起伏的山地、丘陵、河谷,特别是绵延百公里的葡萄种植带和加工带。只要流连于葡萄园中,特别是用双手触摸独特的砂土、黏土和壤土,呼吸着清澈的空气,沉浸在不同酒庄的建筑文化与品鉴过程中,就会感受到宁夏这个"主场"对葡萄和葡萄酒的增值效应。

在法国,这种葡萄酒的主场效应更明显。我曾经多次去法国,几乎每一次,都要到法国南部的波尔多葡萄酒产区。波尔多地区无论是起伏的葡萄园,还是点缀其中造型各异的葡萄酒庄,特别是聆听主人对葡萄酒庄园历史的娓娓道来,以及对葡萄酒的品尝,都让人记忆犹新。在庄园外,葡萄树连片蔓延到天际,仿佛一片碧波海洋,同时果实的芬芳在空气中弥漫,令人沉醉。在庄园主人的引导下,我也加入采摘的队伍,学着如何采摘、挑选合格的葡萄,体验与大自然融为一体的乐趣。

当进入酒庄内部时,庄园的主人将酒庄的历史娓娓道来。从代代传承的技艺,再到葡萄酒的品种,在一个个故事当中,我了解了丰富的葡萄酒文化。酒窖中陈列的上千桶葡萄酒令人震撼,墙壁上镌刻的酿酒工艺流程生动形象,简明易懂。而后,在主人的介绍下,体验从观色,再到轻轻晃动酒杯闻香,最后到轻啜一口品味,去感受葡萄酒甜、酸等不同风味。在庄园宁静悠然的氛围下,惬意地感受唇间葡萄酒的芳香,身心沉浸其中,疲劳与压力仿佛都得到了释放。

有一次我还有幸遇上了当地举办的大型葡萄酒品鉴活动,来自全球各地的游客和当地的居民亲密互动,在葡萄酒的碰撞中,不同语言的交流也似乎完全没有了距离,共同沉浸在天人合一的葡萄庄园之中。国内目前也在创造一些体验环境，让消费者感知法国波尔多葡萄酒，但是与在原产地的体验则可谓天上地下，这也就是国内很多游客越来越多地专门去法国波尔多葡萄酒产地的原因。

不仅是法国波尔多的红酒，几乎全世界所有有名的农产品原产地，都在发挥自己的"主场优势"，为游客和消费者提供任何其他方式都无法替代的"产地"体验。我相信，本书的读者有很多去过国外很多地方，也有些准备去国外旅游的，其中一个很重要的原因是，大家都愿意到一些优质农产品的原产地去体验。实际上，国内做得好的区域农产品品牌，其所在地几乎都是一致地在打造产地的各种场景，包括农田的一些场景，与该产品有关的专题展览，将产品打造成主题品鉴宴的餐饮消费，以及以该农产品为主题的民宿、IP 产品等。这些做法隐含的一个重要的背景就是，将产地打造成区域品牌农产品的重要销售平台，也就是发挥产地在区域品牌农产品销售上的"主场优势"。

主场品牌推广的系统设计

　　既然谈产地逻辑，就要找到产地品牌推广与销地不一样的地方，要整体把握主场的各关键系统要素。这些年来，我受邀请去了很多区域品牌做得不错的地方，当地负责人也经常讲，要打造好本地围绕区域品牌的各类场景，但是很多非常不尽如人意，投入的效果也往往不理想，这里面一个最主要的原因就是不系统。之所以要系统地设计产地的品牌推广要素，其原因还是来自消费者本身。在销地，因为消费者不是在原产地，所以对产品的体验和感受，往往还是集中在产品本身；而在产地则完全不一样，因为消费者身临其境到了产地，就一定要通过自身的感受，来亲身地体验品牌背后产地的关键要素。

　　第一个关键要素是什么呢？那当然是生长优质农产品的自然环境，之所以说区域农产品品牌这么值钱，是因为今后生长在这片土地上无数人的赚钱的饭碗就是这片原产地的自然环境。所以，有些地方都用人大立法的方式，来保护生长这个农产品的原产地。例如，杭州市人大常委会，早在2001 年就审议通过了《杭州市西湖龙井茶基地保护条例》。条例从产区范围的界定、分级管理以及保护等内容，再到对非法破坏基地行为的惩罚举措等，都作出了明确的规定。

　　在保护中发展，在发展中保护，也是品牌原产地建设的重要原则。在符合国家关于环境与自然保护要求的前提下，也要创造让外来消费者，走进原产地的场景。国内很多地方在这样做，在陕西"蒙顶山茶"品牌的原产地，消费者可以住在山间的茶庄内，体验清晨的鸟语花香、轻嗅泥土的清香，以及郁郁葱葱的"蒙顶山茶"茶园风光。在峨眉山，游客可以在当地的西北部高山生态茶园中，体验"峨眉山茶"产地，林木苍翠、云海连绵的自然生态。

消费者来到产地，除了体验自然环境，另外一个就是人文环境，也可以说是大的文化环境，这也是产地的第二个关键要素。还是以"峨眉山茶"为例，消费者在产地除了观光体验峨眉山茶生长的自然环境，还可以亲自体验峨眉茶道文化以及峨眉山佛教音乐、峨眉武术、峨眉素斋、峨眉诗书画等峨眉山佛教文化。峨眉山的僧人将峨眉武术的动作融入"峨眉山茶"茶礼，形成别具一格的"峨眉派"茶道礼仪。游客在其中可以体验"诚、静、和、清、道、然、德、空"的峨眉茶道精神。又如，在云南咖啡产区，游客不仅可以品尝到地道的云南咖啡，参观别具风情的咖啡园，还可以体验傣族、苗族等少数民族的民俗民风。

生长的自然和人文环境，对于外地的消费者来说当然不可或缺，但消费者来到产地，他们还是要体验这个产品本身，因而打造与产品相关的场景，就成了产地系统设计的第三个关键要素。要让消费者了解产品，需要设立常设的产品展示馆。在上海的"松江大米"展示馆中，消费者可以看到"松江大米"的种植历史，通过样品直接触摸、观察到产品品质，了解生产的过程等。"松江大米"除了有产品展示馆，还打造了松江大米体验馆。在体验馆中，介绍传统大米的种植工具、现代碾米技术，还提供农耕教育研学场所。

体验是多方位的，但是最基本的体验就是直接品尝品牌农产品本身，所以打造产品体验的各种场景，就成了产地系统设计的第四个关键要素。据统计，90%以上的消费者将体验和品尝当地美食，作为原产地选择的主要因素之一。无论是"阳澄湖螃蟹"，还是"潜江龙虾"，都已经成为能让外地消费者，为美食而奔赴这两个区域的理由。在产地，打造以品牌农产品为主题的餐饮集聚区，特别是美食一条街，是品牌建设的基础性工程，也能有效地吸引外地消费者来到产地进行集中的体验。

区域品牌农产品，在产地是可以"活起来"的，也就是要通过很多活动让消费者来深入地感知产品价值，"活起来"就成了产地系统设计的第五个关键要素。活动包括举办文艺表演、建设主题民宿，以及打造以该品牌为主题的专场演出等。在前面专门说过武夷山的"印象大红袍"演出，主要是说的它的经济效益，在这里要从"活"起来的角度，分享一下这场演出对于产地品牌推广的价值。这场演出的场所，就坐落于山峦起伏的武夷山中，四周山体中生长的茶树，与演出内容的变化融为一体，成为整场演出不可分割的重要背景。360度旋转的舞台，可以看到不同角度的茶树背景，也演绎着大红袍的传奇印象。前面之所以说，在旺季一天要演出4场，实际上是从产地的角度，通过具有丰富体验感的活动，锁定了外地消费者的认知和情感体验。

前面这五个要素都非常重要，满足了消费者来到一个产地所需要感受和体验的关键要素，把这些要素整合起来，所在地的县城还需要营造与该产品直接相关的整体城市氛围，这是产地系统设计至关重要的第六个关键要素。在甘肃省陇南市武都区，当地政府为建设"武都橄榄油"区域品牌，将"橄榄元素"融入城市各方面的景观设计。如将"橄榄绿"的颜色融入了新建的公共设施建筑，以及打造了充满油橄榄元素的主题公园，突出"橄榄之城"的符号。

图12　产地推广设计要素结构

接下来，我会将这些要素拆分开来更进一步分析，目的就是为了打造品牌的"主场优势"。这么多年来，规划和研究区域品牌过程中，"钱少事多"始终是一个重要的约束条件。做区域农产品品牌很费钱，但总体来说县域的财力又很有限，突破这个约束条件才是真正的创新。对于以上这些产地要素的设计，特别是发挥主场优势，其目的就是要在区域更少投入的基础上，尽可能挖掘主场的要素禀赋，强化品牌和产品的市场销售与推广。

办成该品牌领域的 "全国性盛会"

　　瑞士为什么厉害？很多人对它的了解，除了瑞士手表为代表的高品质的"瑞士制造"，还有很多人是通过"达沃斯论坛"知道瑞士的。在每年春节的前后，中国人都会通过各种媒体，看到世界很多国家的领袖、知名的企业家，云集瑞士达沃斯，出席"达沃斯论坛"。可以见得，开会是很有价值的，只要不是形式主义的会议，"盛会"会凸显一个地方作为主场的影响力。

　　在上面的系统设计里面已经讲到，举办有影响力的活动是产地逻辑的重要内容，在这些活动中，办出像达沃斯论坛这样的"盛会"，就是在产地推广品牌和产品的重要方式。什么叫盛会，那就不是开一个没有影响力的会，而是要办成在本品牌产品领域，具有全国影响力的大会。比如赣南脐橙博览会，只要一召开，就一定能云集国内前十位产区的代表来参加，该领域的全国大型企业代表也会来参加，行业内知名的专家学者也会到会。不仅如此，在该领域一、二、三产业，凡是与脐橙相关的市场主体，都会在会议期间，进行年度最集中的产品展示和推广。这才叫盛会，也就是产地的会议一举办，全行业都会将其当成本行业年度最大的市场活动。

　　原产地农产品的推广作为一个整体系统来打造的话，其核心节点便是定期举办品牌领域的全国年会、展销会或节庆等大型活动。这些活动不仅为农产品的展示与销售提供了平台，更是推广产地文化、增强品牌影响力的重要方式。像"湖北 (潜江) 龙虾节""仙桃黄鳝文化节""安吉白茶节""宁夏枸杞节"等，通过丰富的产品展示、品鉴活动、工艺展示或烹饪大赛等形式，来强化品牌传播和形象塑造，这种"全国性盛会"是产地发挥主场优势的重要手段与方法。

产地节会的成功与否，其衡量标准与一般节会存在显著区别，就是该区域在举办节会时，必须致力于将其打造成该领域全国性的高峰会议。只有站在全国性的制高点上，节会才能真正发挥推广原产地农产品的潜力，实现品牌传播和形象塑造的最大化，否则就可能成为地方的"自娱自乐"。

为什么只有举办成该领域的全国性盛会才算成功呢？区域公用品牌一般是地方的土特产，土特产是产品自身存在的自然和文化禀赋的体现，而区域公用品牌则是对这些土特产进行品牌化运营和推广的结果，是外界对这一地区产品认知的集中体现。在产地品牌推广的语境下，强调全国性盛会的重要性尤为关键。全国性盛会不仅是土特产展示和销售的重要平台，更是提升区域公用品牌知名度和影响力的有效途径之一。这样的盛会不仅能够展示产地的魅力和实力，更能够吸引更多的资源和机会，为产地经济的持续发展注入新的动力。像"中国云南普洱茶国际博览交易会"就是全国性盛会，以 2024 年 4 月举办的第 16 届普洱茶博览会为例，700 多家茶企、国内外优秀工艺匠人、2000 多名专业买家报名参加，博览会上有近百场宣传推介和研讨交易活动，吸引观展人员超过 10 万人次。

怎么判断是地方的"自娱自乐"，还是"全国性盛会"呢？"全国性盛会"有几个特点。举办地要有在全国公认的该产品领域的引领地位，如广东省惠州被授予"中国荔枝之乡"的荣誉地位、福建省诏安县被授予"中国青梅之乡"的荣誉地位、云南省永德县被授予"中国芒果之乡"的荣誉地位等，拥有了这些行业公认的市场地位评价，就意味着该地区具备了举办全国性盛会的基本条件。另外，举办单位也要有全国性的地位，如"中国(寿光)国际蔬菜科技博览会"，就是由农业部、商务部、科技部等权威机构主办。不仅如此，与会人员的地位也决定了该区域的会议是不是全国性的盛会，包括该行业代表性的管理者、企业家和专家能否出席会议。有这些权威和代表性人物的出席，既显示了该区域的地位，也能够通过这些权威资源传播品牌价值。有关部门为何要限制和约束一些地方"滥办会议",也是因为很多所谓的区域品牌会议,根本没什么价值,起不到品牌推广的作用,相反还浪费钱财,纯属"自娱自乐"。但是,能够代表一个行业的品牌产品领域的盛会,就如寿光一样,不仅不会被限制,反而会得到国家级权威部门的支持。

这种全国性的盛会还会输出一些成果,如品牌价值的发布、行业白皮书的发布、产业发展报告、行业性奖项的颁发等。一个会议有没有权威性,重要的标志就是要发布权威信息,对全国该领域品牌价值榜的发布,显然是各区域都关注的重大信息;年度行业白皮书,会涵盖行业发展的重要趋势和主要数据信息;对产品、企业和人物的全国性奖励,更是凸显了行业的代表性信息。

在国际上,行业代表性的会议也有一个规律,就是最好的会议并不总是在首都或最大的城市举办,而是在该产品领域最具影响力的区域举办,小城办大会的原因就在于该小城是该领域产业发展最好的地区,只有这些区域才会积聚该领域最好的企业、机构、人才、销售市场和专业成果等。既然,一个区域说本地的大米、小米、西红柿等,在全国的区域品牌中是最牛的,那当地的种子资源、种植规模、产品品质、加工能力、市场交易一定也在全国处于领先地位,甚至包括科技成果应用,也是行业权威专家最愿意来转化的地方,这些资源的汇聚才能支撑该产地举办全国性的盛会。

作为产地的销售逻辑来说,全国性的盛会,既是该区域在全国该领域领先的标志,也能通过这个盛会,吸引更多的经销商和消费者来本地购买产品,从而进一步向全国推广该区域的品牌和产品。

"年度盛会"的"长期主义"

"达沃斯论坛"为什么会有这么大的影响力，绝对不是一开始就是如此的，而是从 1971 年开始，连续举办至今，超过了半个世纪，才有今天这样的影响力，才能被称之为"盛会"。因而，区域品牌年会的举办，一定要有"长期主义"的思维，这是一个双向的推动，一个地方因为产品品牌好，才能办出盛会；反过来说，也是因为这个会议锲而不舍地长期办下去，才推动了全国资源向本区域的积聚，也激发了本地资源投入该产品领域的热情，从而形成一个正向的循环，带动本地品牌和产品的崛起。

品牌推广不是一蹴而就的，需要长时间的积累和沉淀，如同酿酒，需要时间的酝酿和陈化，才能散发出迷人的芬芳。同样地，对于区域品牌农产品而言，要走向全国、走向世界，也需要一场接一场、一年接一年精心策划的"全国性盛会"来助力。这种长期主义精神需要耐心和毅力，虽然在初期要投入大量的人力、物力和财力，收益也并不明显。但随着时间的推移，边际成本会逐渐下降，而边际收益则会不断扩大。因为，每一次盛会的举办都会为下一次会务积累经验和资源，使得后续的举办更加得心应手，成本更加优化。所以我们一定要有长期主义思维，要将"年度盛会"连续地举办下去。

既然要办成"年度盛会"，而且是全国性的，就不能只举办一次或几次就行，只有持续下去才能办成"全国性盛会"。从市场主体的角度看，今年参加了一次"年度盛会"活动，感受不错，收获也很多，自然而然地就想着明年还要参加，甚至还会推荐同行来参加。但如果当地不举办了，那就失去了和更多市场主体进行交易和合作的机会,这显然影响区域品牌力的加强与产业的扩大。

我们来看看泸州酒博会的发展历程,1987年泸州首创全国第一个名酒节,"第一届泸州名酒节"举行后每年一届持续进行,在1993年后更改为两年一届。2008年,"泸州名酒节"改为"中国酒城·泸州酒博会",从2008年到2014年,"泸州酒博会"的名称不断提升为"四川酒博会""中国酒博会"。2014年,经商务部批准更名为"中国国际酒业博览会",由中国酒业协会主办并永久落户泸州。

类似的,被称为"中国茶乡"的河南信阳,自1992年起,到2023年已经连续举办了31届"中国茶都·信阳国际茶文化节"。从1992年的"信阳茶叶节"到2004年的"中国茶都·信阳茶文化节",再到2010年改名后延续至今的"中国茶都·信阳国际茶文化节",信阳茶文化节的影响范围从地方到全国再到国际。茶文化节既促进交易,又促进茶文化,从1992年至今招商引资累计将近2000亿元,这些资金显然是信阳茶叶产业发展的重要支撑。

在我国农业产业的发展历程中,以及农产品区域公用品牌的建设过程中,长期举办年度盛会的例子屡见不鲜。这些盛会不仅为农产品提供了一个展示和交流的平台,更在推动产业发展和品牌建设方面发挥了重要作用。以我长期的经验和观察来看,一个年度盛会如果能够连续举办8~10年,其影响力往往会呈现出逐渐增大的趋势。随着时间的推移,盛会的知名度和认可度不断提升,吸引更多的参与者和关注者。同时,随着盛会的连续举办,主办方在资源整合、活动组织、宣传推广等方面也积累了丰富的经验,使得盛会的举办更加成熟和高效。

年度品牌节会长期办下去,才能办出盛会的效应,这里面也有一个"学习效应"的问题。不仅年年办,才能办出影响,而且年年办,才能办得越来越专业,吸引全国该领域最好的产学研资源都往这个地方积聚。更关键的是，年度会议长期办下去，会让全国的消费者形成一个印象，这个产地的农产品是"品牌"，同时也能够吸引全国在该领域最优秀的市场主体，逐渐地向这个区域集中，正向地产出该领域优秀的产品。

打造"农旅文"一体化的体验场景

我们讲产地逻辑，一个始终贯穿的逻辑主线，就是让那些付出了成本而来本地的消费者有体验感，这个体验感是全方位的，包括对优质农产品生长的农业自然环境的体验、对以农业自然环境为基础打造的旅游产品的体验，特别是展示区域品牌的文化产品的体验，也就是农旅文一体化场景的打造。所有这些打造，就是为了充分地发挥产地的综合优势，让消费者全方位地认知本区域品牌农产品的价值。这就要求产地打造充分的体验空间，多元价值体验空间最典型的就是"农旅文"一体化的体验场景，包括现代化产业园区、农博园、科技示范园、种植园区、种养殖示范基地、民俗区域、观光体验区域，等等。

通过农旅文一体化场景进行品牌推广，在产品价值感知、产品展陈以及产品体验等方面具有明显的优势。休闲农业旅游的兴起，能够让更多消费者切身体验农产品的价值，这一点对于在城市中快节奏生活、渴望亲近自然的人们来说是很有吸引力的，特别是希望孩子能够在农耕活动中有所体验和收获的家长们。消费者无论是亲自参与农耕活动、参观原产地环境，还是品尝地道的农家菜，都可以体验到农产品品质、文化以及生态等方面的价值。北京昌平区围绕"昌平苹果"打造了苹果特色小镇，当地举办的苹果采摘活动、苹果主题文艺活动等，吸引了众多消费者前往体验。

"农旅文"一体化场景，还可以充分利用现代化的声光电等技术，立体化展示农产品。借助科技的手段，消费者可以在多媒体屏幕上，看到农产品如何从一粒种子长成一颗果实，也可以看到这个区域独特的与该农产品相关的历史典故，还可以通过一些虚拟现实（VR）、增强现实（AR）等技术，通过互动体验深入了解农产品背后的故事，从而对其产生更深层次的情感认同。四川省为强化"天府粮仓"品牌推广，打造了"天府农博园"这一农旅文一体化体验场，利用光影、音效、影像等多种方式，打造多个农业科技展示场景。以"沉浸式元宇宙馆"为例，游客可以通过VR体验"农场"种地，还可以在线上数字空间中，感受四川阿坝州小金县木栏村、新津张河村，体验线上虚拟农事种植与农事收获等场景。

"农旅文"一体化场景还有一个最直接的优势，那就是能让消费者有相对充足的时间沉浸式地体验产品和品牌故事。甘肃省平凉市的静宁县围绕"静宁苹果"区域品牌，打造了35°苹果谷景区、静宁苹果文化馆等场所，在实验室观摩静宁苹果生长的环境和流程，在工厂参观静宁苹果是如何通过生产线、分选线等形成最终各色各样的产品，更可以直接在果园中亲身体验采摘苹果的乐趣。

要打造好一体化的场景，最根本的是要明确品牌产品的定位，挖掘核心的价值，特别是挖掘面向消费者要传递的主题。静宁在35°苹果谷，甚至包括景区灯光、座椅，都围绕苹果的形象展开，向消费者传递强烈而刺激的主题形象。在明确定位后，还要想清楚向客户讲述一个什么样的品牌故事，比如是要突出其产品品质价值，或者文化价值，又或是生态价值，还是综合性价值？前面提到的"东阿阿胶"，就是通过建设阿胶博物馆，传递品牌的传统文化；在"五常大米"展示中心，生动地呈现独特的气候、水质和土壤环境。

产地销售的优势之一，就是能够在原产地打造一体化的农旅文场景，这个场景的基础是"农"，也就是以区域品牌和产品为核心。在旅游观光和文化体验的过程中，自然地感受区域品牌农产品的价值，将销售的商业性融汇在有体验感的文旅过程中，既实现了品牌传播的目的，又衍生了新的服务消费。

"民宿"是品牌体验的载体

我们前面讲了消费者来产地的很多体验，其实所有这些体验都有一个基本点，那就是消费者要住下来。来到区域品牌产地，消费者的住显然不是那么简单的，也就是说不是有一个房间就能把消费者打发掉的，消费者显然希望通过居住环境，也来感受区域农产品。这个住就不能是普通的酒店和旅馆了，而是要紧密地与品牌产品相互关联，特别是要住在老百姓的家中。这两个条件综合起来，就是要打造主题民宿。

民宿的价值绝不限于居住本身，而在于让消费者住下来，体验当地与区域农产品相关的自然和文化环境，这也能解释为什么人们想住在武当山的民宿去品尝武当山茶、体验武当武术，感受"天人合一"的氛围；人们也会希望在杭州西湖龙井村的民宿里，体验龙井茶的韵味。

民宿之于品牌的价值，前提是来自所处的环境，让消费者在居住中就能感受品牌产品，也就是能置身于产品生长的环境之中。上海松江下辖的叶榭镇的八十八亩田民宿，是一家五星级乡村民宿，位于松江大米的产区，其名称中的"八十八"便是由"米"字拆解而来。民宿周边就是稻田，开设有米食主题餐厅，还提供特色软糕制作活动，让消费者在稻田旁领略松江大米的文化。

在民宿的外部建筑设计方面，也需要充分考虑品牌农产品的特点。从民宿的外形、颜色、材质等各方面贴近区域农产品，并将民宿自然地嵌入整个自然环境。山东烟台福山区的大樱桃主题民宿"别样红"，在配色上就采用了樱桃红和白色相间的设计。

主题民宿的内部装置，也可以传递品牌产品的特点。余粮·柿民宿，位于浙江省金华市下辖的兰溪黄店镇余粮山，当地的大红柿子是品牌产品，柿子元素就被充分应用在民宿中。无论是墙纸、床头巾、座椅、靠枕、垫子，甚至是一些装饰物，都采用了柿子的颜色；天花板上吊着一排排柿子形的灯具，桌子上摆放着柿子形的茶具。

消费者在民宿的餐饮消费，更应该高度地与品牌农产品相关。福建省南平市延平地区，为传播"延平百合"品牌，利用百合的元素打造百合文苑民宿，不仅民宿的建筑设计融合当地红砖墙面、闽北民居屋檐等建筑特点，还提供百合十二宴餐饮、百合花茶茶饮等服务。

产地给消费者带来的对区域品牌农产品的体验，抓住民宿显然是一个非常好的途径和方法，能让消费者在居住中与品牌产品和文化沉浸式地融合在一起，从而对产品和品牌产生更强烈的情感和知识认知，更能够体验到该产地不一样的居住文化。当然，民宿是由老百姓来经营的，老百姓自然会提供很多延伸的产品和服务，特别是与区域品牌农产品有关的销售和推广，这样就在产地开辟了一个非常有体验感的销售渠道和终端，还能富裕当地的百姓和农户。

产地直播带来的 "产品销售文化" 的一体化效应

产地逻辑不等于只是封闭地对产地做推广和销售，而是指以产地为原点进行立体的推广。除了上面说的这些推广方法，产地本身也是所谓的 "外地"，也就是销地的消费者，借助网络进行观察和体验的一个非常重要的对象，这就是产地推广的一个重要方法，开展 "产地直播"。

产地直播，简而言之就是在产品产地进行的网络直播。通过这种方式，消费者能够 "云游产区"，实时了解产品从种植、生产到销售的全过程。而在此过程中，消费者还能够与当地的生产者进行实时互动，消费者可以提出自己的疑问和需求，生产者则可以进行回应和调整。这样一来，消费者和生产者之间就有了 "对话" 的平台。

那么产地直播具体在品牌推广中发挥什么样的作用呢？前面已经介绍了如何系统化推广品牌以及一些具体的措施，但很多地方在区域农产品品牌推广中都有一个非常严重的问题，就是品牌推广、销售、渠道和文化体验相互脱节。有些地方可能在品牌推广上下了不少工夫，但是销售渠道却没有打通，农产品可能还是卖不多甚至卖不出去。产地品牌推广面向的可能还只是少部分能来的消费者，更多没有到产地的消费者，还是很难轻易在原产地体验农产品，造成品牌推广和体验相互脱节。

陕西延安苹果的推广，则提供了一个很好的解决方案。2023 年，延安市围绕 "延安苹果" "洛川苹果" 等，多次举办 "百名主播产地行" 大型活动，在淘宝、拼多多以及抖音等平台，开展网络直播带货活动累计超过 5500 次，带动水果网络零售额 44.17 亿元，增速高达 32.17%。在延安，随着产地直播的兴起，无论是田间地头的果农，还是工厂的经营者，都拿起网络终端进行直播，甚至地方官员也进入直播间，为消费者介绍产区适宜苹果生长的优越自然环境、苹果的品质指标，以及延安的苹果种植历史文化等。

以上的案例，给区域品牌推广提供了一个新颖的视角，就是解决区域品牌推广、渠道、销售和体验不同步的问题。销售不一定能够实时得到区域品牌推广的支持，这两者不会完全同步，同样进入了渠道，也不一定能够实现销售，这里有一个渠道终端上柜和推广的时差问题，即使推广了也很难体验到原产地的环境。产地直播就比较好地解决了不同步的问题，直播确实是在做品牌传播，但是这个传播实际上就是在销售产品，而且网络渠道也是同步支持品牌传播和产品销售的，在直播的同时往往直接展示的就是品牌农产品的生长环境，从而让消费者体验到，进而实现品牌推广、渠道、销售和文化体验的"四位一体"。所以，对产地而言，更大规模地发展网络直播，具有多重效应，这也是全国区域品牌农产品，几乎不约而同地选择了大力推进网络直播的原因所在。

"东方甄选"的成功，实际上就是把握了品牌推广、渠道、销售和文化体验的"四位一体"。2023 年 5 月，"东方甄选"在湖北秭归原产地，直播"秭归脐橙"产品，3 小时达成 12 万单的销量。在直播过程中，主播不仅介绍了秭归作为脐橙之乡，2000 年前就有了橙子的生长，而且形象地解释脐橙的品质，最直观的就是一年四季都可以吃到秭归脐橙。北京平谷区，也曾在2023 年邀请"东方甄选"团队，进行"平谷大桃"的产地直播。俞敏洪、董宇辉在桃园中漫步，为镜头前的消费者讲解平谷桃乡文化、其生长环境以及种植技术，然后通过品尝，来介绍不同桃子品种的口感，在 6 分钟内就售罄两万箱平谷大桃。

无论从哪个角度来说，产地的销售都需要产地直播这样一个方式，解决的不单纯是成本降低的这样一个小问题，最重要的是通过网络平台，将产地与销地无缝衔接在一起，而且创新地解决了区域品牌推广与企业产品销售不同步的最大难题。所以，区域品牌在打造的时候，区域的各相关方，一定要把培养与本地品牌农产品有关的主播、故事挖掘和平台合作当成一件战略性的事情来抓，其价值就在于实现品牌推广、渠道、销售和文化体验的"四位一体"。

发挥专业旅游机构的渠道优势

产地销售至关重要，我想这一点大家都有共识，但在共识落地的背后还是有一个很有挑战性的问题：消费者来不来？回答这个问题显然不轻松，因为如果人不来，那一切产地的逻辑都是空的。当然，区域公用品牌既然有名气，又经常办主题大会，还有口碑的传播等渠道，确实会吸引很多消费者过来。但是，现在要做区域公用品牌的区域太多了，有些甚至做得很不错，产地的自然条件、产品体验、活动开展以及民宿等基础条件都很好。这就会产生极大的竞争挤出效应，因为消费者的时间和支出都是有限的，不一定通过上述的方式，就能吸引有一定规模的消费者到来。

面对这一问题，除了坚持把上面的做法和渠道做透做好以外，还有一个我一直强调的基本方法，那就是尊重专业的人员和专业的机构。要想让人来到产地，而且是持续规模化地来到产地，就要和旅行社这类专业机构合作。

旅行社通俗地讲就是做游客的生意，把一群有意向的人带到一个值得去体验的地方。近几年，专业旅行社组织出游的人次，平均每年超过5亿人次，尤其是乡村旅游所占比例在逐年提高，国内旅游市场相当一部分客源，都来自旅行社这样的专业机构。通过与旅行社的深度合作，品牌产地就能够增加很多游客。湖南省长期推进的旅行社"送客入村"项目，通过对参与项目的旅行社实施奖励，至今已经为当地生态环境优美、盛产特色农产品的乡村精准输送游客超过300万人，产生的直接经济效益超过8亿元。

旅行社真正的价值不仅仅是带来游客数量的增长，一个旅行社真正要和一个地方进行深度合作，要解决一个最基本的问题，那就是产地的旅游产品设计，能否真正地吸引游客过来。旅行社服务的游客数量多少，并不取决于旅行社本身，而是来自产地的旅游产品设计。所以，旅行社如果决定，战略性的、大规模地开发产地的旅游市场，一定是对这个产地的旅游产品是认可的，也就是将区域产品品牌和产品的产地，设计成重要的旅游产品。这里说的产品，不是该地的自然风光，而是以区域品牌农产品为中心的旅游产品设计。随着"新会陈皮"品牌知名度的提升，越来越多的旅行社，将新会陈皮的产地体验设计成专业的旅游产品，在 2023 年"新会陈皮"采摘上市旺季，当地包括"陈皮古道"、陈皮博物馆等旅游产品，迎来了大批的旅行团。

与专业旅行社的合作，不仅能吸引更多的游客来产地体验品牌农产品，同时还能增加对相关产品和服务的销售。国内旅行社带游客前往澳大利亚旅游，必不可少的环节是吃"澳大利亚龙虾"，以及与"澳大利亚龙虾"相关的养殖、捕捞等活动体验。类似的，作为世界第一红酒生产大国的法国，每年吸引世界各国红酒爱好者前往参观旅游，2022 年其葡萄酒主题旅游的人数达到 1000 万人次，其中 40% 是国际游客。既然有刚需，旅行社当然也会抓住市场为消费者提供旅游服务，在法国勃艮第产区，已经形成了葡萄酒"一站式"统包旅游服务产品。

旅行社带来的不仅是显性的游客数量增长，还能够收集游客在产地消费品牌农产品的各种信息和需求，这些信息和需求往往是一些有明确消费目的的游客，也就是目标客户提出来的，对产地提高自己的产品质量水平，具有不同于销地消费者的价值。更重要的是，这些游客是来到产地全方位体验品牌产品之后才提出的意见，其专业性和针对性，对产地的持续发展都是一笔重要的财富，这也是和专业旅行社合作的增值效应之所在。

与专业的旅行社进行合作，在区域品牌建设上，是一个发展方式的创新与开拓，也就是不仅将区域品牌农产品当成硬件打造，同时也将其作为旅游服务的软件打造。如果连专业的旅行社，都乐意与产地联手，将品牌产品打造成旅游服务商品，那么品牌发展的空间在产地就成了一个开放系统。所以，产地的销售并不是关起门来，而是打开大门让外部的消费者走进来。

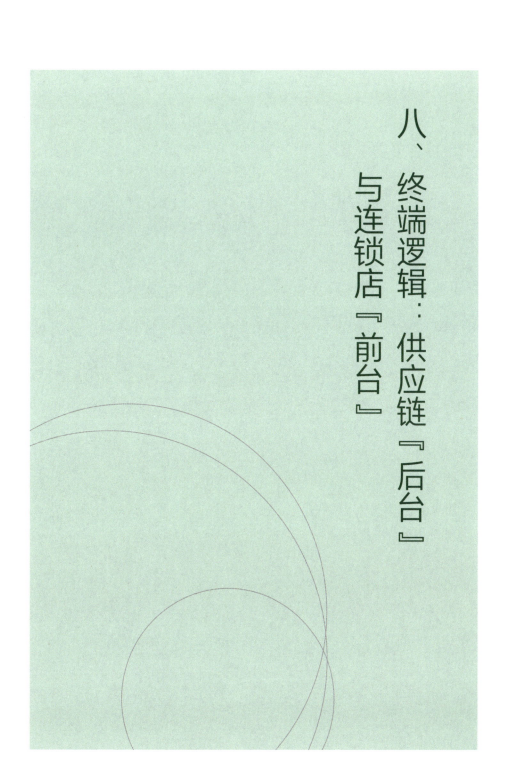

八、终端逻辑：供应链『后台』与连锁店『前台』

品牌在"终端"

　　我写本书的目的就是一个：把区域农产品卖好。一个品牌是否好，最终的评价标准还是产品要卖好，产品卖不好而说品牌很好，那是绝对不可能的。所以我在上面六章、七章分别从销地和产地两个角度，讲了如何把区域品牌农产品卖好。在本章，我要进一步解构区域品牌产品的销售问题，那就是无论是产地，还是销地，最终都是要把这两个市场的终端做好，只有终端畅通了，产品才能真正流向消费者，从而实现品牌农产品的最后一步。因而，在讨论完产地逻辑和销地逻辑之后，本章聚焦终端逻辑。

　　区域品牌是否真正推广得好，产品能否真正地面向最终消费者，都要看终端是否能够真正地畅通起来，也就是一个衡量标准，老百姓来不来终端，或者来了终端以后是否购买区域品牌的农产品，这就是所谓的"锁定效应"。更为直白地说，只有在终端才能真正锁定消费者，也只有在终端，品牌的价值才能真正变现。从另外一个角度说，终端也是品牌最终落地的场景，无论有多少产地和销地的推广，无论搞多少大的活动，最终都要回到品牌在终端上能否真正被消费者所感知，并且基于这一感知而转化成最终的消费行为。

　　坦率地讲，在我接触的区域品牌产品的相关人员中，无论是政府官员，还是企业家，或者是该产品领域的技术专家，谈起生产端来相对都是比较专业的，其投入的精力也更多。原因在于，大家都在自己的"一亩三分地上"做事，总体来说心里的舒适感是比较高的，但是一旦涉及市场，特别是要面对怎么把产品真正卖出去的时候，这些相关人员往往就比较窘迫，或者甚至有些回避。这是一个非常要命的事情，如果做了那么多生产端的事情，最后一公里却打不通，消费者在终端上体验不到品牌，也不愿意掏钱去购买产品，可以说所有在生产端做的事情都是无效的。我以为对于区域品牌的参与者来说，无论是企业家，还是当地的行政官员，最应该干的一件事情就是研究好终端，只有把终端这个问题真正解决，品牌的价值才能真正得到检验，产品也才能真正实现市场价值。

品牌在终端的"锁定效应"包括两个方面的含义：一个方面是区域品牌应该有锁定终端的能力，也就是终端让不让品牌产品进去、终端能不能配合品牌和销售动作；另一个方面是，品牌的呈现，能否在终端上真正被消费者体验到，并进而转化成最终的销售。

要形成终端的这两种"锁定效应"，最要做的事情之一，就是打造终端，而这里指的终端是终端实体门店，当然这并不是说电商终端不重要，而是地面终端对于触达消费者而言有着不可替代的作用。新闻价值因素中有一条接近性因素，简而言之，越是具有地理上的接近性，越是能激起了解兴趣，开在消费者附近的门店终端，可以更低成本、更高效率地向消费者传递农产品品牌的信号。不同于线上店，线下终端是可以让居民直接在店内看到、触摸到和品尝产品的场所，这种体验感是线上店所无法取代的，也就使得终端门店，成为让消费者直接了解农产品区域公用品牌，一个更好的路径。

消费者对品牌的体验，更多的是来自线下终端。开遍全国的"蜜雪冰城"奶茶店，2022 年共售出 4.5 亿杯冰鲜柠檬水，其畅销背后的重要原因，是采用了著名的安岳柠檬。四川安岳是"中国柠檬之都"，柠檬种植规模、产量、市场占有率均占全国的 80% 以上，是中国唯一柠檬商品生产基地县。蜜雪冰城所讲的冰鲜柠檬水的故事，都是围绕着安岳这个区域来展开，这对"安岳柠檬"品牌的传播是不可替代的。五常大米当然很有名，但是全国那么多餐饮终端，都特别标明本店提供五常大米饭，这对"五常大米"的品牌无疑是最好的体验升级。

线下终端除了是品牌产品的销售平台，还有一个非常重要的作用，是品牌重要的广告载体，尤其对连锁终端而言，这种作用就更大了。有一种商业现象很有意思，连锁终端企业很少在媒体上打广告，但消费者对这些连锁终端的品牌又都很了解。原因就在于，如果在一个县城，开了5家左右的终端门店，这个品牌在该县一定会有名气；在一个地级市的城区开上30家左右的终端连锁门店，消费者就会认为这是一个有实力的企业；在一个省会以上的城市开上100家左右的门店，市民就会认为这是一个"大牌子"。对于区域品牌的打造来说，开本品牌的终端连锁门店，一个重要的作用就是会出现品牌的"连锁效应"，会快速地在目标市场打响本品牌的知名度。全国各地很多区域品牌的地区，之所以出台政策支持品牌连锁店的开办，最重要的原因就在于此。即使是宁夏泾源县这样并不富裕的区域，为了拓宽"泾源黄牛肉"的品牌力和销售，也对符合标准的终端门店进行补贴，一线城市店面每家终端补贴达到了20万元，其他城市每家终端补贴也有10万元。

品牌与终端的关系，是区域公用品牌建设中一个基本的问题。品牌产品要能进入终端，品牌才能做得真正有价值，当然从根本上来讲，是这个品牌产品要能够卖出去，否则积压在终端也是不可持续的。同样，终端也非常愿意借助品牌的价值，来扩大自身的销售。这两者之间是一个互动的、持续演进的过程，很难设想一个离开了终端的品牌产品，能够叫做品牌？也很难设想，一个没有品牌产品支撑的终端，能够真正地生存下去。所以，作为品牌的运营区域方来说，既要有真诚的价值感，也就是扪心自问，自己的品牌到底能不能为终端渠道增色，特别是品牌农产品能不能真正在终端被消费者接受？又要有充分的信心，那就是相信作为区域品牌农产品，较之同类的非品牌农产品有更大的价值，更能为终端带来更多的消费者，也能为终端创造更多的销售额。

自主可控的"终端"平台

终端的重要性说一万遍都不为过，没有终端就不可能有农产品的销售，品牌价值也就是一句空话。所以进入一个市场，首先要考虑的就是怎么进入各种不同类型的终端，这些终端包括超市、购物中心、生鲜市场、农贸市场、团餐市场、连锁店等等。客观地说，这些终端和渠道是非常有价值的，通过这些终端，品牌农产品才能进入千家万户，才能真正实现品牌农产品的销售。但是，进入这些终端是非常困难的，因为目前想进入终端的品牌产品实在是太多了，在这样一个非常拥挤的赛道上，要真正想挤进去，即使有钱也不是一件容易的事情。尤其是对那些主流的终端来说，要进去的成本那也是非常高昂的，这个成本不仅仅是指的相应的渠道费用等等，还包括这之外其他更多的成本。即使进去了这些终端，产品能不能真正卖出去，品牌是不是真正为消费者所认知，那几乎也是一件带有运气层面的事情，所以这也就是市场的残酷性所在。

还有一个非常现实的问题，终端经营者自身也有高昂的成本，无论是店面高昂的租金、商品的损耗和滞销、员工的工资福利等，都导致终端没有30%的毛利，都很难维持正常的运营。这就使得品牌产品进入终端的各种直接成本和间接成本非常的高昂，毛利一加上去，消费者就会觉得贵，直接影响产品的销售，不加上去，终端经营者又不能正常运营。以上这些问题说明一个道理，那就是终端很重要，而进入终端和在终端销售很困难。

当然，即使有再大的困难，如果区域农产品品牌真正叫得响，产品实实在在过硬，要打开更大的市场，那么进入这些终端也是必须的。因为，进入这些终端才能将产品带到更大的市场，也才能使品牌价值真正被消费者所接受，应该说这些成熟的市场终端，是品牌农产品必须进入的。但是，面对以上的困难和问题，也得有另外的一个解决方案。坦率地说，终端就是品牌农产品进入市场的"卡脖子"问题，不是谁在故意卡品牌农产品的脖子，而是市场本身形成了这种"卡脖子"的效应。"卡脖子"的问题当然是必须解决的，这个解决之道只能是四个字：自主可控。

我们先不回答怎么做到自主可控，还是来看一看一个真实的案例，怎么让区域品牌农产品货畅其流的。双汇集团是我国肉类加工领域的龙头企业，其主力产品火腿肠于 1992 年问世并成为主力产品，但高温肉制品在营养破坏程度、口味、新鲜度等维度上逊色于冷鲜肉，于是双汇集团在 20 世纪 90 年代末明确了开发冷鲜肉这一新产品顺应市场的变化。但是新的问题出现了，冷鲜肉需要在 0℃~4℃ 的环境下进行储存、运输和销售，任何一个环节出问题都会影响最终的产品质量和消费者体验。1999 年 12 月，双汇商业连锁有限公司应运而生，主打肉类产品连锁销售终端，专门进行冷鲜肉的销售。自 2000 年开始，双汇连锁店先在河南布点 84 家，2 年后在养猪大省四川又开设了数十家门店，逐渐扩张到河北、湖北、湖南、安徽、山东、北京等全国各地。公司对所有门店的店内设施和门面进行统一设计和装修，配置统一的专业设备和软件系统，规范营业人员的服务标准和各项操作规程。如今双汇连锁店在全国已经有超过 6000 家门店，2023 年双汇集团营收约 598 亿元，其中生鲜产品占比超过一半，实现了 309 亿元的营收。可以设想，双汇如果没有开设自主可控的连锁终端，冷鲜肉的产品创新就没办法转化为真正的市场销售。

这个案例其实并不是孤例，目前很多区域公用品牌都在建设自主可控的连锁终端，八马茶业在全国开出超过 3400 家门店，百果园开出了超过 6000 家的水果终端门店。有了自主可控的终端，最直接的就是能减少渠道成本，增强产品售价的市场竞争力，还可以在门店的店招、装修、展陈上结合品牌的定位进行设计，将门店转化为形象中心。山东省菏泽市下辖的单县有一碗入选《中华名食谱》的汤，叫"单县羊肉汤"，门店非常注重区域公用品牌名称和文化标识的应用，巧用"小羊头"的卡通形象，同时嵌入单县两个字的拼音"SHANXIAN"。

更重要的是，有了自主可控的终端，使得品牌就和销售连接到一起。消费者看到这个品牌终端店，就知道里面卖的是这个品牌的产品，而不像进入其他连锁终端，与众多其他品类的产品混杂在一起，缺乏展示空间，即便花费促销费打造专门的中岛进行宣传，还是难以保障最终的宣传效果。因为，消费者的注意力很容易被繁杂的品类分散注意力，而自主可控的品牌连锁终端，从最醒目的店招就开始突出品牌，店内的产品更是完全都是自主品牌的。

自主可控的终端，在运营方式上，统一的是区域公用品牌授权，店招也是统一的名称，但怎么运营实际上有多种方法，一个是本地已经有很好的企业终端经营者，已经开了几百上千家，规范统一授权，如2014年福建安溪县政府公布八马茶业等企业为首批安溪铁观音地理标志证明商标准用企业；另外一个就是授权个体的经营者，如宁夏泾源县的"泾源黄牛肉"、"泾源蜂蜜"授权给个体户；还有一个就是授权销地市场愿意合作的经营者，也就是"翻牌特许经营"，如四川广安下辖的岳州县正在探索翻牌特许经营模式，鼓励现有餐饮企业及个体经营户按照"岳池米粉"餐饮及服务标准开店；当然，还有成立国企运营平台，前文分析过的"沙县小吃"便是一个成功的案例。

之所以反复的讲区域品牌的打造是一项长期的工程，一个重要的原因就是要形成自主可控的连锁终端，才能从战略上构建品牌长期发展的商业基础设施。无论从哪个角度来说，构建自主可控的品牌连锁终端，都是一项品牌建设的基础工程，把这个工程建设好，就能支撑品牌的百年发展。

"终端"的效应来自后台"供应链"

终端的确有以上所说的对品牌发展的各种综合效应，但是一个区域品牌产品想要做大，仅仅把一个终端门店跑通是远远不够的。我们会发现一个非常有趣的现象，有些独立终端店铺的经营者非常有能力，但最后却经营不下去，只能闭店了事。原因不在单一店铺经营本身，也不在经营者，而在于作为前端的终端店铺，其后台的综合能力跟不上。

一个前端店铺看起来简单，实际上后台系统非常复杂。货品从哪里来、品类如何组合、物流成本是不是最优、仓储是不是冷链、面向节假日促销活动和促销物料如何推出等等？都不是仅仅一个店面的前端能够解决的。作为一个前端的孤立店铺，要突破以上的任何一个问题，其成本收益率都是不合算的。比如，作为终端经营者要研究如何选一个好的品种，至少要跑全国几十家同类品种的工厂，而卖的数量就是一个小店铺所能容纳的，这显然不合算。这还只是一个品种，如果是几十上百甚至上千个品种，那这个终端的经营者，最后一定只能走向破产。解决这个问题，不在店面这个前端，而是要改变后台，也就是要建立后台的"供应链"系统。

消费者都很熟悉中国零食的领导品牌——良品铺子。良品铺子是一家非常典型的以农产品作为主要原料，代工生产并销售各类零食的企业。这个企业成立短短十几年时间，其销售额就突破百亿元，在全国拥有数千家终端销售门店，并成为 2020 年"新冠"疫情后沪市第一家云上市的上市公司。这家企业的门店能够受到全国上亿消费者的欢迎，并不是门店的前台有什么不得了的能力，而成功的奥秘全在于后台供应链，这也就是良品铺子把自己定义为一个供应链企业的原因所在。良品铺子在最上游的原料来源上，不仅与合作伙伴一起在新疆、内蒙古等全国十几个省、自治区、直辖市，建立专有的原料种养殖基地，还把基地建设到了国外，如巴松就专门生产于阿富汗与巴基斯坦交界的山谷地带。消费者走进良品铺子的终端，最醒目的信息都是与原产地的区域公用品牌有关，如竹笋来自云南昭通地区，小土豆则来自湖北恩施，狭鳕鱼来自白令海峡，等等。良品铺子在原料的采购上，有一个执着的理念，那就是同类原材料一定优先采购有区域公用品牌的产品。在中游加工端，良品铺子精心选择全国各地在每个品类排名领先的工厂，虽然采用的是 OEM（代工）模式，但除了要求工厂必须不折不扣地执行国家食品安全规定，还在国家质量标准之上，建立了一套更高的企业质量标准控制体系，其生产的产品被消费者公认处于行业领导地位。在下游物流配送环节，更是斥资数亿元建设国内领先的冷链和仓储系统。良品铺子还联合 IBM、SAP 和华为这些国际国内顶尖的数字化企业，联合打造了先进的供应链管理系统，能够实时地掌握消费者哪怕一块钱的销售单据，并基于此进行精准匹配的配送，以及对上游工厂的实时订单生成。正是在这一套强大的供应链系统支持之下，良品铺子的终端门店才能有效地运行，这也是良品铺子成功的后台奥秘。

实际上，供应链简单来说，可以理解为农产品从田间地头到门店餐桌的过程。供应链是一个包括农产品的采购、运输、储存、加工和最终送达终端门店的复杂系统，各环节需要紧密合作和协调，确保农产品顺利地运送至终端门店。供应链对于门店终端，尤其是连锁化的门店终端，是决定成败的基石。一个高效、合理的供应链，能够将原本目标不同甚至相互冲突的各个环节统一起来，降本增效，这对于单个门店运营都是关键性的，更不用说对于成百上千家门店的重要性。因此，要想保证终端的运营效益，后台供应链的打造是不可或缺的。

那么后台供应链该如何来打造呢？供应链的构成一般主要包括采购、

仓储、物流和中央厨房加工四大部分，对应提供区域农产品的采购、运输、存储以及加工这一系列流程。在采购功能上，一是寻找合适的区域农产品供应商，与其建立合作关系，并定期进行评估和管理；二是确定农产品采购计划，也就是要采购多少数量的农产品，这一计划的制定需要综合分析市场需求、销售计划和库存情况等多个来源的数据，才能确保计划的合理性和可行性。以盒马门店为例，作为国内三文鱼销售量最大的单一零售渠道，盒马 2023 年以来的挪威三文鱼累计销售额同比增长超过 50%。这高速增长的背后离不开"买手"深入挪威三文鱼养殖海场考察，并与当地的多家加工厂建立合作关系，同时基于大数据、门店销售数据和海鲜采购经验，综合制订合理的采购计划。

在仓储功能上，一般由总仓和多个分仓构成。农户以及供应商，都是按照某个时间周期内门店终端的需求总量进行供给，这些数量庞大的农产品不可能直接都送到门店存放，需要仓储中心进行储存，然后再按照计划将农产品运输至各个终端门店。区域农产品的门店往往是分散在多个省份的，而一个仓库很难同时满足配置到多个地区的最优效率，因此往往是由一个总仓和多个分仓构成仓储系统。分仓一般分布在门店分布密集的省份，而总仓的位置则需要综合考虑产地、门店分布以及物流配送效率。四川凉山的盐源苹果、雷波脐橙以及荞麦面条等区域农产品物美价廉，不少销往浙江宁波市，但物流成本高、运输时间长。运营者在凉山设立产地仓，总仓设在西昌，分仓设在各县，宁波本地设立销地仓，"两地仓"模式缩短物流周期 2~3 天，降低物流综合成本 35% 以上。

中央厨房是连锁终端门店的重要供应链支撑，就是要满足消费者在不同的门店终端，都能品尝到标准一致的品牌农产品。四川"自贡冷吃兔"采用的就是这个模式，在中央厨房中，完成清洗、宰切、炒制和包装环节，供应全国超过 500 家的终端门店。

物流配送功能要解决品牌农产品最后一公里的问题，就要设计科学合理的配送网络和配送半径，要利用最短的时间将产品配送到需要的终端门店中。至于车辆等配送工具，都可以采用第三方外包的方式。

一个区域公用品牌要干起来，必须有自主可控的终端，这个终端的底层逻辑是，必须有后台的供应链。当然这个供应链有多种建设方式，一是当地政府通过农产品供应链体系建设专项，去完善冷链物流、仓储等供应链基础设施；二则是通过与京东、盒马等三方平台合作，打造采购、物流以及销售等一体化供应链。地方政府要做的就是行动起来，因地制宜选取供应链打造模式，让供应链支撑产品的终端营销。

构建系统弹性的供应链平台

区域品牌产品，其产品类型是农产品，这是与其他的日用消费品，包括食品不一样的地方。日用消费品和食品，主要还是加工产品，总体来说供应，包括供应量是相对稳定的，当然有时候也会受到自然灾害、关键原料短缺而导致供应链波动的问题，但总体来说，加工产品的供应链是相对稳定的。而农产品供应链在稳定性上，就与加工产品有很大的不一样，包括存储时间相对较短、季节性波动等特性，供应链的稳定性面临更大的考验。我们把供应链想成是一根绳子，串联起原产地、仓库、中央厨房、物流配送中心和终端门店，当突发事件发生时，这根绳子就像被突然施加了一股外力，此时有弹性的供应链能够快速应对风险并恢复到初始的状态。供应链弹性如果太差，没有及时应对好风险，则很容易导致供应链中断，也就是产品不能及时满足消费者需求。

那么农产品的供应链具体容易受到哪些冲击呢？一般来说，农产品本身的生长周期特性，决定了其供应链会面临周期性的波动。农产品从田间到餐桌的流通环节相对较多，任何一个环节出问题，都会对供应链的稳定产生影响。除此之外，一些难以预料的自然灾害，也会对农产品供应链产生巨大的影响。

先谈周期变动，农产品存在由于市场行情周期性变化，导致供应短缺或过剩。就拿大家相对熟悉的猪周期来说，在肉价高的时候，农民积极养猪导致生猪供应增加，于是猪肉价下跌，农民积极性受到打击减少生猪供应，于是猪肉价又回升，这样周而复始形成周期。那么有弹性的供应链在面对这种风险时，应该根据历年的价格指数数据和周期规律，合理地对当年的供应量进行预测，及时调整储备量，以应对可能发生的供应量的变化，保证终端门店的稳定供给。

除了自然周期，市场也会有自身的周期现象。以线上渠道为例，农产品在电商平台上销售的销量一般是不会突变的，但是也有例外的时候，比如"双11""618"等大促活动发生的时候，消费者的购买欲望得到刺激从而加大购买力度，这时就有可能发生供不应求的情况。以2023年"双11"为例，京东平台上福建宁德的黄鱼鲞、云南小香糯玉米销量同比增长分别达到300%和237%，拼多多平台上沾化冬枣、阳澄湖大闸蟹、宁夏羊肉等优质农产品销量同比增长了300%以上。面对这样暴增的订单，如果没有提前做好准备，就会导致供应链的波动，包括需要紧急雇佣劳动力完成加急订单，这种临时性的招工都是需要付出额外成本的。

农产品销售要经过收购、批发、零售等多个中间环节才能达到消费者手中，流通环节的繁多让各个节点之间的信息流通不畅，尤其是位于链条前端的种植户很难及时对市场变化做出响应。作为一个有弹性的供应链，应当拓宽销售渠道，除了传统的销售渠道，农超对接、电商直采等新型销售模式快速发展，减去了大量中间环节，让农户能够通过各类平台和消费者发生直接联系。许多区域农产品正在通过缩减供应链环节，快速触达消费者，如陕西的阎良甜瓜、江西的广昌白莲、宁夏的中宁枸杞等区域农产品，通过农超对接直通华润万家等终端门店。

极端天气、自然灾害等都可能对农产品供应链产生极大的冲击，这时就需要政府的力量加入帮助农产品供应链恢复畅通。举个大家都亲身经历过的例子，在疫情期间，出于疫情防控的需要，多地物流发生了中断，这种情况下出现了不少农产品积压滞销。面对这种意外事件，多地政府与美团、拼多多等各大电商平台合作，搭建了各地的农产品专区，通过直播"引流"，把积压的农产品卖出去，这也是供应链弹性的一种表现。湖南省永州市江华瑶族自治县，有一种区域品牌产品叫"瑶山雪梨"，皮薄肉厚、沁甜多汁，但是在疫情期间也面临着滞销的风险。为助推江华瑶山雪梨销售，江华县举办了瑶山雪梨开园直播节暨农产品产销对接大会，由副县长亲自带头直播带货，发挥"县长+网红主播"的作用，雪梨节活动开播仅10分钟就销售5000余单，当天销售额超100万元。

在分析了农产品供应链可能遇到的一些风险后，我们再来分析如何建立一个有弹性的供应链。有弹性的供应链的核心是快速反应，即能够在合适的时间内向客户提供高质量的产品，并尽量减少库存，在快速反应的思路下，供应链并不是储备产品，而是准备各种"要素"，获取消费者需求后能够在最短时间内组装出产品。因此，在区域农产品供应链的弹性提升上，要以消费者为中心进行需求预测，通过信息共享和大数据挖掘技术，广泛收集消费者需求信息。还要充分采用数字化技术，利用先进的供应链管理软件和物联网技术，实现供应链的实时可视化和数据分析，同时引入人工智能等技术，提高供应链的风险预测能力和反应速度。

事实上，已经有不少区域农产品正在打造有弹性的供应链。山东寿光蔬菜携手COSMO Plat(海尔集团推出的工业互联网平台)旗下的海优禾建立了供应链快速反应机制。在消费者需求方面，用户可以使用海优禾用户大数据，快速定制健康蔬菜套餐；在供应链效率提升上，通过在社区安装智能生鲜柜等技术手段，帮助寿光蔬菜快速实现从农田直达餐桌。

区域品牌农产品的确存在一些先天的周期性波动，但是通过现代科学技术建立弹性的供应链系统，可以大大降低和烫平这样的周期波动，实现供应链稳定和均衡。建立有弹性的供应链系统，也是区域品牌产品在市场中稳定发展的重要前提，能够让消费者产生稳定的预期，实现品牌的稳定发展。

成为全国性的"交易中心"

前面做理论分析的时候已经指出，衡量区域公用品牌的价值，一个重要的观测指标，就是这个区域在该农产品品类领域内，在全国市场交易中的地位如何。如果全国同类农产品都到这个区域来进行交易，那显然清楚地表明了市场对这个区域品牌地位的认可。如果本地生产的产品，都被市场主体运到另外一个区域去交易，那一般说来，一定是另一个区域的品牌力更强大。

在某个农产品品类领域，某县级区域该农产品的生产总量，几乎超过了相邻一个县的一倍，但是该县域的产品一大半，都被市场主体送到相邻那个县的交易中心去售卖，那到底这两个县的品牌谁更强大呢？一个简单的市场指标就能证明，即产量更大的县的产品送到产量更小的县去交易，其价格高于本地30%以上。不仅如此，那个产量更小的县，其交易的市场总量几乎是其本地产量的5倍以上，不仅是本省的这个县的产品拖过去交易，甚至周边五、六个省的产品都送到该县去交易。答案显然就非常清楚了，那个产量更小的县，在该品类领域的品牌影响力，显然在全国是最大的。

如果说一个区域农产品的品牌力，在全国很好、最有影响力，那一定意味着全国消费者在购买该品类农产品的时候，自然会想到从这个区域交易出来的农产品，在行业内才是最值得购买的。消费者的这种认知，一定会转化成只要符合该品牌质量标准的产品，就会汇聚到该区域来进行交易，这就是最好品牌农产品区域，会成为该品类全国交易集散地的市场原因所在。

要发展区域农产品品牌，就一定要发展该品牌领域下专业产品的全国交易市场。国内多个知名的农产品区域公用品牌所在地，都建立了对应农产品的交易中心，如湖北潜江就有全国最大的小龙虾交易中心、山东寿光拥有全国最大的原产地蔬菜交易市场、江西赣州拥有全国最大的脐橙交易中心……诸如此类的案例不胜枚举。上述提到的全国最大的某类农产品的交易中心，都有一个共同的规律，那就是当地都有此类农产品在全国领先的区域公用品牌。

还有一个必不可少的原因是，发展交易中心，还可以带来相当的税收收入。交易中心会吸引大量外地农产品来进行交易，庞大交易额的背后也会带来税收收入，全国性农产品交易中心的年交易额，一般可以达到数十亿或上百亿，即使只按3%~5%的税率计算，也会为品牌所在地带来可观的财政收入。这其实也是区域品牌发展的一个重要效益，那就是因为品牌的吸引力而成为该品类全国的交易中心，进而吸引全国的市场主体都来到该区域进行交易，也是一项非常可持续的招商引资活动。

交易中心对区域品牌的另外一个增值效应在于，会成为全国该品类产品的定价中心。交易中心在成为定价中心后，能够发挥定价权的功能，影响全国各地该类农产品的价格，在市场中掌握决定性的话语权。陕西渭南下辖的韩城市，是全国最大的花椒生产基地和销售集散中心，当地市场每日的批发价格，就是全国花椒价格的"风向标"。

浙江义乌为什么会有今天这么高的市场地位，显然就是因为在小商品市场领域，义乌已经成为全国乃至世界的交易中心。义乌街头聚集了那么多来自世界各个国家的人们，拥有了那么多世界不同国家的餐厅，义乌开往欧洲的专列，超过了很多大型城市，这都是交易中心所带来的价值。区域品牌农产品，一旦形成了在该品类领域全国的交易中心，其人流、商流、物流、资金流和数据流，都会集聚在该区域，从而成为全国真正的区域品牌高地。

冷链化与智能化的供应链服务能力

　　品牌的基础是产品，消费者对农产品的认知，最普遍的评价就是是否"新鲜"。供应链虽然是一项非常有技术含量的管理系统，但是供应链是否真正有价值，能否支撑终端的销售"问题"及品牌的推广，还是要回到以消费者为中心，这也是区域农产品品牌在建设供应链时，定位最核心的问题。消费者对农产品第一感知的当然是品质，而品质的内涵非常复杂，包括内在的各项理化指标等等，但是消费者第一印象的品质感知，就是该产品的新鲜度如何。很多农产品刚上市时很鲜活，到了下午或晚上新鲜度降低，一天之内价格就下降了，可见得供应链建设重要的任务就是要保证农产品的新鲜。

　　消费者对于所有"吃的"品牌的一个基本品质认知就是鲜，直白来说就是过了时间就不好吃，无论对于何种农产品，哪怕是加工产品，"鲜"都是绕不开的底层认知。消费者对于食品保质期的容忍度越来越低，调查显示消费者对包装食品的"新鲜"容忍度也只有 30 天以内，更不要谈主要是作为食材的农产品，其新鲜程度都是以一天以内的几个小时来计算。

　　区域品牌要建设好，就必须立足于"鲜"这个基本要求，建立冷链物流就成为品牌建设重要的工作内容。冷链物流主要利用温控、保鲜等技术工艺，以及冷库、冷藏车、冷藏箱等设施设备，确保农产品全过程始终处于规定温度环境下。2023 年，我国冷链物流市场规模已经超过 5000 亿元。

　　许多区域品牌农产品，已经在应用冷链物流提升消费者的食用体验。广东湛江市的生蚝肉鲜嫩肥美，但是运输途中的保鲜难题，影响了消费者的支付意愿。2019年10月，湛江与京东"牵手"，将京东冷链供应链前移至湛江生蚝产区周边，第一时间完成打包、揽收等多个环节，确保当天实现产地直发，让全国超过200个城市的消费者都可以在48小时内吃到从湛江直发的新鲜生蚝。

产品的"鲜"对区域品牌建设如此重要，所以有必要花点时间谈一些冷链建设的基本知识。冷链物流基础设施主要包含冷库和冷藏车两大类，其中冷库是冷链物流的"根据地"。以冷库建设为例，常见的做法有两种，第一种是公共投入建设，按最低成本收费，以江苏省新沂市阿湖镇为例，当地大力发展"阿湖葡萄"区域品牌，整合资金后建设完成了阿湖葡萄冷链物流交易中心，为产地提供专业化、规范化、高效率的葡萄冷链物流服务；第二种就是引导市场主体来建设，陕西省榆林市靖边县的"靖边马铃薯"区域品牌，鼓励当地的市场主体，建成了冷藏保鲜总库容超过8万吨的基础设施，完全满足靖边马铃薯冷藏的需要。

冷库除了能提升农产品的新鲜程度，还可以实现反季节销售，在规避产品大量上市导致低价风险的同时，实现在淡季销售的高价收益。江西九江引进市场主体，自主研发了小龙虾暂养技术，通过调控水温、溶氧、流速等水质参数，为小龙虾打造人工"冬眠"环境，储存周期可以达到6个月。让夏季的龙虾在冬季和初春进入市场，夏季小龙虾的价格一般在每斤8元左右，而在冬季和初春，大虾价格能达到每斤86元左右，中虾能达到每斤56元左右，反季节销售的小龙虾价格，能够达到旺季时的7~10倍。

除了冷链物流，智能化供应链也能够通过提升物流效率进而确保农产品的新鲜程度。智能化供应链管理技术，主要是通过大数据分析、物联网、云计算、区块链等多种信息技术手段，对供应链全流程实时监控，实现供应链的智能化协同管理，其核心目的是提高供应链的效率和农产品品质。

谈到智能化供应链，美国加州农场的管理方式值得学习。在加州农场里，智能化设备、数字化管理和自动控制等技术，都被用于优化养殖流程，实现更精准的饲料喂养和动物卫生监控等。以穿戴设备为例，项圈设备被安放在奶牛身上后，不仅能够提前预测奶牛的疾病，更能够帮助奶农增加奶牛的产奶量。

一招"鲜"，吃遍天！生动地诠释了冷链物流建设，对区域品牌的重要性。在激烈的品牌竞争当中，一个地方要脱颖而出，或者要保持长久的竞争力，就必须加大对冷链物流基础设施的投资力度，这也是区域品牌能够拉动投资的重要表现。因为冷链物流切中了消费者对"鲜"的关键认知，其投资的成本可以转化为消费者更好的品质认知，也愿意为"鲜"的品质支付更合理的价格，因而也能吸引外部市场主体来参与建设冷链物流。

形象化与标准化

区域品牌要打造自主可控的连锁终端，就必须遵循连锁体系的基本规则，除了上面已经讨论过的后台供应链，在前台也有两个基本规则：形象化与标准化。人们走在街头一看到那个金黄色的"**M**"大拱门，不用看具体商标，就知道到了麦当劳；看到披着红色斗篷的雪王IP形象，就知道是"蜜雪冰城"；而看到门头上的"马"的形状，行人也能立即反应过来是"八马茶业"。消费者这种几乎是下意识的认知反应，就是来自连锁经营体系的形象化与标准化。形象化，是指的连锁经营终端要有非常鲜明的IP设计，无论是字号，还是色彩，都能体现出区域品牌独特的个性。标准化，是指连锁终端的布局和结构，特别是后台的运营都要遵守统一的规则。形象化与标准化，能够让遍布不同区域的品牌终端，都能按照统一的方法运行，并给消费者形成统一的形象传递。

品牌认知的一致性，对区域农产品来说是最简单、也是最直接、更是最有效的推广方式。连锁经营实际上来自形象化和标准化，能够通过统一的品牌形象和标准化的流程，将成功的模式复制并扩展到多个区域，产生网络效应。终端连锁体系的门头、Logo、色彩、橱窗等设计要有一致性。"疆村印象"连锁店主要以售卖新疆各区域的品牌农产品为主，其形象设计有着浓厚的新疆产品生态、自然的特点。在色彩色调上，门店采用了绿色和白色作为主调，门面采用绿底白字的设计，让消费者联想到新疆地区绿色天然无污染的自然环境的产品品质。在门店内的装修上，采用木质的货柜和货架，配之以灯光效果，营造产品高品质的氛围；在墙面设计上，融入了新疆异域风情的建筑风格。在不长的时间内，就能开出数百家门店，对加盟商和消费者的吸引力，其形象的个性化设计是重要的原因。

连锁终端门店之所以带来了一场商业革命，是将工业的标准化做法引入了商业领域，以实现效率的最大化。连锁终端门店的标准化主要分为物、环境以及人的标准化管理，具体包括选品标准、组货标准、陈列标准、选址标准、装修标准、服务标准、人员妆容标准和管理标准，等等。品牌连锁经营之所以能够"连"起来，其背后的原因就是这些标准。如将收银、投诉管理等标准化，则有利于降低管理混乱或是互相推诿等造成的管理成本。尤其对于区域农产品而言，由于农产品原料确实存在一些品质指标上的差异，那么在产品组货或者开发产品品种过程中，要通过相应的商品管理标准，来确保产品品质的一致性。八马茶叶之所以能够在全国开出超过3000家连锁门店，就离不开以上的标准化管理。在标准制定方面，八马茶业开创性提出"安全、对口、正宗、稳定"好茶四大标准，特别是"黄金产区、传统技艺、名家之作"三大选品标准，主导起草《乌龙茶加工技术规范》等数十项国家、地方和企业标准。在终端门店的管理上，八马茶业也进行了标准化建设。从门店选址看，其选址遵循"于繁华中取幽静之地"的原则。在人的标准化管理上，既有《茶叶体验店服务规范》等标准规范，还有门店日常管理、客户关系管理、营销活动设计等运营标准作业程序。

连锁门店体系要实现形象化和标准化，就必须充分考虑运营机制问题，也就是谁来承载品牌区域的连锁经营体系。在市场开发的早期，由于存在诸多前期固有成本的投入，民营企业很难去建立带有"准公共性"的形象化和标准化体系，就需要政府管辖的国资平台公司率先进入，如"黑土优品"连锁经营，就是由国资的北大荒集团先期投入，很多区域品牌所在地的早期连锁经营的拓展，都是采用国资平台先期进入的方式，这样可以显著降低开拓期的市场风险。在度过了开发市场的风险期后，更主要的经营机制，应该是鼓励民间资本来经营。连锁经营是一个高度市场化的项目，特别是终端门店的加盟者很多还是个人投资者，就需要相应比较灵活、快速反应的决策机制，而这显然更适合民营资本。无论是上面说的八马茶业连锁经营体系，还是疆村印象连锁经营体系，主导者都是民营资本。

区域品牌所在地的政府，的确要控制和引导终端连锁形象和标准化的建设，因为形象的整体设计不是独立的，而是来自区域品牌，所以一定要和区域品牌的整体形象相一致，这样才能体现连锁终端是区域品牌在线下门店的落地。在这一点上，政府的主导作用显得特别重要，无论是国资还是民营资本的连锁经营公司，在形象设计上都只能是区域品牌形象体系的一部分，而不能除了品牌名称，其他的形象设计要素与区域品牌整体设计无关。在标准化建设上，主要应该控制产品品质标准，也就是连锁经营所确定的产品质量标准，特别是原材料的来源必须符合品牌对产品的基本要求。有了这些原则性的把握，连锁经营体系就成为了区域品牌在市场中有效的落地方式，也能够支撑区域品牌形象的一致性、质量的可控性。

主要是本地民众参与的终端经营主体

做好区域公用品牌，最直接的衡量标准就是要产品卖得好，而这还不是最终目的，终极目标是让本地的老百姓生活得更富裕。因为区域品牌的经营涉及一、二、三产业，品牌做得好，老百姓种田的收益就会高，在工厂里面也会拿到更高的工资。除了品牌带动老百姓在一产业、二产业中的收入增加，区域品牌所带来的本地专属的连锁终端，也是老百姓就业的好去处。之所以要发展区域品牌专属的连锁终端，除了让品牌和产品能够更好地走向市场，还有一个很重要的效应，就是拉动当地老百姓参与连锁终端的经营。最典型的例子就是"沙县小吃"的终端连锁化发展模式，目前在全国各地经营的沙县小吃店将近 9 万家，沙县 6 万多人外出开办"沙县小吃"店创业，带动 30 万人就业。

连锁体系就是两端，一端就是品牌、产品和管理的经营者，这一般是由公司来承担。另一端，就是终端门店的日常经营，这一般都是由非公司的个人和家庭作为加盟商来承担。这两者不能互为替代，而是一种紧密的互补关系，没有公司品牌、产品和标准化的经营管理，个人加盟的终端门店是不可能有效率的；如果公司直接来经营众多全国跨区域的门店，总体来说也不会有个人加盟者那样的内生经营动力，所以这两者之间要紧密地协同起来。当然，这并不排除有些公司直接来经营众多的终端门店，但是对于区域农产品所在的区域来说，这种经营方式还是太"重"了。一般说来，区域品牌农产品的连锁经营终端，其开办者更多的还是家庭或个人性质的这些加盟商。

加盟商的来源当然是开放的，只要符合条件的都应该欢迎来经营本地的区域农产品。但是，这种带有浓郁地方特点的产品经营，对于外地加盟者来说，无论是文化认知，还是对长期经营的可持续性，都不是那么容易接受的。而对本地民众来说，无论是对该品牌文化的归属感和自豪感，还是将该农产品的经营作为自己的立身之本，显然都是一个比外地加盟者更容易做到的事情。因而，既然加盟是终端门店经营的相对一个比较优的模式，那么主要以本地的老百姓作为加盟商，就成了一个最好的选择。湖北"襄阳牛肉面"区域品牌，近年大力推进"走出去"战略，在全国大规模布局授权终端经营门店。实施这一战略的支撑点，就是加大规模培训襄阳本地的老百姓，通过技术、工艺和经营能力的全方位培训，让他们掌握经营襄阳牛肉面门店的全方位技能，使其从受训者变为门店终端的经营者，并在全国各地开办襄阳牛肉面的终端门店，这也是襄阳牛肉面门店在全国达到上万家的重要方法。

作为品牌拥有者的所在区域，主政者长期面临的一个基本问题，就是给当地老百姓创造一个长期稳定的就业来源，而参与加盟由本地品牌支撑的连锁店的经营，就是一个非常好的选择。由本区域品牌支撑的连锁经营，具有极大的资源禀赋能力，其经营的产品是本地在全国具有领先竞争力的农产品，而且该农产品已经形成了具有影响力的品牌效应。老百姓所参与的这个连锁经营终端，背靠的是稳定的品牌产品所带来的全国市场竞争力，以及品牌影响力，所以终端经营风险相对较小。另一方面，连锁终端的背后，是区域政府及各种资源力量的强大支撑，作为老百姓经营终端门店，并不是"一个人"在战斗，而是关联到该区域整体的产业竞争，也涉及该区域品牌的长期经营。在这样的背景下，就会为当地老百姓投资参与连锁门店，提供极稳定的预期。从就业这个角度来说，主政者全力发展区域品牌农产品，真的是善莫大焉！

就业历来就不是一个简单的提供工作岗位的问题，这里面还涉及文化归属,以及个人自由度的问题。加盟本地品牌的连锁店,从文化认同上,就是在做一件与自己生长的土地紧密关联的事情。加盟本地品牌的连锁店,即使是在异地他乡,也意味着门店经营者仍然根植于自己熟悉的文化环境中。经营者的工作内容、售卖的产品、提供的服务,都与自己的家乡密切相关。不仅如此,本地老百姓在外地开设区域品牌连锁店,一般都是本乡本土或本家族结伴而去,使得自己的生活依然是在中国人非常看重的"老乡"文化圈子之中。

让老百姓感受到就业温暖的,不仅仅是在经营本地品牌的"土特产"和家乡的文化氛围,还有来自家乡政府"真金白银"的投入。很多区域品牌的政府,都为本土老百姓外出创业经营本地品牌连锁店,提供免息贷款、开店补贴、设备补贴、免费铺货等方面的支持。云南省为推动"云南过桥米线"连锁终端的全国化经营,针对在省外拥有 10 家连锁门店以上的企业,每新增一家门店直接给予 2 万元补贴,每家企业总补贴可达 200 万元。总部位于陕西安康的"郑远元"连锁修脚门店,在全国已拥有超过 8000 家门店。早在 2014 年,紫阳县政府就投入专项培训经费,为当地的老百姓提供修脚等专项技能培训,实现 2 万贫困人口的稳定就业。

相对于老百姓外出打工而言,参与经营本区域品牌的连锁终端,带来的除了稳定的就业,其年总收入一般也能达到 15 万~20 万元,明显高于打工收入。这就是区域品牌发展连锁经营,所带来的民生效应。

九、品牌的背后是『品质』

品质是品牌的"硬道理"

有些区域有一个认知误区，以为只要把品牌知名度做上去了，产品就会好卖，于是开始拼命投广告试图砸出一个好品牌，但是这往往是行不通的。好的品牌离不开过硬的品质，即便在宣传推广上投入再多的资金，如果产品本身的品质不足以支撑匹配品牌的高知名度，反倒可能造成消费者的预期落空的负面影响，品牌也就如同摇摇欲坠的"空中楼阁"，随时可能倒塌。

区域农产品该如何拥有过硬的品质呢？正如前文分析的，农产品作为入口的食品，"好吃"是第一位的，能够用科学方法证明相较同类产品而言，该区域的农产品是更"好吃"的，显然就是拥有了过硬的品质。许多知名的农产品区域公用品牌背后，都是实打实的"好吃"在支撑。宁夏回族自治区吴忠市下辖的盐池县有一种非常好吃的羊，叫"盐池滩羊"，生活在干草原和沙漠一带，无膻无腥，肉质鲜美，四次上过国宴——G20杭州峰会、金砖五国厦门峰会、上合青岛峰会和夏季"达沃斯论坛"，是很多食材专家公认的顶级羊肉。

根据检测数据，无论是纤维韧度、含水量或是风味物质的浓度等等，盐池滩羊的确有独特之处。滩羊肉的纤维非常细嫩，肌纤维细度仅为14.07微米，大大低于一般羊肉，吃起来味美多汁。氨基酸含量又比平均水准高出一大截，氨基酸能形成的美拉德反应，正是风味形成，也就是"肉香味"来源的重要途径之一。滩羊肉的胆固醇和膻味物质(主要为4-甲基辛酸和4-甲基壬酸等)的含量又十分低。不管是从哪个维度来评判，数据都肯定了盐池滩羊的美味。

河北的"黄骅冬枣"为什么卖得好，本质上也是因为其品质，关键是来自内在的一些关键指标的含量，显著地高于其他区域的冬枣。黄骅位于河北省沧州市，是"中国冬枣之乡"，已有近3000年的冬枣种植历史，是中国第一个获得"原产地域保护"的果品，被誉为"枣中极品"。黄骅冬枣皮薄、肉厚、核小，肉质细嫩，又脆又甜，根据当地加工企业测算，通常冬枣糖度在25度，但黄骅冬枣白熟期糖度可达到32度，高于一般的冬枣；再来看糖酸比，也就是总糖量与总酸含量的比，作为衡量果实甜酸味的尺度，糖酸比越大，水果越甜，黄骅冬枣白熟期糖度达到32.2%，总酸含量为0.367%，糖酸比是87.7，远超过一般冬枣的糖酸比58.68，这些因素使得黄骅冬枣从全国260余个鲜食枣品中脱颖而出。

葡萄是一个非常同质化的产品，国内同类产品的区域品牌也有一些，但是消费者最认的还是"吐鲁番葡萄"。新疆吐鲁番地区最常见的葡萄品种是"无核白"，这个品种的种植在当地已有600多年的历史，被誉为"世界上最甜的葡萄"，因为内部无籽、成熟后自然发白发亮得名。在吐鲁番长时间的日照下，"无核白"葡萄的糖分不断累积，糖度高达28度以上，远高于一般葡萄的15度左右，可谓"甜度爆表"。

区域品牌当然要宣传，但前提是要评估清楚品质到底怎么样。如果品质不好，或者在同类产品中品质没有什么优势，那么花再大的价钱去砸品牌，最后也只会落得竹篮打水一场空。在做品牌策划和宣传的时候，一定先要请品质的专家，来认真地评估本区域产品的品质指标到底如何，而不要简单地以为某个策划或某个创意，就能把品牌打出去。科学地掌握什么是质量，本区域产品的质量到底如何，是品牌建设的重要基础。

品质的误区

既然品牌的背后是品质，那么在科学上准确了解什么是品质？对于区域公用品牌建设，就显得特别重要。

很多人会觉得，品质就是指的性能、是否合格等指标，能够符合国家标准，或者其他市场认可的标准就可以了。这个当然非常重要，如果不满足这些标准，那质量的固有特性就连基本面都没达到了。但是，为什么很多产品的质量，包括农产品，都达到了这些标准，却依然还是卖不好呢？其实，原因就在于一个产品的性能、不合格率这些固有特性，达到标准的要求是理所当然的，达不到就说明这个产品根本没有权利进入市场。真正进入市场并且要卖出去的产品，除了要达到固有特性的标准要求，更重要的是要满足消费者的需要。

满足消费者要求，这句话看起来简单，但实际上大部分的品牌产品都做不到。消费者的要求多么复杂，还是变化的，要能从中抓住消费者的关键需求，并通过技术、工艺和产品，将其转化成质量的固有特性标准，这是一件多么困难的事情！所以，我在全国各地讲课和交流的时候，经常说的最主要的内容，就是质量一定要抓住满足要求这个关键点。

摩托罗拉显然只做对了固有特性满足已有标准这一点，特别是降低了缺陷率。但是问题在于，这个缺陷率的固有特性要求，与消费者对手机的要求至少不是最关键的。苹果的成功就在于，抓住了手机向智能化转变这一关键的需求，也就是说手机不单纯是通话工具，更是具备智能办公、智能拍照和多种 APP 应用的一个工具。不仅如此，除了这些功能，乔布斯还

211

发现消费者对手机品质的要求，已经超越了物理功能的层面，更多地追求心理体验的质量要求，于是乔布斯才下那么大的力气去办苹果商店，让消费者在实体空间里面获得更好的体验。

苹果商店不仅仅是单纯的零售店，已经发展为城市的地标以及社交的枢纽场所，纽约第五大道旗舰店是2006年苹果打造的第一家线下零售店，整个苹果店像是一个透明的玻璃盒子，地面上能看见一个醒目的大Logo，而商店本身被藏在地下。高级感设计的背后，是巧妙的构思与昂贵的造价，"玻璃盒子"的设计让人联想到建筑大师贝聿铭的卢浮宫玻璃金字塔，单片玻璃的维修费近300万元，而这样的玻璃足足有15片，除了玻璃，室内的装修、器具、灯光等都经过精心设计，2010年苹果将店面设计注册为专利。苹果商店带给消费者的已远远超过了一个购物的终端，而是一个供人欣赏、体验的新奇空间，满足了消费者在城市中休憩、社交的需求。苹果当然也注重缺陷率这一特性，但是在固有特性如何满足消费者需求上下了更大工夫，造就了苹果这一划时代的品牌。

到底什么是品质呢？品质是"客体的一组固有特性满足要求的程度"。所谓"固有特性"就是指某事或某物当中本来就有的，尤其是那种永久的特性，包括产品的功能、性能、外观、可靠性、使用寿命、安全性等。这个定义当中，更重要的是"满足要求的程度"，固有特性满足消费者要求的程度越高，产品或服务的品质才越高。

从品质的定义中就可以看到，品质并不简单，不仅仅是制定品牌标准、建设质量实验室、监管产品质量等措施就能把品质搞上去，因为这只满足了定义的前半部分，也就是固有特性的提升，但如果固有特性的提升并不能更好地满足要求，那就会陷入摩托罗拉案例中的品质"误区"，投入并不能带来预期的品质提升和品牌发展。其实在更多情况下，满足消费者的要求才是品质提升的核心，这也是为什么很多同类的农产品内在品质差不多，但品牌力对于老百姓却有很大的差距呢？一个重要的原因，就是品质的确定与表达更符合消费者的认知，如脐橙在全国多地都有种植，如江西赣州、湖北秭归、重庆奉节等地，各地的脐橙品牌对品质的表达是差异化的，农夫山泉深耕赣南脐橙种植基地研究得出最合适的脐橙糖酸比是 17.5°，能够最好地满足消费者对脐橙酸甜口感的核心需求。在明确了 17.5° 这一黄金糖酸比指标后，通过标准化分选保证糖酸比符合标准，并打造了 17.5° 鲜橙这一品牌，上市第一年就卖出超过 2000 吨。

大米品牌的产品竞争非常激烈，尤其在中国南方很多县在推出自己的大米品牌，而湖北的"随州香稻"市场价格，平均达到普通大米的 3 倍。随州请第三方专业机构，详细调查了南方消费者，对于大米品质的四个关键需求：有香气、粒形长、透明度高、入口软糯。在明确了消费者的需求后，随州香稻围绕这几个需求点制定了《随州香稻米》团体标准，其中在感官方面，规定最低的大米长宽比为 3.6，特优级别的需在 3.8 以上；透明度要达到国家籼稻透明度一级标准，整体上呈现米粒细长、晶莹剔透的形态；在味觉和嗅觉方面，要求"蒸煮时应有自然香味；口感绵软略粘、微甜、有韧性"，香味评定在 70 分以上。

诸如此类的案例还有很多，细数市场上成功的区域农产品，不难发现它们都在产品表达时，摸准了消费者的需求。潜江龙虾为何能红遍中国，其加工工艺就是找到了爆款的诀窍。将油焖仔鸡的做法嫁接到小龙虾的烹制上，出锅的小龙虾红彤彤、汤汁香浓，一锅放在桌上，满足了消费者和朋友聚餐社交、打卡分享的需求。柳州螺蛳粉"闻着臭、吃着香"的独特风味，满足了年轻群体对重口味的风味需求。

品质之所以很难，就在于要满足要求，而要求的把握，显然不像达到类似合格、采用规范的质量管理体系那么愉快。这也就是区域品牌在品质的设计中，常常容易进入误区的原因。很多区域品牌的产地，经常喜欢炫耀做了多少多少项标准，每年又发布了多少多少项标准，结果呢，产品却卖得不好，原因就在于写这些标准并不难，难的是标准的研究开发，只能是基于消费者的需求，也就是需求导向下的技术标准开发，才能真正地使得标准有用。作为区域品牌的建设者，特别是主要管理者，一定要对标准制定的部门进行严格的审查，把握一个最根本的问题，这些标准满足了消费者什么样的需求？还是只是泛泛而论地规范了某些具体特性的管理，这里丝毫不是说固有特性的管理不重要，而是说满足消费者的要求更重要。

农产品质量安全是底线

在我与全国一些知名的区域公用品牌的地方主官交流时，这些主官共同流露出来的一个忧虑，就是害怕本地农产品出现质量安全问题。其实，这个心情是非常容易理解的，品牌的名气越大，承担农产品质量安全风险的压力也就越大。政府在农产品区域公用品牌上可以做 99 件成功的事情，像是品种研发、引入加工设备等，但只要农产品安全这一件事情上出了问题，所有的努力就都付诸东流，农产品区域品牌以及整个地区的相关产业都会遭受重创。

由于农产品安全问题导致产业发展受到负面影响的案例并不少见，我们来看一些典型案例。如"红心鸭蛋"事件，起因是在某些区域的一些养鸭户和养鸭基地，在饲料中添加了一种名为"红药"的物质，使得鸭蛋呈现出鲜艳的红心，这种加了红药的蛋被称为"药蛋"。检测结果显示，这些鸭蛋中含有致癌性的工业染料苏丹红Ⅳ号，最高含量达到了 0.137mg/kg。事件曝光后，全国范围内对该区域产的"红心"鸭蛋进行严格清查，多地停售、下架了该产品。某地的生姜种植，也因使用了剧毒农药"神农丹"，导致依托该地的、在北方原来很有竞争力的大姜批发交易市场，在当时濒临关闭。

建设区域公用品牌，还是得把握农产品质量安全的 7 个关键要素，即食品添加剂超量、微生物污染、农兽药残留指标、质量指标不符、重金属污染、生物毒素污染和非食用物质。这些农产品质量安全风险因素，发生在从原料采摘到销售流通的各个环节，具体可以归为化学性、生物性和物理性三类危害。

化学性危害风险，主要表现为农药残留、兽药残留、重金属、有机物污染等因素，是各类有毒有害因素中占比最大的一类危害因素，一般会对人体造成比较严重、长期的生理损害。消费者在消费大米时，会特别注意产区的土壤是否存在镉超标的情况，担心买到镉含量超标的镉大米，长期食用会让人患上骨痛病；在消费果蔬时，会特别在意是否有农药残留。

生物性危害风险，该类别主要表现为生物毒素、病毒污染、细菌污染、昆虫污染等因素。以病毒污染为例，日本九州的宫崎县曾发生了口蹄疫情，口蹄疫病毒在动物间快速传播，导致日本优等牛肉代表之一的宫崎"和牛"，被屠宰处理的数量超过20万头。

物理性危害风险，主要是指食品中含有外来异物，主要由于农产品加工环节因设备、人工等问题，使异物混入产品中造成的。

在讲了这么多农产品质量安全的要素后，大家应该对它的重要性有了清晰的认识。但这里，我们重点强调的不是农产品质量安全有多么重要，而是要回到上面关于品质的定义，就是农产品质量安全肯定是固有特性的一部分，这是不言而喻的，但并不等于说农产品质量安全达到固有特性的标准，就能让产品在市场中卖得很好。还是要从消费者角度看问题，消费者会认为农产品质量安全是必须的、应该的，所有产品都应该达到这样的标准，不然就不该卖。事实亦是如此，农产品质量安全一向都是国家标准中明文规定的，要是没达到国家标准，却流通进入市场，那显然是违法行为。

农产品质量安全的事实和传播还有差异，在互联网上最敏感、最容易传播的舆情就是农产品质量安全问题。的确有些事实在农产品质量安全上并不完全准确，有些可能只是极小概率的偶然性问题，互联网之所以将其"夸大"，主要原因是消费者对农产品质量安全问题，普遍有"宁可信其有，不可信其无"的恐惧和防范心理，这种放大其实是农产品质量安全舆情的特性之一。因而，区域品牌所在地对农产品质量安全，一定要有"宁可十防九空，不可失防万一"的戒备心理，在遇到本区域农产品质量安全网络舆情时，一定要在黄金 4 小时内及时作出应对。实际上，对农产品质量安全问题，区域品牌所在地都应该抱着戒慎戒惧的心理，在平常就建立相应的安全应对机制。

质量要分级

质量既然是满足需求的，而需求显然是分层次的，所以在建设区域公用品牌的时候，要特别精细化地识别需求的差异化，并基于这一差异来确定自身品牌产品的分级标准，这也是品牌农产品质量管理重要的内容之一。区域公用品牌在消费者分级中，最主要的是满足中等收入人群对品牌农产品的消费。

区域品牌的建设者，特别有必要把握中等收入人群的一些基本状况。总体来说，消费者按收入群体可以分为三个层次，即高收入人群、中等收入人群和一般收入人群。随着我国消费人群结构向"橄榄型"转变，未来中等收入人群将有7亿~8亿的人口数量，因而区域品牌一定要牢牢抓住中等收入人群这一最有价值、最有增长潜力的消费对象。

中等收入人群的质量需求主要是两个方面：品质和文化。中国的消费升级，主要面对的是不断扩大的中等收入人群，这类人群最突出的升级特征，就是对品质的高度敏感。在一定消费能力的支撑下，这类人群在衣食住行等方面的消费选择，通常会更少"将就"，如在农产品消费时不再是"能吃就行"，更加重视个人健康，因而偏好健康、新鲜以及绿色农产品。海参作为一种高蛋白、低脂肪以及低糖的水产品，中等收入人群消费的占比超过80%。

面向中等收入人群，是区域品牌农产品一个最基本的质量定位，但是农产品并不是完全标准化的，即使同一个苹果树上长出的苹果，也会有一定的差异，这就形成了农产品自身的固有特性就会出现分级的要求。通常来说，分级标准主要包括感官和理化两大类，前者涉及大小、形状、色泽、气味以及口感等，后者涉及各类营养成分、农残等。以新疆维吾尔自治区的库尔勒香梨为例，库尔勒香梨商品果的克重标准要求在 90~150g，进一步根据感官、理化等指标，产区将库尔勒香梨分为 A、B、C 三个等级，不同的等级市场又将其划分为不同的收购价格。

我国农产品也在推进质量分级制度，制定了多项分级标准和评价方法。内蒙古开展农畜产品品质评鉴工作，制定农畜产品品质指标数据库，成为农产品质量分级的定量依据。成都不仅行业协会发布《水蜜桃鲜果等级》标准，而且当地有些企业也实施《水蜜桃（果实）质量分级标准》（企业标准）。

农产品质量分级在发达国家已有很成熟的做法，美国农业部（USDA）将牛肉等级分为"极佳、特选、优选、标准、商用、可用、切块和制罐"八个级别，其"USDA"也成为美国消费者选择牛肉的重要认证标识。中国与欧盟近年来，都在推进双方的农产品进出口"地理标识"认证工作，一个重要的工作内容，就是要在质量标准上非常具体地表达农产品的特性和标准，如对香味不能是所谓"纯正、优雅"这样抽象的表达，因为这样没法检验和认证，而必须是"苹果香、山茶花香"等这样可检验的具体表达。这也是区域品牌产品质量分级中非常重要的工作内容，对不同等级产品的描述要具体、可检验。

质量分级既是品牌农产品固有特性的客观要求，也是面向更广大消费者的竞争需要。客观地说，品牌农产品确实有一个基本的要求，但是这个要求是一个普遍性的标准，产地达到这一标准的产品，除了极少数有缺陷的产品，应该大部分能实现。这些都达到了基本标准的产品，正如以上所分析的是有差异的，不可能按一个标准去销售，这样既没有尊重农产品差异化的事实，又非常不利于市场的销售。市场不可能对差异化的品牌农产品，给出同样的定价，在具体的终端销售环节，消费者也没有办法给出相应的价格。从这个角度来讲，将品牌农产品进行质量分级，就能在满足中等收入人群最大需求的同时，又能将质量等级稍微低一些的产品，卖给一般收入人群，也满足了更多消费者对品牌农产品的需求。同时，也能将品牌农产品中更顶级的产品，进行更高的定价，既满足高端人群的消费需要，又能使产品获得更高的溢价。

质量满足需求的基本方法

区域品牌建设的难点，在于满足需求。那么，掌握满足需求的一些基本方法，对区域品牌建设就是至关重要的。消费者的需求其实是很难把握的，不仅人群众多，从而众口难调，即使是同一类消费者，其需求也会因为很多原因而产生变化，这就需要实时把握消费者对质量需求的变化规律。虽然如此，质量满足需求还是有一些可以遵循的基本方法。

所谓满足需求，就是要满足"消费者"的需求，因而对消费者的分析和特征把握，就成了质量如何满足需求的第一种方法。上面在讲到分层和分级的时候，已经比较详细的研究了区域品牌农产品，主要是满足中等收入人群的需求，这一类人群对品质和文化是最为看重的，这里就不再赘述了。

满足需求当然是面向消费者，但还是要回到品牌产品自身，也就是要挖掘本区域农产品不同于其他区域的最主要特征，这就是质量如何满足需求的第二种方法。区域农产品进入市场，不可避免地会有很多同类品牌农产品。要想成为消费者的选择，就要看所处区域的农产品，在同类产品中有什么特别的卖点，也就是进行同类产品的竞争分析。说到好大米，人们自然会想到东北大米，而东北大米里面还有诸如五常大米、舒兰大米等不同区域的大米品牌。这些区域品牌大米虽然都是东北大米，但是也各有特色。五常大米的一个最独特的卖点就是它的种子，也就是经典的"稻花香2号"，这就是质量上的卖点。舒兰大米也有使用稻花香2号的种子，但是大部分消费者心中关于"稻花香2号"的直接联想就已经是五常大米了，如果再讲品种的质量定位就会同质化。舒兰分析本区域位于拉林河流域的地理特征，也就是五常大米产区灌溉用水水系的上游，从而将舒兰大米的质量需求定位于该灌溉水域的"上游"。

挖掘自身的定位很重要，更重要的是要通过消费者调研来验证这一定位的科学性，这就是质量如何满足需求的第三种方法。这么多年来，我带领团队无论是做区域品牌规划，还是做区域品牌价值评价，投入最多的就是对品牌产品质量功能定位的市场调查与验证。团队在做一个区域黄酒品牌规划的时候，分别提出了几个质量功能定位，包括传统工艺定位、区域酿造环境定位、"微醺"定位，等等。针对这些可能的定位，团队通过大规模的消费者访谈和问卷调查，对这些定位都得出了否定性的结论。最后，在大量的消费者调研和访谈的基础上，团队通过反复的讨论提出将"诗""酒"和"故乡"融汇在一起的定位。再将这个定位听取消费者意见之后，得到了90%以上消费者的赞同，认为这个定位反映了消费者对这个产品最核心的认知，因为这个区域是《诗经》编撰者的故乡，在《诗经》中也有多处关于该地黄酒的记载。

质量功能定位是一种理性的设计，用一句话将其形象、简单地传递给消费者，是质量满足需求的第四种方法。回到上面黄酒品牌的例子，团队将定位的三个关键词，组合成"中国诗酒远方之乡"的一句话表达。这句话先是确立了该区域黄酒在全国的地位，然后反映了该黄酒生产区域的独特点，这也是其他区域品牌黄酒所不具备的一个优势，那就是《诗经》编撰者的故里，最后这句话回应了消费者普遍的一种情怀，那就是希望到诗酒远方的地方去。这句话不是一个简单的诗意表达，而是告诉消费者，"中国诗酒远方"的故里就是这个黄酒品牌的所在地。

产品性能、工艺、装备、标准和质量管理体系等这些硬件，是质量满足需求的第五种方法。内蒙古"兴安盟大米"将自身的质量定位为中高端，就制定了包括《产地环境要求》《原料水稻品种选择要求》《水稻加工企业操作规程》《产品包装规范》《产品储运销售管理规范》《用标企业监测考核管理办法》等系列"硬"标准规范，对"兴安盟大米"从田间地头到终端餐桌，实施全流程的标准化控制。

科学的渠道和终端选择，是质量满足需求的第六种方法。渠道是多种多样的，除了选择自营、产地直销的自建渠道，更重要的是进入市场化渠道，包括批发交易市场、大型商超、购物中心、专卖店和连锁便利店等。要把产品向目标消费群体精准投放，就要根据不同的消费者来选择不同的渠道。如果定位的是中等收入人群，那么山姆、盒马就是合理的选择；如果定位高端人群，那么新荣记、荣府宴这些获得米其林、黑珍珠认证的高端餐厅就是正确的选择。

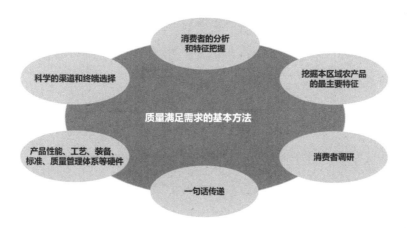

图 13　质量满足需求的基本方法模型

建构支撑品牌的质量管理体系

质量不是天上掉下来的，不是有了一个准确的定位，质量就自然能够支撑品牌好，并得到消费者认可。为什么人们一谈起质量，往往是 4 个字连着说"质量管理"，可见好质量要靠好管理。衡量质量的一组基础指标，就是稳定性、可靠性和可重复性，这些就是指的该区域品牌的农产品，要长期稳定可靠，而且要具备一致性。要实现这些质量的要求，最普遍的做法就是要建立科学的质量管理体系，从而保障农产品质量在一致性基础上的稳定、可靠和可重复。

20 世纪 60 年代，"全面质量管理之父"费根堡姆提倡采用系统的方法对产品质量进行监控，也就是所谓的全面质量管理，质量管理从检验、统计控制发展到全面的管理体系。典型的质量管理体系有 ISO、HACCP 等。内蒙古乌兰察布的土豆集团，通过 ISO22000 食品安全管理体系，有效管理整个农产品的供应链质量；黑龙江五常的乔府大院集团，通过 ISO 14000，建立了有机农场的生产流程和环保原则。

不同于 ISO，HACCP 主要适用于食品及相关行业，其管理思路是对生产流程中可能存在的关键风险点，通过对预防措施的关键限值进行严格监测，依靠证明文件、证书、检测报告等材料，对关键数值进行记录并定期检查的办法进行管理。以新西兰的乳制品为例，作为全球第一大乳制品出口国，当地对乳制品行业以 HACCP 为核心建立质量风险管理体系，建立养殖、挤奶、收奶、加工、运输的质量管理要求，特别是对原奶和成品奶的微生物及理化风险制定各种可控的标准，同时对杀菌、异物、特殊用途奶粉、包装、混合、原辅料等进行风险点管控。

质量管理体系重要的支撑，是标准体系，包括技术标准、管理标准以及工作标准等。以"苍溪红心猕猴桃"为例，四川苍溪县围绕产地环境条件、育苗技术、施肥技术、栽培技术、采收与储藏技术等出台了系列标准规范，标准化规范100%覆盖整个行业。

质量体系需要应用科学的质量管理方法，精益管理就是其中较典型的一种。精益管理是20世纪80年代日本丰田提出的管理方式，其重要的工具之一是5S现场管理，即整理(SEIRI)、整顿(SEITON)、清扫(SEISO)、清洁(SEIKETSU)、素养(SHITSUKE)，通过规范管理生产现场中的人员、机器、材料、方法等各类生产要素，从而有效提高生产效率和质量。日本的养猪场大多采用5S工厂管理，包括员工进猪舍前，需先经过消毒区，才能进入猪舍内。

品牌的质量管理体系除了事前和过程管控，事终的产品检验把关也至关重要。农产品质量检验，农业部门已经建立了从国家一直到县域、乡镇，比较完整的农产品质量管理体系。市场监管部门还专门从流通和销售环节，对农产品进行以产品检验抽查为主要手段的质量监管制度。很多区域品牌农产品所在地，更是建立了国家级和省级的农产品检验中心，成为品牌质量管理的重要基础设施。市场终端也往往要求品牌农产品供应方，在交易时要提供品牌所在地专门的检验报告。企业内部的农产品生产出厂检验，更是质量管理的必备流程。

区域品牌农产品所在地，不仅要重视以上这些基础性的质量体系的建设，还要投入专门的培训体系，对一、二、三产业的从业者进行质量工具的培训，包括统计表、帕累托图、鱼骨图、PDCA循环图等工具。一个地方有越多的人掌握这些工具，才能够有效地支撑质量管理体系的运行。

质量管理体系的建设，是一个地方区域品牌建设的重要的基础工程，是从流程、制度、方法、工具和管理入手，对品牌农产品质量进行科学、有序的管理。这些看起来非常大的质量体系投入，从减少浪费、损耗、回收和消费者赔偿角度来看，"质量确实是免费的"。

让"三品一标"管用

"三品一标",即品种、品质、品牌和标准,是区域品牌建设非常重要的基础性工作。"三品一标"的重要性说了,关键是要产生真正的效果,也就是要能够用起来,这是衡量"三品一标"最根本的标准。

品种的开发要管用,对于县域品牌建设来说,就要善于在已有的品种中进行边际创新,而且是要和成熟的研发机构和公司合作。湖北省远安县,当地龙头企业在政府支持下,通过与农业科研机构合作,研发适合本区域的"瓦仓大米"专用稻种。当地向研发机构提出"香、软、甜"的种子开发需求。农业科研机构从自己强大的种子库中,选取符合远安种植要求的基础品种,并根据区域的要求和自然环境特点,进行定制化开发,所成功开发的两个品种,使得瓦仓大米即使是原粮,闻起来都有沁人心脾的香味,使得市场的平均价格高出市场平均价格 5~10 倍。

品质要管用,一个重要的方法就是走绿色发展之路。在"中国绿色苹果之乡"的河南灵宝市,打造全国绿色食品原料(苹果)标准化生产基地,制定《灵宝苹果绿色生产 99 道工序》,保证了灵宝苹果的绿色有机,在充分竞争的市场环境中凸显绿色的优势。

品牌要管用,就是一句话"要让产品更赚钱",所以产生市场价值的品牌才是真正的品牌。"丽水山耕""洛阳源耕"品牌下的农产品,相较同类农产品有 30%以上的溢价,浙江"上虞尚品"的精品杨梅价格,也高于同类产品 30%以上。

在本篇,重点要展开标准怎样才能更管用。区域品牌的标准主要是两大类：技术标准和管理标准。技术标准主要关注产品或服务的技术特性、性能指标和操作规程，通过技术要求和操作指南，确保产品或服务的质量和性能达到预期水平。技术标准可以包括产品规格、工艺流程、检验方法等方面的规定。"烟台苹果"制定的《苹果冷链流通技术规程》《苹果苗木繁育技术规范》等标准，就是技术标准类型。管理标准主要是针对组织的管理体系、流程和方法的规范。很多区域所制定的品牌使用管理办法，就属于管理标准的类型。

标准要管用，就是体现品牌农产品的定位。南方人喜欢的细长、有香味的籼米，就是大米产品的定位，广州增城区针对这一定位，在《地理标志产品 增城丝苗米》中明确规定，"增城丝苗米"在外形上长度要达到5.4～6.6mm的范围、粒型的长宽比至少要达到3；再通过《增城丝苗水稻生产技术规程》标准，从栽培、育种、播种以及农药化肥的使用等环节使该标准得到有效执行，促使产品价格从原来的平均每千克不到6元，上升到平均10元以上。

标准要管用，还要注意科学把握"标准化"的过程。标准化一般指的是标准的制定、发布以及实施的过程。在种植环节，对选种、育苗、移栽、采摘、分拣等流程制定标准；在采摘环节，对产品质量进行分级、分类、检测和认证；在运输环节，对仓储、冷链、包装进行标准化管理。标准化重在"化"，也就是要强调全过程、全要素和全员都参与标准。

"三品一标"只有做到真正有用，才能支撑区域品牌的系统建设与发展。这其中一个关键点，就是都要面对消费者，提高产品的竞争力。同时，这四者之间要建立内在的逻辑关系，相互之间都要以市场为导向，这样才能做到"有用"。

让市场接受"团体标准"

现在区域品牌地区，都在大量制定各类标准，这些标准从区域这个角度来说，也是一个"团体"，所以区域品牌标准，可以说都是团体标准。团体标准是由各类协会、联合会以及产业联盟等社会团体，按照一定的程序制定并发布的标准，该类标准由社团内的会员自愿使用。从这个界定就可以看到，团体标准能够反映该区域品牌的独特性，同时制定和修改的程序也更能贴近品牌产品的实际，所以作为品牌区域，发展团体标准是一种必然的选择。

团体标准就是在品牌区域范围内，覆盖种养殖、加工和销售等各个环节，大家共同制定并共同执行的一种秩序，这种秩序所形成的标准，还反映了与其他区域的差别。在宁夏中卫市苹果产业协会"沙坡头苹果"的团体标准中，明确界定当地土壤透气性、有机质及速效养分的具体指标，以显著区别于其他种植区域。

团体标准一个非常重要的功能，就是能够将实践中创新的成果快速规范化，让区域内成员共享。《三亚芒果标准》基于全国消费者的调查，取得了关于产品风味的创新成果，并将其转化为包含香气、口感、滋味、可溶性固形物等多个维度的质量标准。

团体标准能够得到消费者的认知才是好标准，这是与其他主要基于农产品质量安全标准所不一样的优势所在。如"云南蓝莓"团体标准对产品的分级，特别是对"22毫米级以上"特大果的分级，就能让消费者对质量可感知。2024年开春前，云南的大蓝莓被外地客商"抢购"，价格一度高达200

元/千克,高出往年 30 元/千克左右,个头更大、更甜的云南蓝莓在国产蓝莓中可谓一马当先。

团体标准之所以重要,就是反映了品牌建设的相关利益主体的真实意愿,做到了有事好商量。我到各地去调研,发现只要团体标准不好用,那一定是没反映相关利益方的真实意愿。如某地发现用某品牌的天然水,特别适合烹制本地的品牌食材,于是作为产业协会和烹饪协会,就联手征求会员的意见,看是否将此作为团体标准的内容。大家协商讨论之后,认为此标准的应用有利于提高食材烹饪之后的品质,一致同意将其纳入团体标准。标准制定之后,参加的会员在自己的餐饮终端中,都主动遵循这一标准,也提高了当地食材烹饪的质量。这就是团体标准有事好商量的好处所在,既然是大家都同意制定的,那当然大家也都会自觉地执行这个标准。

华盛顿苹果作为美国知名的地理标志农产品,也得益于苹果庄园主自愿成立的"华盛顿苹果协会"在标准制定上的协商一致,建立了集颜色、形状、糖分、脆度和状态 5 大指标的"华盛顿苹果标准",并得到了各会员的主动有效执行。

区域品牌要发展好,一定要非常善于利用"团体标准"这一工具,其好处是能够充分反映相关利益主体的真实意愿,又能减少标准执行的监督成本,还能体现本区域农产品独特的质量特性。区域品牌的创新有没有更大的扩散效应,团体标准也是一个非常有用的工具,其制定和修改的流程在本区域范围内相对比较简便,能够快速地将实践中的创新上升为一般性的标准规范,从而促进区域品牌持续动态的提升。

十、新质生产力推动品牌的综合创新

种苗是品牌发展的"卡脖子"问题

品牌本身就是农业创新的重要内容，同时推动品牌发展也需要综合创新。作为以科技创新为核心的新质生产力，推动着劳动工具、劳动对象和劳动者都向高端跃进，这就意味着依托于农产品本身的区域品牌建设，必须走综合创新的道路，所以在本章将重点讨论如何通过创新，驱动品牌的发展。

区域品牌创新有很多类型，这些我们都将涉及，但是最基础的创新还是科技创新，无论是工艺创新，还是规模创新，乃至于组织制度创新，实际上都取决于科技创新。有了智能化农业，种植和养殖方式自然就会随之发生变化，大规模生产的流程也会发生变化，对其的管理自然也会推动流程和组织变革。所以，推动区域品牌的创新，一定要回到科技创新这个基础。在科技创新中也要找到其基础，也就是决定和制约农产品功能和水平，特别是质量与口感的关键因素——"种苗"。种子是农业的"芯片"，决定了品牌农产品的功能和质量。

具体来看，前文我们已经论述过"好吃"对于农产品的重要性，它在很大程度上决定了消费者是否愿意购买该产品。而"好吃"根本上则来源于优质的"种苗"，不同的品种生产出的农产品口感和品质都有差异。就像曾经葡萄品种单一，口感酸涩，难以满足人们要求，后来引进和培育新品种，才有了众多美味可口的葡萄种类供人选择。"夏黑葡萄"这个品种脆甜爽口，有草莓香味；"巨峰葡萄"品种果肉酥软、酸甜适中；"阳光玫瑰葡萄"品种有着独特的玫瑰花香，甜而不腻；"美人指葡萄"品种饱满细长、甜润多汁。

通过不断选育出具有优良品质和遗传特性的品种，才能满足消费者对于"好吃"的要求。

但有一个不得不面对的现实难题就是，目前我国农产品，特别是高端、特色农产品领域的有些种子都要依赖进口。根据有关统计，蔬菜种子和草籽是我国进口量最大的两类种子，占到全部进口种子的 80% 左右。近五年来蔬菜种子每年进口量在 1 万吨以上，且呈现 10% 的年度增幅。消费者经常吃的胡萝卜，我国的种植面积已占到全球 35%，而比较规模化种植的品种，有 90% 以上都来自日本、韩国和法国，一罐种子售价 5000 元左右，且只能种两三亩地，占到种植成本的 1/3；中国种植上千年历史的菠菜，种植面积 1100 多万亩，占全球种植面积的 77%，年生产总量 2800 多万吨，占全球产量比例高达 92%，但菠菜种子 90% 以上依靠从墨西哥、瑞士和日本等国进口；更别提从国外才引进 100 多年的西兰花，目前 95% 的种子都是来自日本，日本种苗公司凭借西兰花种子销售一年就能在中国市场赚取数亿的利润；还有樱桃番茄，凭借酸甜可口的口感而广受消费者欢迎，但农民种植的国外种子价格高达 8.0 元/粒，将近 4000 元/克，相当于黄金价格的 10 倍，且供货不稳定，随时面临断供的风险。

另外大量进口的还有草籽，包括牧草种子和草坪种子，分别有 60% 和 90% 的比例依赖进口。我国有 60 亿亩草原，占国土面积的 40% 以上，每年草种需求量达 15 万吨。面对如此之大的需求量，国产草种的供应量却不足 30%。以我国种植面积最大的牧草草种苜蓿草为例，它是反刍动物获取蛋白质的优质饲料，但国内苜蓿产量和品质没法达到要求，只能从美国、西班牙、加拿大等国进口，进口量在 80% 以上，近年来价格还快速上涨，甚至比粮食每吨都要贵 100 美元。

还有像食用菌类品种，除木耳、银耳，几乎被国外垄断。我国作为香菇发源地，人工栽培方法也是始于中国，但实际上我国大面积种植的香菇，90% 基本上是日本品种；双孢菇菌种，美国垄断了 87% 的市场，每年向中国出口 3000 吨；白色金针菇，菌种 100% 由日本公司垄断，品种授权费每瓶 1 分钱。

目前，各国都在通过立法或其他手段保护种子的知识产权，对于新品种而言，未获得授权就种植，极容易出现法律纠纷。2021 年日本施行新的《种苗法》，规定非法将种子及苗木带至国外的个人将面临最高 10 年监禁或最高 1000 万日元的罚款，随后发布 1975 个禁止带出日本的种苗名单。

区域公用品牌就是要差异化，差异的源头就来自种苗的创新。看到这里，由于区域品牌主要是在县域这一级，很多人会有疑问，觉得种苗的创新高不可攀，不是县域一级能干的事情。但实际上，这是一个很大的认识误区，种苗的创新也分为不同层次，县域这一级主要是基于本地品牌的定位，与专业的种苗科研机构和专业公司合作，在已有的种苗库中，进行边际创新，开发出适合本区域品牌的独特种苗，这样才能支撑区域公用品牌的持续发展和创新。

以种苗为主要内容的"0-1"的创新

创新不仅是多样的，也是分阶段的。在区域公用品牌的建设过程中，就创新的阶段性而言有原始创新、工艺过程创新、规模实现创新这三个步骤。通俗地说，原始创新就是要解决"有没有"的问题，这可以叫"0-1"的创新；解决了"有"的问题，就要突破如何把这个"有"的原理，通过加工方法和加工过程，变成现实的产品成果，这可以叫"1-10"的创新；解决了将"有"的原理变成了现实产品成果，还要突破能不能规模化生产和规模化销售，最终将"纸变为钱"，从而实现规模化创新，这可以叫"10-100"的创新。

种子创新是农业的"芯片"，也是最重要的"0-1"的创新。

要回答这个问题，还是要从科学的原理出发。科学是什么？简单地说，一个是事实，另一个是基于事实的规律发现。可见得，种子开发最重要的是要回到事实，那么种子开发的事实在哪里呢？人类早期通过收集种子，然后再一代一代种植、留种、培育等驯化过程，现在杂交、诱变、分子标记以及设计育种技术的应用，人类能培养出来的种子也越来越多。但影响种子的客观因素，始终还是气候、土壤以及水分等自然环境因素。气候条件中的温度、光照以及降水，土壤条件中的 pH 值、质地、肥力、水分含量等多种因素，都会对种子生长以及质量产生影响。

由于以上的客观存在的这些因素经常在变化，要想获得自然条件中好的种子发现，只有一个办法，那就是日复一日、年复一年地待在自然界中，才有可能从中发现和培育出好的种子，这就是"要把论文写在祖国大地上"的科学道理。在培育种子的过程中，一个品种在特定自然条件下的某区域内，其抗逆性以及适应性，也就是面对当地不良的环境因素、病虫害威胁等的适应能力和对抗能力，很难在短时期内得到检验，更是需要在自然条件下长时间的选择和改良，因而一个性状良好的品种，要稳定下来起码需要8~10年。要培育出好的品种，除了实验室的研究，更重要的还是要到田间地头中去。

"五常大米"的案例，就证明了对大自然这一"事实"长期跟踪了解的重要性。田永太之所以能成功发现"稻花香2号"这一良种，就是因为长年累月行走于土地上，用双脚去丈量每一块田地，用双眼去观察每一株稻苗，经年累月、日复一日地观察和记录，才发现了"稻花香2号"这万千稻穗中非常独特的一个品种。

大家耳熟能详的"中国杂交水稻之父"袁隆平，同样深耕田野中，为解决"吃得饱"的问题，禾下乘凉梦，一梦逐一生。1960年，他在实验田中偶然发现了一株异常高产的水稻，意识到杂交可以显著提高水稻产量，而后就带领团队在广阔的稻田里进行大海捞针式的搜索。经过一垄垄、一行行地检查了几十万株稻穗，坚持不懈地找了好几年，终于找到了6株天然雄性不育稻株，为杂交水稻的研究打开了突破口。

大自然为生物提供了一个极其复杂且多变的环境，不管是气候变化、食物短缺、天敌侵袭等情况都随时可能发生，生物体需要不断进行基因变异和选择，以获取更有利的性状。这些生物体之间还存在着广泛的基因交流，它们通过风媒、虫媒、水媒等方式，花粉、种子可以进行杂交，这种基因交流不仅增加了遗传变异的多样性，还促进了有利基因的组合，从而产生更好的种苗。这些自然选择的过程，极其复杂多变，甚至还具有不可重现的偶然性，是人工实验室环境无法完全模拟的。这里绝对不是否定实验的重要性，而是说在实验的同时，更要走进神奇的大自然，去发现大自然会给人类偶然一次，但可能却是最美好的馈赠。

作为区域品牌的所在地，往往都具有非常独特的自然条件，否则也孕育不出高品质的显著优于其他区域的农产品。区域独特的自然气候和地理条件，为物种的遗传变异提供了良好的环境，就是一个天然的实验室，每一株种苗都是宝贵的素材，总能在不经意间孕育出新的性状和品种。要发现这些新的品种，也只有下笨工夫，与土地和大自然相伴。

到土地和大自然中去，是实现种子"0-1"创新的最佳途径，只有大自然才是孕育原始创新的母体。当然，"0-1"的创新不仅仅限于种苗的创新，智能化的农业生产方式、具有原创性的新产品，以及建立覆盖全国的区域品牌连锁网络，也是"0-1"的创新。总而言之，作为区域品牌的建设主体，一定要有原始创新的理念，用"0-1"的创新始终保持区域品牌的独特性和独创性。

以工艺为主要内容的"1-10"的创新

"0-1"的原始创新的确是创新之源,但是将一个原理做成一个可以真实实现的产品过程,也就是"1-10"的工艺创新,在我看来,对我国大部分的区域品牌产品的创新而言更为重要。道理非常简单,对大部分工作而言,能够有效地实现才是最重要的。而实现主要是两个方面:一个是加工的方法,另一个是加工的流程,这就是工艺创新的涵义。

说完了"0-1"的问题,接下来就是将原创性转化为产品的"1-10"的问题,这个过程主要解决用什么方法怎么去做的问题。在种子性状、产量相当的情况下,如何选择更适合本地的种子,这就是"1-10"的问题。湖北随州为了培育香稻产业,坚持先试验示范再推广,从全国各地引进了100多个新品种,建立"稻田摆擂台,种子决胜负"的选种机制,结合稻谷的田间表现和大米品鉴结果,并对稻米品质进行理化分析,从而筛选出适宜随州种植、市场前景好的3~5个高端优质品种,就是"1-10"的种子实现过程的创新。

如何进行种养殖以及选择哪种田间管理方法,这更是典型的工艺问题,当然也是必须去解决的"1-10"的创新。以色列在农业灌溉上就实现了很好的工艺创新,将生物污水、暴雨洪水等经过精细化处理,用于农业生产,甚至将一些原本不适合灌溉的微咸水也纳入了利用范围。将水直接输送到植物根部的滴灌系统,通过在植物根部土壤铺设水管,并在管侧开眼配上微型开关,使得水流能够精确地通过管线和滴头,将植物生长所需的清水和肥料,一滴一滴地几乎不浪费地输送到植物根部,将水肥利用率提高到90%。

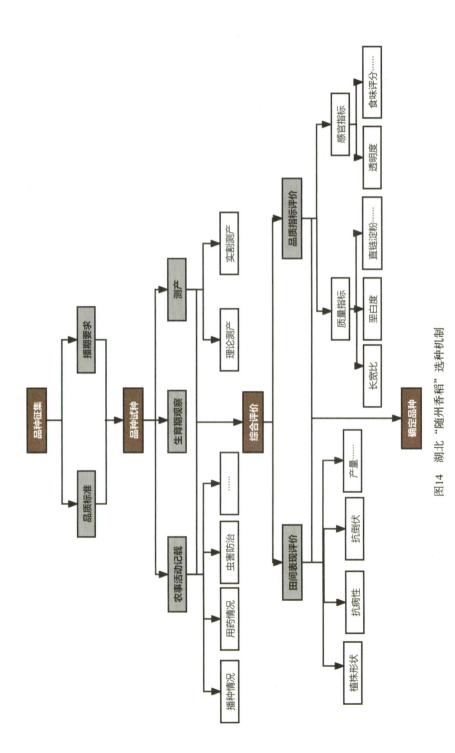

图14 湖北"随州香稻"选种机制

用什么样的方法能够更好地收割、屠宰、存储农产品，这也是重要的"1-10"工艺创新。例如使用具有定位系统和智能传感器的联合收割机、引入无人机实现智能看管、采用全自动化的屠宰线等。广东"清远鸡"的自动化屠宰生产线，只需要 1 个小时，就可以完成对 3000 只清远鸡的屠宰、加工、分类、称重、包装等全部工序。

还有一种重要的工艺创新方式，那就是建立专业化的"农庄"。农庄不仅承载着中国人普遍的田园梦想，而且农庄重要的内涵就是工匠技艺的传承。之所以称为农庄，是因为专注于某个农产品的种植或加工，在其中形成了经过时间淬炼而沉淀下来的技艺，这种技艺很多是可以成为非物质文化遗产的，所以很多人愿意到农庄去观摩和体验这些技艺。"恩施玉露"之所以被称为"南方有佳人，绝世而独立"，就是因为始终坚持传承从唐代开始的蒸汽杀青方法，因温度高，时间短，叶绿素破坏较少，干茶、茶汤和叶底均更鲜绿。日本抹茶使用的也是这一工艺。目前，恩施很多市场主体打造的农庄，其内在核心的就是传承、展示和体验"恩施玉露"的蒸青工艺。

将区域品牌农产品作为原材料进行加工，更是要通过不同的工艺，才能创新出不同的品种。贵州抹茶的开发就是通过工艺创新，推出了抹茶预制拌粉、抹茶米豆腐、抹茶糯米包子、抹茶冰淇淋、抹茶啤酒、抹茶酸奶、抹茶护肤品等系列产品，不仅在国内高居同类产品榜首，而且出口到世界40 多个国家和地区。

区域品牌之所以要特别重视工艺创新，不仅是因为能够增加新的品种，还能够通过设备改造实现新的工艺，从而降低生产成本。青岛胶州区域，每年都有大量的辣椒出口，客户要求出口的辣椒要去柄，传统上都是人工去柄，会使用大量的人工。当地一家企业专门研发了行业内第一台辣椒除柄机，一台机器可以代替 100 多个人工，效率提高了 96%。

农业的新质生产力，在很大程度上是由劳动者的改变而推动的，就是出现了大量的"新农人"，这些"新农人"实际上就是农业生产的新"匠人"。

据统计，在电商平台上活跃的新农人数量大幅度增长，仅拼多多平台上，新农人的数量每年都实现倍增，近些年来，我国有近1300万的"新农人"在农业领域开展创新创业，他们用新的技艺、新的方法、新的流程和新的市场推广，主要是用"1-10"的工艺创新，改变着传统农业的生产方式和销售方式。

在国外更是高度重视实现工艺创新的"新农人"，如澳大利亚明确要求，只有具备大学本科毕业学历，或出生在农牧世家并在大学再攻读1~2年基础课的人员，才能具备经营农牧场的基本资格。

工艺创新还包括前面已经提到的烹饪大师，也就是将优质的品牌原材料加工为美味的佳肴，都能实现农产品的价值增值。以上的分析可以得出一个重要的结论，那就是区域品牌建设，必须高度重视各环节、各方面的工艺创新，这是原始创新得以实现的必经环节。还需要特别指出的是，工艺创新主要依靠的就是"工匠"，作为县域来说要特别重视工匠作为人才的价值，要在职称、住房、补贴、就医和孩子上学等各个方面，为这些工匠出台系列的激励政策，特别是要在全社会大力地表彰工匠，通过工匠的工艺创新，保持区域品牌的可持续发展。

以产业链为主要内容的"10-100"的创新

"1-10"的工艺创新,是将想法变为现实,将原理变成产品,对区域公用品牌而言,创新并没有结束,只有将这些产品做到更大规模,能在更多的田地得到推广,能加工成规模化的标准化产品,能卖到更多的区域包括全世界,区域公用品牌的价值才能真正说实现了。这种规模化的过程,就是"10-100"的规模创新,也就是要通过一、二、三产业的协同创新,来做大区域品牌的产业规模。

我多年做区域品牌规划得到的一个重要经验就是,做区域品牌农产品,最重要的创新之一就是产业链的整合能力,也就是要具备产业链思维。产业链思维就是一、二、三产业融合,要让产业链条上的各个分散的市场主体,都拥有整体性的系统思维,这就是产业链创新的重要性所在。我带领团队做过全国多个区域品牌规划与评价项目,最难攻克的就是产业链的规划,只有产业链才能支撑起一个真正的品牌。我在做某淡水鱼品牌规划时,详细设计了一产业的苗种、池塘环境、养殖标准和规模化养殖方式等;二产业则设计了系列终端产品、加工方式、技术创新、质量管理和规模化生产方式等;三产业设计了消费人群定位、市场区域、休闲垂钓、水产餐饮和池塘民宿等。不仅如此,还对支撑产业链的市场主体培育与引进、大型交易中心、种苗繁育中心的机制,以及支撑产业链的配套政策进行了规划设计。品牌规划特别难,难就难在品牌不是搞几个点子,做几个 Logo 创意就能成功的,成功主要是来自产业链的科学规划。类似的,我无论是做香菇品牌、茶叶品牌,还是做民宿品牌、蔬菜品牌,遵循的都是从产业链入手这一基本的方法。事实也证明，有了好的产业链规划，品牌在建设过程中才能真正做到有支撑、有底气。

要做好产业链，就要用"三产业"的视角看待"一产业"，即"以终为始"。农产品看起来是一产业，但必须面对三产业，也就是要服务三产业这个"终"，说得更通俗一点，就是要能够在市场中卖出去，而且还要卖的价格比较高。某地的大米品牌开发，就注意到一般籼米直链淀粉含量处在20%~24%区间，而消费者更喜欢直链淀粉含量处在14%~20%区间，这更容易被肠胃消化，升糖速度也更慢，还显著提升了软糯的口感，从而市场的销量和价格都明显地上升。

要做好产业链，就要用"二产业"的方法经营"一产业"。二产业的方法，主要从生产方式来说，可以概括为规模化、专业化和标准化，这同样适用于农业生产。美国的玉米产业就是按照规模化、专业化和标准化来组织生产。在非饲料用途的玉米收割中，收割机的车头底下会有一排可以放下的、前端尖锐的铲子，直接将玉米秆整个铲进收割车里，而车内的分拣系统又能自动将玉米棒分离出来，然后被传送到一旁行驶的运输车中。大型的玉米收割机，一次可以收割12行的玉米，一小时就能收割330吨的玉米。

要做好产业链，就要用"一产业"的优质原料支撑"二产业"和"三产业"。对于区域品牌而言，之所以二产业和三产业能够发展好，主要还是来自有优质的一产业的原料。新西兰乳制品出口至150多个国家，原因就是有优质的原奶。新西兰处于"黄金奶源带"上，优质的牧草为奶牛提供了最好的食物，使其能生产最高品质的原奶。我在五常调研大米品牌时，当地将五常大米，与泰国香米、日本大米、印度香米在销售终端进行比较，其煮出的米饭和米浆让消费者进行品尝，很快就能让消费者在卖场比较出大米原料的差别，从而做出最优的购买决策。

除了以上这些因素，要做好产业链，还有一个非常关键的"软能力"问题，也就是规模化的管理水平。很多地方的品牌农产品确实很好，在当地或邻近市场卖的时候也很有竞争力，但是一旦决定大规模种植、加工和销售的时候，就遇到很严重的挑战，要么上不了规模，要么上了规模成本畸高而没有效益，这背后的最重要的原因就是规模化的管理能力问题。所以，区域品牌在发展的时候，既要重视"硬能力"的建设，也要高度重视"软能力"的建设，也就是看起来看不见，但实际上至关重要的规模化管理能力问题。要解决这一问题，就要特别善于从内部发现和培养优秀的管理者，也要善于从外部引进职业经理人，让专业的管理者支撑产业链规模的做大。

功能总有上限文化永无止境

区域品牌要不断地竞争下去，也要不断地创新，功能创新是一方面，更主要的创新还是来自消费者对这一品牌的认同，这种认同从更高层面来说就是一种文化现象。黑松露和鱼子酱都是高档法餐的顶级食材，一斤黑松露的售价可达每斤约4万元，一两鱼子酱的售价则在7000元左右。如果要说这些高端食材有什么特别独特的营养价值，或是完全无法取代的独特食用体验，支撑了如此高的价格，那倒也未必。价格当然来自供求关系，但这个"供"，那就有太多学问了。客观说，之所以会有不同的价格，一定是来自价格更高的产品里面，在"供"上创造了更多的稀缺性，也就是同类产品达不到的，这就是产品相似而不相同的道理所在。所以，黑松露和鱼子酱更高的溢价，是创造了不一样的稀缺性，实际上就是文化。

文化带来品牌农产品的高溢价，一种比较典型的实现方式就是拍卖。武夷山大红袍母树的茶叶自唐代起就被视为贵重的馈赠品，到了宋、元时期则被皇室列为贡品，如今全国仅存六棵母树，如此独特的文化让母树大红袍在首次拍卖就以15.68万元的"天价"成交了20克茶叶。类似的，2022年西湖龙井春茶预售拍卖中，省级非遗传承人樊生华先生手工炒制的1斤茶叶以全场最高的5.98万元成交价被拍，显然拍客看中的正是"大师作"的文化内涵与象征。

那么文化到底是什么呢？准确来说，文化是凝结在物质之中又游离于物质之外的，是人类创造的物质和精神的总和。从系统的解构来看，文化由外而内可以分为器物文化、行为文化、制度文化以及最深层次的精神文化。器物文化主要包括产品的包装以及盛放农产品或作为摆设的物件，这是最容易被大众认知的方式。浙江奉化的水蜜桃依托布袋和尚参加王母蟠桃宴会的民间传说，打造了印有和尚笑捧水蜜桃图案的产品包装。行为文化主要是指与农产品相关的生产、加工、消费等行为，如活用传统的生产方式、加工工艺和饮食文化。广东潮汕工夫茶蕴含着特有的传统饮茶习俗，"二十一道"冲泡茶艺可追溯至宋代。

制度文化是指围绕着区域农产品产生的相对固定的、规范的仪式文化，如祭奠、民俗文化节等。浙江平湖每年十月初左右会举行西瓜灯节，游客可以品尝西瓜、创作西瓜灯笼、观赏西瓜艺术品和雕塑等，享受西瓜丰收的喜悦。精神文化则注重从地区的文化联想、传说、历史事件中，塑造和传播与农产品相关的品牌故事。陕西武功县生产的武功猕猴桃，巧妙地从"武功"一词中提取出了"下功夫"这一核心价值观，提出了"下功夫，成好果"的品牌口号，并创立了虚拟品牌代言形象"武功小子"。

品牌农产品的文化价值打造，当然要遵循以上四个层面，但为何同样按方法论来做，品牌农产品的文化价值在市场上还有差异之分呢？这里面的原因，就是来自文化价值的内容挖掘的不同。在挖掘区域农产品的文化时，有一条捷径就是"向历史要文化"，从当地相关的历史中往往能找到古老且独特的区域农耕文化，且是有据可考的。"武昌鱼"就有着独特的历史光环，三国东吴末帝孙皓欲再次迁都武昌（今鄂州），左丞相陆凯引用民谣"宁饮建业水，不食武昌鱼"上书劝谏不愿迁都，这段民谣印证，当时的武昌鱼就有了品牌价值。

区域农产品的文化挖掘，其最终目的是品牌的传播，好的故事要让大家都来听、都来讲。消费者喜欢并认可品牌的文化故事，就会愿意为产品支付更高的溢价，品牌也走上良性的"文化之路"。从区域品牌的建设来说，文化的挖掘能创造品牌的生命力，也能让消费者从品牌的消费中找到自己的价值认同，是一项投入少而产出更大的基础性工程。

传统"农户"是品牌农产品生产的重要一环

一谈到品牌农产品，很多人就觉得非常的"高大上"，通常会认为这些品牌农产品大多是利用自动化、机械化等智慧农业生产技术进行规模化生产的。但是，我在做区域公用品牌这么多年的实践当中，感悟出的一个非常重要的规律就是，只要是农业生产，就一定要眼中有"人"，这个"人"很重要的一个对象就是农户。举一个简单的例子，再怎么现代化、智能化，在香菇的采摘过程中，农户总的效率就是更高的。品牌农业的生产，绝对离不开更低的成本能力，也就是效率是否高，农户往往在农产品的管护、采摘等环节比机器更有效率。

以农户为主的生产方式，的确有"小农经济"所带来的部分成本高、效益低的问题，但是不是农业生产的规模越大越好呢？实际上，当土地达到一定规模后，会出现规模报酬递减的情况。江西通过调查全省100多个县发现，100亩到500亩种粮户已成为主要种粮群体，占种粮总户数的45%，占耕地总面积的52%，以家庭为单位的适度种植规模在300亩左右，也有研究表明公司或合作社的单位种植面积以500亩为最优。

再大规模的公司或合作社，在安排农产品生产的时候，都必然需要相应的监督和管理，这就导致内部的管理成本一定会非常高。如果拥有的土地规模太大，就必然会像科层组织一样，配备大量的管理人员，去对不同层次的生产者进行监督管理，从而产生很高的监管成本。在这种状况下，还不如划小经营单位，让农户来进行独立的生产，这样就可以减少管理成本，提高效率。公司或合作社主要提供类似种子、销售、质量等方面的管理，而将生产过程下放给以农户为单位的生产单元，这样效率反而更高。

规模化的公司和合作社，要创新性地与农户进行合作，可以实现规模和效率的统一。在四川仪陇县针对每头牛不同的状态，都要有针对性地配比饲料，因此饲养环节放在农户家庭，其规模效益更好。而在配种和育种环节，如果每个家庭都饲养公牛，成本就非常不合算，因而由合作社统一为养牛户提供"冻精液"，让养殖户降低成本，这样就实现了规模效益。

农产品的很多生产环节，用机器是没法实现的，这时候更需要发挥农户经营的优势，以采茶为例，茶叶的品质和口感与其采摘的时机和方式密切相关，人工采摘能够确保茶叶在最佳的时机被采摘，茶叶的采摘需要精细的操作，特别是对于一些名贵的茶叶，其制作要使用鲜嫩度极高的茶叶为原料，只能由茶农手工采摘单芽、一芽一叶或一芽二叶的新梢，才能保证其品质要求。

农户在农产品的分类、分级加工中，也起着机器所替代不了的作用。在占据全国牛油果产量的 70% 的云南普洱市孟连县，盒马在当地建立全国首个"牛油果盒马村"。在商品上架前，牛油果要经历采摘、拣选、消杀、烘干以及打包等多个环节，要由个体农户根据"八分熟"的产品标准，进行人工分拣。消费者在超市中所购买的外观形态基本一致的西红柿等产品，大部分也是由人工挑选分类而成的。有些互联网大厂曾经以为自己的规模能力很强，能产生更大的规模效应，因而建立了很多公司所属的农产品分拣工厂，运行之后发现其效益远低于以农户为单位的分拣机构，原因还在于农户在时间安排、劳动力安排上面具有高度的灵活性，而互联网大厂显然不具备这样的能力。

真正的创新就是能够从最真实的经营成本出发，选择合适的生产组织方式。区域品牌产品的生产力，一定要避免简单的形而上学，一味地追求机器设备、大公司就更有效率，而是要从实际出发，科学地配置生产环节的生产组织方式，发现以家庭为单位农户的效率和成本优势，这也是品牌农业生产的重要创新。

用科技赋能品牌农产品的消费者

科技创新的价值从根本上讲就是为人服务,要解决消费者在品牌消费中的一些痛点和难点。在发展区域公用品牌过程中,特别是建设得比较好的区域公用品牌,都会出现一个普遍的问题,那就是市场上流通着大量的没有得到区域公用品牌授权的"假冒"产品。假冒产品的危害不仅仅是侵犯了知识产权,如果不能对其进行有效的遏制,往往会出现劣币驱逐良币的现象。一旦发展到极端情况,就会让消费者感觉到买不到真的品牌产品,从而干脆不买,这样就会导致品牌的崩塌。

要解决这一问题,法律手段非常重要,但是对一个庞大的市场来说,这些都只能起到"点"的作用,或者是某种威慑的作用,还是不能解决消费者识别不了什么是真的品牌产品,什么是假的品牌产品这一"真问题"。

针对消费者这一痛点,浙江奉化利用科技手段建立溯源平台,果农、合作社以及消费者,只要通过微信小程序扫描二维码,就可以查看和上传产品的真实信息。果农在种植过程中,通过小程序上传施肥、喷药、疏果、套袋、采收等品质信息,待成熟上市前一个月,再向管理机构申请二维码标签。管理机构根据果园的面积和一般的产出评估,发放相应的认证二维码,防止将标签用在非奉化产的水蜜桃的包装上。果农收到标签后将其贴在果盒封口处,该二维码属于一次性标签,一揭即损,实现"一箱一码",消费者通过扫码就可以确定是否真的奉化水蜜桃。

山东威海的防伪标签,则通过自主研发的"液体可变色防伪标识"专利,来保护"乳山牡蛎"品牌。该技术采用特殊的工艺和设备,消费者验证完成后，标签上的图案会自动消失，从而防止被转移或再次使用。使用该防伪技术后，"假冒"产品明显减少，也让消费有了30%以上的增量。

五常大米建立了保真溯源的物联网追溯系统，从确地块、确种子、确投入品，到质量检验，再到溯源防伪码，进行全程的溯源防伪。消费者只需用手机扫一扫包装上的二维码，就能知道这盒大米的种植地块、种植户、加工企业照片。目前，五常85%的大米加工企业都加入了这套系统。

除了二维码防伪技术、无线射频识别（RFID）技术查询产品真伪，现在还有很多新的科技手段和方法，可以对消费者的投诉，提供相应的技术手段支持，如电子鼻和电子舌技术。在重庆荣昌猪鲜肉的新鲜度检测中，专业机构利用电子鼻对鲜肉在储藏期间产生的挥发性气味进行分析，便能准确识别不同储藏期的鲜肉。专业机构还通过电子鼻技术，对"南京盐水鸭"进行卤化物、芳香类、烃类、硫化物和胺类等化合物成分上的分析，从而检测出其中的劣质产品。

当然，这里我们还需要考虑另外一个重要的问题。确保消费者能够购买到真正的商品无疑是至关重要的，因为这直接关系到消费者的权益和品牌的信誉。然而，我们也需要认识到，这个需求是有阶段性的。在品牌初创或者实力相对较弱的时期，品牌的知名度和市场份额都有限，因此，从客观角度来看，防伪和查假货的需求并不突出，甚至可以说是不存在的。在这个阶段，如果品牌过分强调防伪和打假，可能会显得有些"自作多情"，因为这样做会分散品牌的精力，导致无法专注于更为重要的品牌建设、市场推广和产品质量提升等方面。因此，品牌在不同的发展阶段需要有针对性地制定策略，既要确保消费者能够购买到真正的商品，又要避免在不必要的环节上过度投入。

十一、品牌：企业和社会主体的『双轮驱动』

企业在区域公用品牌经营中的独特作用

品牌是由具体的主体来承载和运营的，在最后一章要重点谈政府主体的作用，在本章先来讨论品牌两个非常重要的主体：企业主体和社会主体。

区域公用品牌当然要发挥政府的主导作用，这是由品牌的一定的公共性决定的，也就是俱乐部产品，会有正负外部性。但是，区域公用品牌不会自动地跑到各地市场，政府也不可能直接去经营品牌产品，即使是成立国有企业也不可能去真正经营如此庞大的全国市场。因而，区域公用品牌真正要落地，就必须有经营主体。只有经营主体，才能把政府主导的品牌的产品打出去，把品牌价值传递出去，才能把品牌经营面向消费者。所以区域公用品牌要发挥政府的主导作用，更要发挥市场主体的决定性作用。

一个品牌最根本的支撑是高质量的产品，而企业的核心职能就是产品设计、研发和生产。受市场需求的驱动，企业可以通过调整和优化其产品线、持续研发和创新产品。内蒙古通辽地区的玉米精深加工企业将 "容重高、营养含量高、霉变率低、含水率低" 的"通辽玉米"作为原料，研发和生产了囊括酸、醇、糖、胶、药等 13 大类在内的 200 多种产品，其中深加工的小品种氨基酸产品全球占有率达到 40%。

好的产品是区域品牌发展的基础，区域品牌要做大做强还是要走出去。"走出去"不仅是要品牌走出去，关键还在于产品走出去，而消费者的购买决策最终还是要落脚到某一个企业品牌的产品，因此，区域农产品的流通主要还是要依靠企业。"沙县小吃"品牌依托于全国 8.8 万多家标准化门店做大品牌，普洱茶连锁品牌"大益"在全国 200 多个城市布局了超过 2000 家

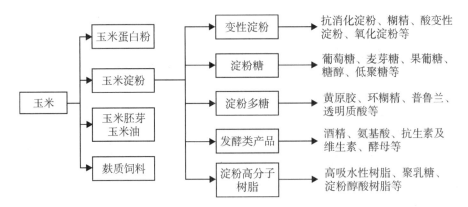

图 15　通辽玉米深加工产品及产业链

门店。

　　除了优质产品的生产与流通，很多地方的区域品牌发展还有一个普遍规律，那就是先有成功的企业品牌经营，然后政府发现这一经营明显依托于本区域的特色农产品，于是因势利导开始发展区域品牌。西班牙伊比利亚火腿(Jamón Ibérico)，能成为享誉世界的区域品牌商品，创始者是成立于1879年的世界第一家伊比利亚猪肉制品公司(Sánchez Romero Carvajal Jabugo S. A)，及其创立的品牌"5J(Cinco Jotas)"。5J火腿选用100%纯种伊比利亚黑猪，以天然橡树果实及香料草丛为食。每根火腿需历时5年以上制作过程，形成漂亮的大理石纹路、持久留香的橡果清香、咸鲜回甘的细腻口感。正是因为5J企业品牌火腿的成功，才使"西班牙火腿"享誉世界。

　　贵州省当前全力打造"贵州酱酒"区域公用品牌，更是离不开以茅台为代表的贵州企业的努力。在茅台的引领下，"十三五"期间贵州的白酒产业工业增加值占贵州省工业的比重超过30%，跃迁成为无可争议的第一产业。贵州省政府顺势基于企业所建立起来的酱酒产业优势，进而推动"贵州酱酒"区域品牌的发展。

　　因此区域品牌在建立之初，一定要科学分析有没有企业在市场经营的基础，本区域内有没有能够生产好产品的企业、企业的市场渠道拓展能力是否已经开始领先等。地方政府还可以通过龙头企业，在市场上的发展状况去评估本区域品牌建设的机会、优势和竞争状况。一般说来，如果本区域在品牌领域根本没有拥有潜在竞争力的企业，要想从零起步发展区域品牌是非常艰难的，因为一个区域品牌是否有机会，往往先要看有没有企业已经在市场上做出过成功的探索，如果没有任何企业的基础，这样的品牌起步是有很大风险的，品牌最终还是要走出去经营，而企业才能真正地将品牌推向市场。

企业对区域品牌的重要性，无论怎样强调都不过分。区域品牌虽然带有一定的"公共性"，但这个"公共性"不同于其他的公域，仅仅依靠行政的强制性是没有多大作用的，因为品牌在本区域内建设当然可以靠一点行政命令，但品牌最终只有一个衡量标准，那就是要走到区域外市场去经营，并通过口碑和市场影响力，让消费者来购买，而这显然不能靠行政命令。很多地方的区域品牌，为什么在区域内搞得很火热，而一旦走到区域外市场就悄无声息了呢？原因很简单，没有优秀的企业支撑品牌的经营。所以，区域品牌所在地的政府，一定要将绝大部分的精力放在企业的培育和服务上，这样才能使品牌真正建设和经营好。

"孤岛式"企业支撑不了产业集群的发展

在调研中，我常常听到这样的声音：我们这里的好东西很多，但是就打不响名头，也卖不出去。其实这些地方区域农产品做不起来，有一个很容易观察到的共同指标，就是所在地属于该农产品产业的企业太少。先不说企业的规模如何，如果一个地方品牌喊得很响，却没有多少企业在具体运营，那这个品牌一定是走不出去的，也是不可持续的。上面说了企业非常重要，这里要更进一步明确，企业集群才是最重要的。

很多地方区域品牌能够做起来，往往依靠的就是其产业内大量的市场主体。在"寿光蔬菜"品牌下，与蔬菜相关的企业高达 3.2 万家；"大连海参"品牌下，与海参相关的企业超过 2000 家，其中有上千家企业在从事海参育苗，2023 年实现海参全产业链产值将近 500 亿元；"安溪铁观音"品牌能够经营成功，更是离不开活跃在全国各地的 30 多万安溪茶商，4 万家茶叶终端门店。

有些区域在发展品牌的时候，特别容易被极少数企业"锁定"，从而扼杀了品牌成长的企业生态。我在一个地方调研时，发现该企业既是品牌协会的会长单位，又是政府关于该品牌领域大部分资金和优惠政策的"垄断者"，挤出了同行业很多优秀的企业成长空间。为此，我专门调研了当地似乎看不上的其他企业，发现仅其中一家成立才 5 年的企业，电商销售额就突破了 3 亿元，还有一家企业在省外销售额也突破了 2 亿以上，但这些企业基本上得不到政府对该领域大部分的投入。调研过程当中，这些企业纷纷表示对个别企业垄断的不满，甚至开始产生离开本地经营的想法。其实，这种现象在很多区域品牌的所在地是比较普遍的，作为区域政府要更多地保持"中性"政府的定位，也就是要从培育本地企业集群生态的大局出发，对各类企业保持相对中立的立场，不要过度偏向某几个，甚至某一个企业。我们前面讲过供应链要有韧性，这个韧性的来源很大程度上取决于企业生态的丰富性，如果只有某几个甚至某一个企业经营得比较好，供应链一定是脆弱的，甚至政府在某种程度上还会被个别企业所"绑架"。

那么要打破"孤岛式"企业发展模式，就是要形成企业生态集群。企业生态集群也就是在地理上比较靠近，处于同一产业中，既有共性又相互补充的一组市场主体。形成企业生态集群，是破解"孤岛式"企业发展模式带来的发展困境的重要法宝。在企业生态集群中，不同企业可以共享资源，包括人力资源、知识技术、原材料等。这种共享机制有助于降低单个企业的运营成本，同时，企业之间可以通过优势互补，发挥各自的核心竞争力，共同提升整个集群的竞争力。法国巴黎东北部的香槟产区（Champ agne）仅是大型酿酒厂就将近 300 个，小酒庄多达 19000 个，这些主体之间既相互合作，又相互竞争，不断优化产品品质，平均价格达到 30 美元，是其他产区价格的 4~5 倍。

形成了企业生态，自然而然也能构成产业链。在企业生态中，不同环节的生产活动往往会由不同的企业承担，从而形成一条完整的产业链。这种垂直整合有助于降低成本、提高效率，并确保产品质量和供应的稳定性。陕西白水县汇集了上百家企业，涵盖了国家级龙头企业、省市龙头企业以及中小企业，自然地形成了"苗木供应链、种植生产链、加工流通链、销售消费链、创新链、安全监管链、服务链、关联链"8 条产业链。

形成企业生态，才能做大产业规模。生态集群中的企业，不仅在产业链上垂直整合，还会在相同层面上进行水平合作，共享市场信息、技术交流、联合采购等。2023 年，在"威海刺参""荣成海带""乳山牡蛎"等三个省级区域公用品牌的发展下，山东威海市集结了 137 家企业成立了预制菜产业联盟。

生态才是可持续的，也才是一个真正的有机体。作为区域品牌的建设者，要树立正确的政绩观的一个重要衡量标准，就是看是否立足于培育品牌领域企业生态集群的发展，要大中小企业一视同仁，要平等对待民营企业，对外来企业也要平等相待，这样构建法治化和市场化的营商环境，就一定能为企业品牌营造最好的生态。对于地方政府来说，在品牌中最大的作为，不是去抓那些政府并不擅长的品牌和市场经营行为，而是营造公平竞争的环境，环境才是品牌发展的最好土壤。

清晰不同企业在品牌建设中的功能定位

企业生态集群是由不同类型的企业共同构成的，之所以能成为一个生态，就是相互之间在功能上是互补的，通俗点说就是谁也离不开谁。之所以说小企业特别重要，其道理就在于此，如果都没有了小企业，那大企业一定是恐龙，最终也会因为没有了生态而走向死亡。在区域品牌建设中，要非常理性地驱动不同类型企业的生态建设，包括从规模上发展大中小企业，从企业性质上发展民营和国有企业，从区域上发展本地企业和外来企业，从技术含量上发展高新技术企业和劳动密集型企业，从成长阶段上发展抢抓未来产业机遇的企业和坚持传统工艺文化的企业。

最重要的是要先来谈一谈中小企业的发展，之所以把中小企业放在如此重要的地位来讨论，一方面当然中小企业是生态的基础，同时也是大企业重要的供应商或分包商，可以说一个区域品牌发展的地方，只要中小企业发展不起来，这个地方的大企业也一定不会发展得好，品牌也就没有了最基础的生态环境。另一方面，最重要的还在于，很多人还普遍认为中小企业就是可有可无的，就是从事一些产业链中传统产品部分的，这里要特别讲一讲中小企业之所以对区域品牌发展如此重要，还来自于创新的独特功能。创新的科学研究证明，在创新领域有一个非常有意思的现象，叫做"创新的悖论"，即创新往往不是大企业做出来的，而是小企业，甚至是这个领域的"外行"企业做出来的。这个现象在电动车领域就可以看得很清楚，无论是世界，还是中国，电动车的领军企业，包括美国的特斯拉，在汽车领域都可以说是小企业，也是非传统汽车企业。但为什么就是这些企业才做出了电动车的创新呢？原因在于，对于传统大企业来说，进入新的领域，在财务指标上就很难得到资本市场的认可，一是要有打的投入，二是这个投入产出的销售额，相对于已有的成熟汽车领域，动辄几百亿，甚至上千亿人民币的销售来说，实在是太小了，所以这些大企业一般不愿意进入这些前景看起来不大的创新领域。而对新的企业来说，就没有这个约束，哪怕销售1个亿，甚至几十亿，都可以称得上是巨大的成功。因而，区域公用品牌要想不断地创新，一定要特别为中小企业的发展提供良好的环境，因为说不定哪一天，其中的某个中小企业，就干出了推动品牌发展的革命性创新。在浙江江山市，有一家中小企业，很早就进入冻干技术领域，推出了冻干面、冻干蔬菜、冻干菌菇等200多种加工型农产品，并赢得了市场先机。而现在冻干行业当然迎来了风口，行业年均复合增长率近20%，成了市场潜力极大的产业。可见，中小企业因为"光脚不怕穿鞋的"，特别适合在一些领域率先进行创新的试错和探索。

说中小企业非常重要，丝毫没有否定大企业在品牌发展中的重大作用。这个作用在开拓新的市场中表现得特别明显，因为新的市场开拓往往都有一些前期的沉没成本，需要比较大的投入，而这一点大企业独具优势。在江苏有一家龙头型的大型农业公司，着力于中高端草莓市场的开拓，即使面对"丹东草莓"、"建德草莓"、"句容草莓"强有力的竞争，也凭借自身强大的规模能力，成功占据了开市客100%、百果园70%和山姆30%的草莓市场，使得"溧水草莓"这一区域公用品牌得到了快速发展。广东一个有比较悠久历史的大型企业，更是助推"茂名荔枝"走向全国，构建了面向全国的销售网络。当然，大型企业对区域品牌的作用不仅仅在全国性市场的开拓上，还能够为当地吸引很多的资本和人才资源。企业一旦成为该领域的龙头企业，又坐落于品牌所在地，就可以吸引该领域全国优秀的科技和经营人才，即使是"小地方"也能吸引"大人才"，还能通过上市等手段集聚该领域的资本流入。

品牌建设本身就是一项"风险投资"，而在市场中最能够偏好风险的企业，主要还是民营企业。民营企业之所以有较高的风险偏好能力，一是风险与收益相对比较对称，二是决策链条非常短，这两个优势就决定了民营企业更能促进品牌的持续创新。区域品牌要持续发展，当然就要引进新的品种，研发新的技术，开发新的产品，进入新的渠道。其中任何一项经营行为，都有着巨大的风险，当然也会带来可能的超额回报。从机制上来说，显然这些经营行为更适合民营企业来投入，同时决策的速度和反应能力也更快。上海某民营企业，引进京蜜、日光红无核以及阳光玫瑰等60多个葡萄品种，涵盖特早熟、早熟、早中熟、中熟、中晚熟、晚熟、特晚熟七大系列，填补了上海市场5、6月间的果品空档期；开发含垅式种植、半稀植栽培等不同的高效栽培模式，实现亩均用肥量、土地管理面积、劳动力成本分别减少50%、70%以及30%。在该民营企业的示范和带动下，当地农户也学习采用同样的创新种植方法，使葡萄售价从起初的五六元/斤，涨到了二三十元/斤。

品牌建设大量的确实要靠企业的经营行为来承担，这里的经营主要是指的投入产出的利润衡量。但是在品牌经营中，要让这些经营行为有效，还必须有一些支撑经营行为的投入，而这些投入至少在短期内是不可能有直接的经营利润，但又是有利润的经营行为所必须的。如品牌在一产业需要相应的品种研发，在二产业需要建设某些共享的研发平台，在三产业更是在某些新市场要建立品鉴和体验中心，这些都是品牌经营必不可少的市场基础建设投入。这些投入在短期内不可能有利润回报，而且带有很大的正外部性，政府直接来做显然又带有一定的经营约束，最适合的投入主体就是国有平台公司。政府国有平台公司来经营这些项目，能够为整个品牌经营赋能，带动更多民营市场主体进入，同时其回报周期也没有那么紧迫，而且回报还可以通过政府其他的方式予以补偿。如"黑土优品"品牌，最大的一个展示运营中心，就是由国资的平台来打造的，该中心总面积达到

4000平方米，覆盖了农产品创意设计展示、产销对接商务洽谈、旅游参观购物、网红打卡、研学文旅等多个功能，展示黑龙江优质农产品超过2000种，很有效地发挥了产品体验和品牌展示的功能，推动了民营市场主体的产品经营。在浙江建德草莓种植的土地标准化建设中，具体就是由国资平台进行闲置土地流转、土地整理、路网沟渠、钢架大棚搭建的实施，然后再租赁给民营的市场主体来经营。

以上的分析只是说明一个常识，在区域品牌建设中，企业生态建设的重要性，在于能够构建一个相互融合、共同发展的共同体，不同规模、性质的企业，在品牌建设中都扮演着不可或缺的角色，发挥着不可替代的功能。因而，作为地方政府来说，就是要把主要精力放在环境的创造上，吸引本地和外地的各类企业参与到品牌的经营中。

用品牌的未来价值"招商引资"

一个地方，特别是县域要发展当然要招商引资。但是，目前很多地方的招商引资至少出现两个不容回避的问题：一个是招商引资的成本越来越高，作为投资人就是在不同的区域进行"要价"；另一个是招商引资所引来的项目，过不了几年会因为成本高、没有市场等原因，要么停产，要么搬到成本更低的地区。

产生这一现象的原因非常简单，从根本上来讲这个招商引资的项目就是个"天外来客"，与本地的资源禀赋没有什么相关关系，唯一的关系是这个地方给了土地、给了优惠，所以一旦这些优惠的成本效应没有了，作为项目投资方搬到成本更低的地方是可以理解的。更要命的是，这个产业项目在市场上与本地的比较优势没有关系，离开该区域可能对项目的收益没有影响。所以，这就是目前县域招商引资的难题所在，从入口来说要拼政策优惠，从出口来说又与本地禀赋无关。

广西平南县在2021—2023年，仅在龙眼这么一个小的产业领域，就招商引资超过50亿元。原因就在于，当地充分发挥"平南石硖龙眼"品牌的优势，充分利用全国唯一的石硖龙眼母本园，以及全国最大的县级石硖龙眼生产基地的资源禀赋优势，开展招商引资。吸引来的投资主体，看中的是当地一产业独一无二种植优势，二产业的投资主体看中的也是作为原材料的优质龙眼资源，三产业更是要充分利用"平南石硖龙眼"品牌的市场知名度。作为县域招商引资，其实最好的资源优势就是区域品牌及相应的产业链能力。

区域要吸引外来投资者的进入，就要设身处地地为投资者考虑，除了低成本和优惠政策这些短期的吸引力以外，本地有什么东西能够为外来投资者创造价值，也就是具备什么样的投资者必需的资源禀赋。显然，区域品牌所积累成的当地的农产品就是最好的资源禀赋，外来投资者无论是种养殖，还是加工或销售，最离不开的就是这个在全国具有比较优势的农产品。福建安溪能够吸引数百亿的茶叶产业的外来投资，其原因就在于安溪拥有全国极好的"安溪铁观音"区域公用品牌，并且当地的茶叶也是这些投资人离不开的优质资源。

招商引资是双方利益的平等交换，外来投资当然给本地带来了很大的利益，但区域也要为投资者带来利益，也就是能为外来投资的资本增值，这个增值绝对不能用短期的优惠政策来替代，而是能够为外来投资者带来可持续性的资本价值。区域公用品牌作为无形资产，显然能够为外来的有形资产带来巨大的增值效应。很多大型企业为什么要到原产地投资加工项目，无非是当地的农产品原材料拥有极好的品牌价值，全国的消费者一想起来就愿意购买由这个原材料加工而成的产品。这就是很多投资人愿意到仙桃投资黄鳝产业，因为仙桃的"仙桃黄鳝"品牌能够为销售或加工的黄鳝产品溢价，很多投资人愿意到湖北投资油料加工产业，因为"荆楚粮油"品牌能够为菜籽油产品溢价。

招商引资也要讲科学方法，这个方法的本质就是这个县域有没有与外来的投资相匹配的资源禀赋。这个资源禀赋就是在某个品类的农产品中，在全国具有明显的领先地位，同时在这个品类中还拥有全国知名的区域公用品牌。用这两个资源去招商引资，自身用不着付出恶意竞争的低成本或者优惠，主要是因为这个禀赋才是给企业是最大的优惠。从另外一个角度来说，这么好的品牌和产品的禀赋优势，对于企业的经营显然是一种离不开的优势，是真正地在帮助企业，让企业对未来有持续经营的信心和依托。这就是为什么一定要发展区域公用品牌，因为区域公用品牌及产品，是招商引资最好的"优惠政策"，也是吸引外来投资最好的"筹码"。

行业组织本身就是区域公用品牌的"承载者"

根据前文对"区域公用品牌"的界定，"区域"品牌在一个区域内，但并不属于任何一个个人或组织的法人所有，而是最终属于该区域的所有人共同所有。自然地，在法律关系上作为当地区域代表的政府，本质上是受当地所有人群的委托，来行使这一品牌的管理。但是，"品牌"本身的市场性要求进行品牌经营并变现，显然，政府不具备直接开展这种经营性行为的能力，于是就将这一"品牌"再次委托给某一特定的组织，也就是行业组织。

区域公用品牌的持有人一般是该农产品领域的产业协会，这在国内外都是适用的，它们有权对市场主体能否使用区域品牌的商标进行审核。"烟台苹果"地理标志证明的商标所有者是烟台市苹果协会，这意味着烟台地区的市场主体想要使用"烟台苹果"这一证明商标，则必须向该协会进行申请，经考察以及审核批准之后才能使用。类似的，苏格兰威士忌协会作为一个行业组织，通过注册"苏格兰威士忌"和"Scotch Whisky"集体商标，表明使用商标的威士忌产品原产于苏格兰、符合严格的集体商标管理规则要求，从而有效地禁止非协会成员的市场主体，未经许可假冒苏格兰威士忌的行为。

以农产品协会为代表的行业组织不仅仅持有和管理商标，其最主要的职责还包括进行品牌经营中的公共性工作。地方农产品协会是代表了以企业为主的生产者和加工者的行业组织，这些行业组织实际上更多承担了区域品牌建设的公共性职能，原因就在于这些"公共需求"不可能完全由企业去承担，如区域公用品牌的推广活动、体验场景的打造以及人才培养等工作，如果由个别企业来承担则容易产生"搭便车"现象，企业是缺乏积极性的。加拿大北极虾生产商协会加大对中国南方新兴市场的户外投入和经销商招募力度，让当地的虾能够从传统的北方市场中拓宽销路一路"南下"，为区域品牌发展带来正外部性。

但区域品牌本质上属于区域全体成员共同所有，因此行业组织必然要代表区域全体主体的利益和意志，但在行业组织的运行与管理工作中，却可能存在着有碍公共利益的"内部人控制"风险，这是因为协会人员任职的特点之一——就是组织负责人一般来自该行业内比较大的企业。客观说，大企业负责人同时又担任代表该行业的协会组织负责人，就会利用协会的力量，或多或少地为自己的企业谋取利益，而可能损害同样作为行业会员的其他企业的利益。行业组织要避免"内部人控制"，就需要协会管理层的成员要多元化，更加均衡地反映大中小企业不同主体的利益，在决策上要采取利益回避机制，同时要建立协会党的组织，参与协会的重大事务决策，并接受上级党组织的领导。通过这些机制的建立，使得协会能够代表更广泛成员的共同利益。

地方政府主导下的行业组织不是农产品区域品牌的旁观者，而是其"承载者"。行业组织作为区域品牌建设不可或缺的主体，是企业"公共需求"的"发言人"与执行者，必须真实反映市场主体的需求。地方政府也要在培育行业组织的过程中，向行业组织放权，让代表广大市场主体利益的行业组织履行好其相应的职能。

"活动"是行业组织的生命力

行业组织的生命力和有效性，对品牌建设来说至关重要。很多区域的行业组织除了是区域品牌的登记拥有者以外，基本上没有什么实际的价值。原因就在于，行业组织既不拥有政府那样的行政权力，也不拥有企业作为科层组织的强制性权力，这就导致工作在没有"命令"的机制下很难运行。实际上，品牌建设之所以需要社会组织这个主体，其最大的优势就在于没有"行政命令"，而要依靠成员间的共同意愿，让大家对组织产生归属感和信任感。这里面的机制就是"活动"，活动就是为了某个共同的目的而实施的一系列行动。可见得，凝聚会员参与协会的，就是要经常为会员举办活动，而且这些活动能够为会员带来价值。看起来协会没有行政命令，但通过有效的活动反而使会员更愿意参加，这就是行业组织的"自愿性"优势所在。

行业组织要办好活动，第一个要点就是要契合组织成员的需求和痛点，针对企业发展或者区域品牌推广等方面的需求来组织活动。美国是全球最大的蓝莓生产国，如何促进蓝莓的出口是当地市场主体重点关注的问题。美国高丛蓝莓协会（USHBC）为此专门制定了中国市场的系列推广活动，如与百果园合作推广蓝莓等，帮助蓝莓加工企业的对华出口量翻了约3倍。

行业组织办活动的第二个要点，就是活动内容要有质量，包括邀请行业高级专家或其他区域的该行业前列的市场主体参与，让活动充满"干货"。美国巴旦木协会开展的产品健康功能研究，通常都是与美国加州大学、加拿大多伦多大学等世界知名学校合作，类似的，内蒙古肉牛产业协会协办开展的"通辽肉牛产业高质量发展大会"上，也邀请了国家牦牛产业技术体系首席科学家等行业顶尖专家，从而提高了活动的专业性。

行业组织办活动的第三个要点，那就是扮演好企业和政府的"中间人"角色，就一些重大政策制定开展沟通活动。区域农产品品牌相关的政策由地方政府制定，而最终的执行者主要还是企业，行业组织承担沟通桥梁的角色，通过与企业主体讨论政策草案之后再反馈意见，或者给企业做好政策讲解与相关培训等方式，发挥企业主体落实政策的积极性。山东日照茶行业协会面向会员，专门讲解了地方政府关于茶行业诚信体系建设的通知文件，让企业更好地维护"日照绿茶"的品牌形象和声誉。

行业组织办活动的第四个要点，是行业组织内部的主要负责人，作为活动把关者的全身心投入。无论是行业协会的会长，还是秘书长，作为协会的关键人物，不仅要从宏观上把握协会的工作安排，还要具体参与到活动实践当中，并且从政府、企业和社会各界争取和统筹包括资金、物资和人脉等资源，促进协会的重要活动顺利完成。我受委托做某个区域餐饮产业规划时，调研中发现餐饮协会会长对于当地菜系产业发展有着重要贡献。最突出的贡献在于，作为行业组织负责人参加政府工作会议时，建议政府加大对餐厅实体门店的假期开业补贴、大学生在餐厅短期打工补贴的力度，从而大大激发了餐厅从业者在春节等节假日期间保持正常营业的积极性。

行业组织办活动的第五个要点，就是政府不仅要监督行业组织的工作，同时也要支持和主动参与行业组织的活动。政府作为农产品区域品牌建设的主导者，既然行业组织的活动有益于区域品牌的发展，政府及其相关部门的负责人当然要支持协会的工作，要敢于为协会"站台"。在沿海很多区域品牌发展好的地方，行业组织无论是在本地，还是在外地开展品牌推广活动，主管的政府部门官员都是大胆参与，表明政府对协会品牌推广活动的大力支持，也激发了协会支撑工作的动力。

行业组织至关重要，就以主要承担区域品牌登记者的角色，就可见其重要性。协会作为一个社会组织，不能衙门化、行政化、官僚化，要通过活动吸引和凝聚会员。作为政府相关部门，虽然要尊重行业组织的独立性，但是行业组织也是政府职能落地的很好执行者，也要加强对行业组织的监督与支持，促进协会尽可能开展更多的与区域品牌相关的各项活动。

行业组织要有推动品牌"走出去"的运营能力

衡量行业组织是否有效的一个重要标准，就是要能够推动品牌走向异地市场，走向全国市场，就是要有"走出去"的能力。走出去非常不简单，需要的不仅是资金的投入，更需要的是品牌推广的运营能力，既要控制投入，又要善于利用社会资源，使走出去真正有效，而不是"作秀"。

行业组织在异地推广，一个重要的能力就体现在与推广地对口行业组织的合作能力上。行业组织具有相当的灵活性，在异地推广时总能找到与自己有关联的行业组织，利用当地行业组织力量，既扩大了影响，又减少了投入。利用当地的行业组织资源进行推广，实际上也是一种互惠互利的行为，因为也可以邀请当地的组织日后来到本地进行推广。重庆市商品交易市场协会和四川省农产品流通协会，二者共同承办的川渝农批市场联盟产销对接大会，推进实现川渝农产品产销一体化。

协会走出去有一个非常重要的载体，那就是推广本地品牌产业发展的白皮书。在异地推广，不能简单地只是一些表面上的活动，而是要在异地深度地推广本地品牌产品的系统价值。品牌"白皮书"能够比较系统地介绍本地品牌的缘起、环境优势、品质指标、产品类型和市场地位等，这种白皮书的发布，往往能够在异地市场引起更深度的关注，从而帮助会员企业在异地市场推广。海南万宁市的《"万宁鹧鸪茶"产业白皮书》在海口市发布，山西隰县的《隰县玉露香梨品牌建设白皮书》在太原市发布，江苏淮安市的《"淮味千年"农产品区域公用品牌建设》白皮书在上海发布，类似的例子还有很多。

协会要走出去，当然非常重要的手段就是进行广告投放。广告投放很多都是来自于品牌当地的财政资金，行政机关显然不适合直接进行广告投放，而协会就是一个很好的广告投放的运营主体。协会在异地市场进行广告投放，还有一个非常大的优势，就是非常了解本行业的市场主体，到底有什么样的产品优势，希望向受众传递什么样的产品功能，同时又能够非常开放地与各行业组织进行交流，包括与投放地的广告媒介行业组织进行沟通，从而制订比较专业的投放计划，实现在异地促进产品销售的品牌目标。"荆楚粮油"品牌广告的投放，之所以能够在投放地引起很大的反响，并迅速吸引消费者的关注和购买，就是作为运营主体的该省粮食协会，与相关的专业机构合作，深度挖掘了该品牌"荆楚"的文化价值，将楚国历史上水稻发展的故事，作为广告的核心传播内容，很快地就能体现出该省粮油的独特性。

协会的重要性还体现在，不仅能够推广区域品牌，还能够为企业品牌的推广搭台，也就是组织起来，更大规模、更低成本地将企业品牌走出去。贵州黔东南州的苗侗山珍农产品行业协会，在2023年里先后组织企业赴深圳、广州、佛山、青岛等地参加了9次博览会、展销会，组织289家企业参与了各类产销对接活动；在2024年春节前不到1个月的时间里，组织会员单位参加了2024魅力凯里·迎新春演唱会暨黔粤年货街品牌展销活动、"苗侗山珍"新春年货节(贵阳)等活动，尽心尽力地为企业品牌的推广提供平台服务。

除了在国内进行推介，很多时候协会还可以利用自身的优势，将区域品牌和企业品牌推向国际市场。中国食品土畜进出口商会，与全球30多个国家和地区的茶叶组织建立了战略合作关系，帮助多家会员茶企走向国际市场。类似的，四川成都的"鹃城牌"企业品牌，其产品远销美国、荷兰、澳大利亚等80多个国家和地区，就是通过行业协会搭台，参加阿斯塔纳世博会、泰国国际食品展等大型国际专业展会，从而助推了企业品牌走向海外。

行业组织推动企业品牌走出去，还有一个其他任何组织都不可替代的能力，那就是开展行业内的专业评奖。客观地说，消费者习惯于通过各类奖项来判断一个企业产品的优劣程度，因为奖项毕竟代表了作为行业组织的专业评价。因而，行业组织作为同行业共同组成的机构，实际上就是本行业专业能力的一种代表，有比较大的公信力对本行业内企业的品牌、产品、技术、信誉、质量作出相应的评价。这样的奖项评出来，对企业来说当然是一种荣誉，如果将其用在市场推广中，也是对消费者选择产品的一种很好的信号，会减少消费者选择优质产品的交易成本。当然，我们在这里说的评奖，并不是某些机构"挂羊头卖狗肉"，谁给的钱多就给谁评奖这种行为。从长期来看，一个机构靠给钱来评奖，很快也会被市场检验出来，这个奖项不仅没有任何价值，反而会带来对该机构和品牌的负面影响。某国家级粮食协会评出了"菜籽油加工企业10强"，某省绿色食品协会评出了"最具人气葡萄企业10强"，某市茶叶协会评出了"十佳茶叶加工明星企业"，这些很有公信力的奖项被市场主体自发用于推广。

可以说，行业协会组织推动品牌走出去，其功能是任何其他主体都代替不了的。从这个角度来讲，区域品牌的所在地，无论是政府主体，还是市场主体，都要投入力量真正建设好一个好的品牌行业协会。

专业合作社对品牌和农户的独特价值

还有一个在我看来非常独特的"行业组织"，是区域品牌建设也离不开的重要主体，那就是农民专业合作社。农民专业合作社是广大农民在家庭承包经营基础上自愿联合、民主管理的互助性经济组织，从这个定义来看，它当然不是行业性的社会组织。我在这里之所以要特别讲一讲专业合作社的作用，主要不是从经济角度来讲，而是从合作社具备一定的行业社会属性来讲的。专业合作社，实际上也代表着所服务的农户的共同利益，并且也向农户提供专业的各类服务，包括质量、技术、销售等，而这些都是品牌建设重要的内容。从另外一个方面来说，区域农产品品牌建设当然离不开广大农民的参与，但是农民或者农户作为一个个体，是很难直接参与品牌建设中的，往往都是以专业合作社作为中介，间接地参与区域品牌建设中。所以，从这两个角度来说，专业合作社也是一个独特的行业组织。我国农民合作社数量已超过220万家，其中31.3万家农民合作社面向小农户提供专业化社会化服务，9.3万家农民合作社创办公司实体发展加工、流通、销售，10.8万家农民合作社取得注册商标打造品牌，5.5万家农民合作社通过农产品质量认证，所以农民合作社是品牌建设不容忽视的一支重要力量。

专业合作社为区域品牌，主要提供两个方面的助力：一类是提升产品质量，具体路径包括让分散的农户接受区域品牌的技术，并执行区域品牌统一的标准等；另一类是扩大品牌规模，包括提升农户的生产效率，帮助区域农产品进入更大的销售市场等，从"质"和"量"两方面共同推动品牌发展。

广东英德市的英红镇,某农产品专业合作社为30余户红薯种植户,开展"英红红薯"高产技术种植培训班,以产出高、适宜加工、经济效益大的"本地黄金薯"为对象,详细讲解了作物育苗、施肥、蘸根、淋水和病虫害防治要点;甘肃静宁县某苹果专业合作社,组织果农到泰国、日本等地区考察学习种植技术。

区域农产品品牌要做大规模、做好产品,如果依靠一户户农民分散进行种养殖,显然是难以实现的,因为既无法形成规模,也缺乏统一的质量保障。而农民专业合作社能够将同类型农产品的生产经营者联合起来,有效解决种养殖规模化和标准化的难题,是品牌经营的重要主体,这也就不难理解山东寿光这一成功的蔬菜区域公用品牌的背后,有着超过3000家的农民合作社以及超过1600家的专业蔬菜合作社,当地85%的农民都自愿加入了合作社组织。

专业合作社作为联结农户的重要组织,可以间接通过服务当地农户的形式为区域品牌的发展添加动力。在产前阶段,专业合作社可以为农户供应生产资料,如种子、幼苗、化肥、农药、农业机械等,这是区域品牌农产品生产经营的重要前提。安徽滁州某专业合作社,为1600多户农户提供农药、种子等生产资料供应,合作社依托采购量的优势与农资生产厂家和种子供应商集中谈价,帮助农户户均节省成本150元/亩。

在产中阶段,合作社通过提供专业的种植、病虫害防治等技术指导,帮助农户解决种植过程中遇到的技术问题,为品牌产品的生产提供质量服务。湖北荆州某农作物种植专业合作社,就是为农户提供再生稻技术服务,使得优质稻生产占到总量的85%;湖南南县的某虾稻专业合作社,成功探索出"一稻三虾"的种养模式,累计为全县培训了2700多名稻虾种养工,并为400余名种养大户提供专业技术服务。

在产后阶段,专业合作社提供市场、采购和销售的专业服务,帮助品牌农产品进入更大的市场。以美国新奇士橙为例，在 1893 年新奇士合作社成立之前，柑橘主要是由经销商收购和销售，但由于信息不对称等原因，经销商获得了大部分利润。1893 年 8 月，南加利福尼亚水果销售协会(新奇士合作社的前身)成立，为本地区 60 户柑橘种植者提供销售服务，每项销售价格比橘农通过经销商销售高约 75 美分。到了 19 世纪 20 年代末，加州 75% 的柑橘、1.3 万名果农都通过新奇士合作社销售。现在，新奇士合作社建立了全球销售网络，驻世界各地的代表处将订单传回总部，总部将订单分散到 60 多个打包厂，打包厂向果农收购果品，然后发往订单所在地。

之所以要更多地介绍国内外农业专业合作社的情况，就是想更有力地证明，在区域品牌的建设中，一定要善于利用合作社的"行业与社会力量"，通过合作社凝聚起农户，通过集体行动参与到区域品牌建设中来。

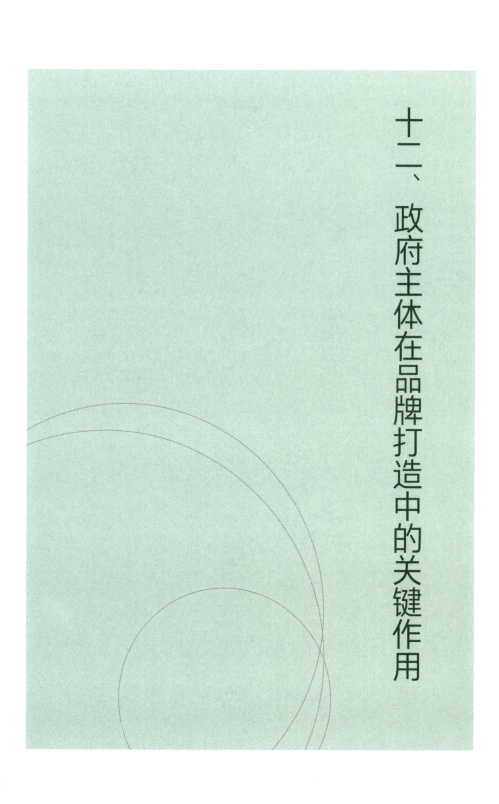

十二、政府主体在品牌打造中的关键作用

发展区域公用品牌是必答题

在本书的开篇就讲过，发展区域公用品牌是县域主官重要的主业之一，这里再从一个县域经济发展的角度，来讨论发展农业区域公用品牌到底是选择题，还是必答题？

必答题的理由之一：发展一产业必须用品牌拉动。农产品发展方向就是优质，而优质的市场表达，对于消费者来说，看到好的品牌才会更多地购买和更高价格购买。一个地方一产业的农产品要真正能够富农，在目前产品竞争比较充分的条件下，打造好的品牌是最好的选择。"丹东红颜草莓"价格平均高出非区域品牌红颜草莓约40%，"茂名荔枝"价格高于非品牌荔枝30%左右，"大连樱桃"价格高出非品牌樱桃约50%，"仙居杨梅"价格高于一般非品牌杨梅超过60%，"胶州白菜"价格高于非品牌白菜价格更是超过120%。

必答题的理由之二：发展二产业必须用品牌拉动。县域当然要大力地发展二产业，主要是工业，所谓"无工不富"讲的就是这个硬道理。但是，除了极少数背靠大都市圈，或者有特殊的矿产资源禀赋的县域以外，县域要发展工业，无论给出多少优惠的条件，都很难有长久的竞争力，这一点在前面已经讲得很透彻了。县域要真正发展好工业，还是主要要依托本地有竞争力的农产品，将其作为好的原材料加工工业，这样才能形成工业的核心竞争力，也就是有本地独特的资源禀赋，一个是有形的优质原材料，另一个是无形的品牌力。"贵州刺梨"维生素C含量极高，是柑橘的70倍，猕猴桃的10倍，国内知名的饮料龙头企业以此为原料，生产了天然高维C

饮料、精制刺梨液、电解质水等 20 余款加工产品。广西百色依托于"百色芒果"这一优质农产品,吸引了来自广州、香港等地的大型企业投产,将芒果加工为芒果干、芒果罐头、芒果酒、芒果酱、芒果汁等。

必答题的理由之三:发展三产业必须用品牌拉动。一个县域要发展三产业,除了极少数的独特的自然景观以外,能够吸引外地游客来到本县的主要原因还是乡村的体验,而这个体验往往是依托于某个极具品牌力的农产品特色。江苏省内的丁庄村围绕"丁庄葡萄",打造了葡萄采摘园、葡萄主体民宿等场景,还开发了研学旅游、团体拓展等体验项目,每年接待前来体验育苗、栽培、修剪、采摘等乡村农事活动的游客超过 30 万人。如果要发展市场销售或连锁渠道,那更是只能以区域品牌为载体。如果一个县域没有在某类农产品领域有知名的品牌,去兴建一个所谓大型的交易市场,很难吸引到商户来进行交易,同样走出去开办终端连锁店,那更是要靠品牌作为背书,否则消费者不可能走进这个终端去购物。"烟台大樱桃"的核心产地烟台市福田区,有着全国最大的大樱桃交易市场,该市场大樱桃年均交易量约 3000 万斤,在高峰时期,每日都有近百万斤的大樱桃发往全国各地。

当然,有些地方可能会认为,在本县域几个比较有优势的农产品领域,都在全国或在本省有了一定知名度的区域公用品牌,这样本地发展区域公用品牌的优势已经没有了,所以就不愿意去大力地发展区域公用品牌。关于这个问题,前面已经讨论过,品牌本身就是一种市场竞争,只要敢于去竞争,没有什么永恒的领先者,也没有什么永远的落后者。不能因为竞争比较激烈,就不去发展本区域的农产品品牌。从另外一个角度看这个问题就更清楚,中国人都有家乡情结,无论是身在他乡,还是外来人员来到本地,都希望吃到本地的土特产,这就是任何一个区域都要发展公用品牌的原因所在。也就是说,即使不谈外部竞争,本地的农产品从满足消费者家乡情结的角度而言,也要打造区域公用品牌。

当然更不要说，区域公用品牌是一个区域的名片，只要坚持地去做品牌，就能够拉动至少产品价格的提升从而富裕农民等等理由，都能得出一个确定无疑的结论：县域发展区域公用品牌不是选择题，而是必答题。

既然是必答题，那当然作为县域的主官，也就是一个县的党政一把手，义不容辞地应该担任区域品牌发展的最高负责人，四大家领导也应该在区域品牌中担任重要的领导和管理角色。不仅如此，区域品牌是一个系统工程，不仅关联到农业、工业、商业和科技等部门，还涉及教育、卫生和文化等相关部门，其发展要素更是包括人财物的各个方面，所以需要区域上下总动员，按照各自的分工都参与到区域品牌的建设中去。更不要说，要通过各种举措激励本地的市场主体，都投入区域品牌的建设中来。当然，一个县域的市民，特别是广大的农民，也与区域品牌的建设息息相关。总而言之，将区域品牌作为必答题来做，只要坚持解题下去，就一定能带动整个县域的经济不断地可持续发展。

发展区域品牌仅有战略决心还不够，如果只是基于短期政绩的需要，指望两到三年就能出大的品牌成果，那区域公用品牌显然不是一个利益最大化的选择。区域公用品牌这个系统工程一旦开始启动，并坚持下去，8～10 年以后将为本地带来一个"永远搬不走的黄金产业"。自 2010 年起，吉林省开始打造"长白山人参"区域品牌，通过实施人参产业振兴工程、设立人参产业发展专项资金、成立"长白山人参"品牌管理委员会等措施建设品牌，经过十多年的发展，吉林人参全产业产值已经超过 700 亿元。类似的，辽宁的"盘锦大米"在 2004 年成功注册证明商标，经过将近 20 年的品牌建设，"盘锦大米"全产业链产值突破 100 亿元。

区域品牌需要长期的培育和发展，有了第一位拓荒者还不够，后来继任的主政者还要一届接着一届干下去。如果为了短期政绩就"换赛道"、"翻烧饼"，且不说让已有的成就功亏一篑，发展新的项目成效有多大的成效、能带来多大的政绩都有不确定性和风险性。因此，接棒的主政者理应坚持前任领导班子确定的区域公用品牌战略，接着发展区域品牌。当然，一项事业不可能不出成绩，那否则这个决策就是错误的。"赣南脐橙"、"阳澄湖大闸蟹"以及"山西小米"等区域品牌的成功无一不是历经数十年、多届政府班子的打磨才成功的。因此，一把手必须具备"功成不必在我"的胸襟，同时也要拥有"功成必定有我"的责任感和决断力。

除了地方主政者拥有长期发展区域品牌的政绩观之外，还要有工作机制和制度的保障。一方面，要将县委、县人大、县政府、县政协的县四大班子成员，都要纳入区域公用品牌的分工中去，分别牵头负责有关区域品牌发展的各专项工作中去。应该看到，人大政协的很多领导，拥有多年从事某些业务工作的经验，与省市包括中央对口部门有比较长期积累的业务资源，发挥这些领导的作用，就能从上级和外面争取更多的品牌发展资源。

另一方面，要充分发挥地方制度性的优势，建立促进品牌的长效机制。这些机制包括纳入地方的五年规划、考核的关键指标、人大政协议案和提案等。有一个县域人大常委会，就专门作出了发展本区域公用品牌的《决定》，对该县区域品牌发展的目标和重点措施作出了专门决定。虽然，后面的政府主要负责人几经调整，但依然坚持按照地方人大做出的决定，持续地发展该区域的品牌。有些地方在进行年度考核时，对下一级政府和部门，都将区域品牌发展的情况作为指标的重要内容。很多地方的人代会上，政府工作报告都要报告本区域年度品牌的进展情况。还有些地方在专项规划中，明确将未来五年品牌价值的增长目标，作为规划的重要内容。安徽黄山市把"田园徽州"区域品牌发展工作，列入黄山市"十四五"规划、人大工作报告，提出培育5家10亿元龙头企业、2个超50亿元产业集群的发展目标；内蒙古乌海市政府将"乌海葡萄"区域公用品牌建设工作，纳入乡村振兴工作考核体系中，定期督察和考评区域品牌的发展成效；江西泰和县制定了《"井冈山"农产品区域公用品牌高质量发展的实施意见(试行)》，明确设立3年内品牌价值达到30亿的目标；在2023年广西两会期间，多名政协委员提交了《关于助推六堡茶产业高质量发展的建议》，建议"广西六堡茶"转变销售模式、拓展营销渠道。

发展区域公用品牌，坦率地讲，并不是一个短期的政绩工程，但是回到执政的初心，就会明确这是一项造福该县域未来多少年可持续发展的"德政工程"。确实需要"功成不必在我，功成必定有我"的胸襟和信念，从今天就开始推进区域公用品牌的建设，即使本届政府只是打了基础，并没有取得大的成效，也要认识到后任者只要一届接着一届干下去，一定能为本县打造最宝贵的经济发展的核心能力，而且这个能力是长期可持续的。

善聚财力打造品牌的重大工程项目

品牌建设需要很多工程性的投入，而且这些投入都应该纳入到当年或中长期发展的工程项目中去，只有类似标准化农田整理工程、苗种开发工程、技改工程、连锁终端工程等，这样一个又一个项目扎实做下去，才能真正把品牌做起来。这些品牌建设工程不是纸上谈兵，而是需要真金白银的投入，所以就特别要研究资金从哪里来、工程项目往哪里去这两个品牌建设的重要问题。

资金看起来好像永远是不够的，但放开视野从专业的角度去研究，还会发现资金往往是过剩的，也就是说资金会跟着好的项目走。在区域品牌建设中，项目策划和设计是最关键的，只要项目有市场前景，能够为某个领域的发展做出成功的示范，那么无论是市场化的资金，还是财政的一些专项资金，都会投入进来。

最基本的来源，就是本区域财政的专项投入。江苏省的盐城市每年安排1000万元专项资金，用于"鲜之都·盐都"区域公用品牌的打造；湖南桑植县为建设"桑植白茶"区域品牌，每年投入超过1000万元资金，用于开展节会、广告宣传等品牌推介活动；浙江淳安县提出《"千岛农品"区域公用品牌建设三年行动计划》，安排1800万元预算，投入商标保护管理、产品检验检测、媒体合作和广告宣传等品牌建设工作中；浙江丽水市在其《"丽水山耕"品牌提升奖补资金管理办法》中，明确规定每年投入1500万元用于品牌提升奖补工作；为推动"赣鄱正品"认证品牌体系建设，江西省安排2000万元财政专项资金，支持开展产品包装统一、产品检测和使用"赣鄱正品"

防伪溯源标签等工作。可见，本级政府通常会安排专项资金用于区域品牌建设。

各级政府设立了很多与区域品牌发展有关的专项，作为县域政府也应该花大力气去申请这些专项，这也是重要的区域品牌建设的资金来源。海南省政府设置热带特色高效农业发展奖补资金，包括特色种植标准化生产、特色畜禽养殖、农产品加工、共享农庄等 9 类项目，单个项目资金可达 1000 万元，同时针对进行种子开发及成果转化的单位，提供达 500 万元的"现代种业提升工程项目奖补资金"。山东枣庄地区也在统筹申请市级以上专项资金 5000 万元，用于支持"枣庄石榴"的发展。显然，地方政府和市场主体可以通过申请专项获得发展资金。

除了向上级政府"要钱"的方式，其实地方政府还可以向社会公众"借钱"，也就是政府专项债这第三个来源。当前地方政府专项债券在农业项目中有广泛的应用，包括但不限于高标准农田建设、智慧农业建设等方面的项目。为健全"金乡大蒜"产业现代化发展的基础，山东金乡县依托平台公司，发行了 3 亿元"乡村振兴农产品种养植专项债"，建设了国际蒜都中心、种苗繁育基地、绿色标准化种植基地、"金乡大蒜"产业研究院、大蒜国际交易市场等基础设施，打造了全国最大的大蒜集散、流通以及加工中心。

地方政府的第四个资金来源，是可以申请政策性银行的专项支持。重庆奉节县向农发行申请乡村振兴的重点项目信贷资金 3.8 亿元，打造了"奉节脐橙"产业园区，建设了脐橙苗圃、果园、交易市场、产品加工等基地。同时，重庆忠县以"三峡橘乡·田园综合体"项目向农发行申请贷款，投入超过 5 亿元资金，建设以"三峡柑橘"为主题、集"农旅文"多种功能于一体的"中国柑橘城"。浙江湖州市打造了"羊光互补"强村产业科技共富项目，成功向农发行申请 4000 万元贷款，发展本地湖羊养殖的同时，利用养殖场及周边企业屋顶布置光伏板，发展清洁能源产业。

向银行"借钱"除了一些政策性贷款，还可以直接进行金融性的贷款，这也是第五个资金来源。当然这种方式中,政府更多是扮演贷款担保的角色,为平台公司等经营主体做信用背书。河南兰考县投资集团用省豫资集团的信用担保,获得中行、农行、建行等授信,资金超过15亿元,开展了高标准农田、农业产业综合开发扶贫项目等农业项目。同时,依托于"兰考蜜瓜"等品牌农产品,与开封国投公司成立合资公司,融资约2.7亿元,在当地14个乡镇投资建设蜜瓜及蔬菜产业园区。

如果地方要发展产业专项,还可以采用项目上市的融资方式。这种资金来源主要是通过组建SPV(特殊目的公司)来获得融资。SPV公司一般由市场农业龙头企业、地方农投公司、合作银行协商、组建而成,再通过"龙头企业+合作社+农户"的发展模式实施农业产业项目。为发展"贵州黄牛"产业,贵州当地的两个国有企业一起组建了黔西SPV公司,建立自营规模牛场,并与专业合作社签订肉牛养殖合作协议,为扩大规模,黔西SPV公司向中国农业发展银行黔西支行等政策性银行进行贷款,而后将资金投入牛场疫病综合防控和规范化养殖集成技术等项目中。

当然,还有一个最经常的项目资金来源,那就是通过招商引资吸引外来的投资,这一点本书已经讲得很多了,包括如何吸引外来投资、怎样为外来投资创造价值、外来投资如何增值等。

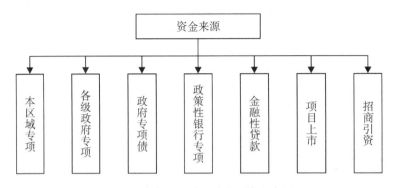

图16 农产品区域品牌发展资金来源

　　筹集了资金，就需要有优质的项目作为承载，这种资金才是有价值的，才不至于成为一个地方发展的债务负担。对于区域品牌建设来说，好的工程项目一定要立足于支撑品牌的发展，并通过品牌发展的回报，来偿还这些特别是商业性的资金来源。区域品牌工程建设项目，最基础性的，也是未来最有市场价值的项目，就是"苗种研发和开发工程"，该工程为品牌奠定了最长久的竞争力，虽然有一定的风险，但成功之后能够支撑品牌农产品的品质和市场价值。另外一个工程，就是"高标准农田建设工程项目"，该工程能够生产更高品质的农产品，提高品牌的溢价。还有"工业技改工程"，该工程针对农产品的加工，引进更先进的智能化设备，为品牌农产品的品种开发、品质提升提供硬支撑。当然，"品牌连锁终端工程""供应链与冷链物流工程"，更是直接提升品牌农产品在全国的终端竞争力。不仅仅是以上这些工程支撑品牌的发展，还有诸如"品牌基地体验工程""品牌古村落工艺展示工程""品牌主题演出工程"和"市场终端品鉴与体验工程"等，也是非常重要的工程项目。把这些工程项目一个一个地建设好，就能够吸引更多的资本进入，同时也能让这些资本赚到钱，从而形成资金——工程项目——市场效益的良性循环。

　　资金看起来是稀缺的，但面对好的区域品牌农产品工程项目，资金实际上也是充裕的，因为好的资金一定会追逐好的项目。对于发展区域品牌来说，前面已经分析过，品牌农产品就是非常好的项目，本身就为资金提供了一个极好的投资平台，这就是区域品牌所在地，在资金和资本面前有信心、有底气的原因所在。

系统打造支撑品牌发展的公共资源平台

政府是区域公用品牌建设的主导者，区域品牌的显著正外部性则要求政府起到公共平台作用。所谓平台作用就是为品牌和产业的发展、为各种市场主体，提供必需公共基础服务以及设施。政府的平台贯穿种苗研发、产品加工以及销售流通等一、二、三产业的不同环节，服务于品牌建设和市场主体。

第一个平台就是"种苗的培育和开发平台"，这是最重要的、基础性的平台。区域品牌农产品的核心竞争力是好吃，而好吃的根本则来自优质的品种。因此，种苗的培育和开发显然是农产品品牌的核心源头。政府既要引导科研人才资源，搭建种苗研发和培育平台，统筹建立专项种业发展基金，又要注重打造品种繁育、检测、推广销售等一体化种子产业体系。云南积极建设"云南花卉"育种体系，打造了花卉研究所、国际花卉创新中心、花卉科技小院、花卉种业实验室等各种形式的苗种研发平台，产出了全国数量最多的花卉新品种。

在进行农业的种养殖活动之前，还有一项重要的工作就是土地的整理和规划。这项工作不仅涉及的利益主体众多，还需要大规模的资源配置，因此政府还要打造"土地整理和农田场景体验平台"，这也是政府需要提供的第二个公共资源平台。浙江金华开发区依托当地的文旅集团，重新整理和规划了区域内闲置的荒山荒地，通过"旱改水"、改良土壤、节水灌溉、田间道路建设等措施，增加了耕地面积。当地的农户利用新耕地，根据时令轮种水稻、小麦、油菜等农作物，不仅提升了农作物产量，集中连片的稻田、麦田还吸引了游客前来打卡。

品牌优质农产品，需要相应的质量检验检测的设备来保障，所以"质量检测和标准化平台"，就是地方政府应该提供的第三个公共资源平台。为强化"赤壁青砖茶"的质量安全管理，湖北赤壁市打造了省级黑茶产品质量检验检测中心，向茶企提供检验检测服务，覆盖黑茶感官、农药残留、微生物、理化指标、污染物及金属元素、内含物等检测项目。此外，检测中心拥有《检验检测机构资质认定证书》CMA，可以出具有法律效应的证明报告，助力"赤壁青砖茶"畅销至欧盟、韩国、日本等十余个国家和地区。

所谓"酒香还怕巷子深"，有了合质达标的产品，还要推动品牌和产品走向市场。那么政府要打造的第四个平台就是品牌推广平台。这就包括举办年度盛会、年度展会、博览会、年度会议以及一些线上线下固定的推广活动等。诸如此类的案例前面已经列举了很多，在此就不再过多陈述。

除了活动性的品牌推广，推广区域农产品的还有一个方法，就是让消费者充分地体验产品，这就要求地方还要打造第五个公共资源平台，也就是"终端体验平台"。山西大同市围绕"大同黄花"农产品品牌，投资打造了火山黄花田园综合体，建设了黄花主题公园、忘忧农场等系列黄花采摘观光体验场景，游客可以了解当地黄花产业的发展历程、观赏黄花景观，参加黄花采摘、黄花主题研学等多种活动。

虽然农产品电商已经非常普及了，电商平台为了发展业务也到很多品牌所在地，提供技能、人才和产品内容的服务，但是围绕区域品牌如何发展电商，还是存在主播培养、故事挖掘和产品供应链"一键到家"等方面的业务需要，这就需要地方政府提供"电商支撑建设"的区域公共资源平台。湖北恩施培育的超过4000名骨干带货主播，在电商平台上带动恩施富硒茶叶、恩施土豆、腊肉、竹笋、蜂蜜、木耳、香菇等特产的总销售金额达21.7亿元。在陕西眉县政府积极开展"眉县猕猴桃"电商人才培训，累计培训2万余人次，并成立了1个县级电商公共服务中心、8个镇级电商服务中心、72个村级电商服务站、国内首个猕猴桃电商直播基地和国家级猕猴桃产业物流园区，构建了完善的电商物流服务体系。

"优质"才能获得"优价"，"新鲜度"则是消费者评价"优质"生鲜农产品的重要指标，而要保障农产品的"新鲜度"就要求地方拥有良好的仓储保鲜、冷藏运输能力，因此要实现农产品"优价"，政府还要建立第七个平台，也就是"物流供应链平台"。美国加州打造的蔬菜冷链体系，贯穿产地采收、加工、仓储、末端商超，将蔬菜整体的损耗控制在3%。我国果蔬损耗率在20%~30%。因此，各地政府要投入资金，支持农产品仓储保鲜冷链物流设施建设，为农产品的品质增加一层保"鲜"膜。新疆乌鲁木齐承载国家骨干冷链物流基地建设项目，投入40多亿元建设冷链物流基地、国际食品物流港等基础设施。

区域品牌和产业的发展离不开人才的支撑，因此，政府还要打造"人才培养和培训平台"这第八个平台。湖北"随州香菇"学院专注于食用菌专业化技能型人才培养，培育了食用菌新品种研发、菌种研制、产品保鲜和深加工、市场销售等方面的专业人才。云南蒙自成立了国际米线产业学院，开设过桥米线文化、门店经营管理、生产技能学习等课程，为"蒙自过桥米线"产业培育人才。

如果要说地方政府，在区域公用品牌打造中有什么是最重要的，在我看来，就是系统打造支撑品牌发展的公共资源平台。客观地说，无论是种养殖，还是产品创新研发，以及产品的渠道销售等，市场主体都有能力去自主创新和发展。但是，这些经营行为，如果没有政府提供的人才培养、标准化土地提供、优质苗种开发这些公共行为，区域品牌的发展会非常的艰难，因为这些准公共行为不可能由单一的企业和市场主体来提供，而只能由政府来提供，才能支撑市场化经营行为的有效展开。

主要以"购买服务"的方式聚集外部专业资源

品牌建设中的大部分工作，都带有极强的专业性，比如种子开发，再比如营销推广，都带有很大的专业性。这些专业工作作为项目工程，当然要分配给相应的职能部门去负责，但职能部门显然不是这些专项工作的专业部门，也不具备相应的专业人员和专业条件去完成这些工作。要解决这些问题，就必须实现工作机制的转变，那就是行政职能部门具体承接这些专业工作的分工，但是这些专业工作的实施还是得依靠外部专业机构，也就是要通过"购买服务"的方式，来将这些工作规划和实施到位，并进而集聚外部的专业资源为本地区所用。

品牌规划是非常专业的工作，就应该向外部的专业机构购买专业的品牌规划和咨询服务。"五常大米"所在地的政府部门，通过反复的市场比选，择优寻找具有国际水平的专业品牌咨询机构，来规划未来的品牌发展战略；"三亚芒果"所在地的政府部门，与第三方品牌专家合作，编制了专业的《三亚芒果区域公用品牌发展战略规划》；宁夏盐池县政府，在品牌发展的早期，就委托高校的专家制定了专业化的《盐池滩羊品牌战略规划》。

品牌规划的专业性当然很强，在品牌具体实施过程中，很多业务项目也都带有很强的专业性，不仅品牌符号和名称的设计，而且色彩和字号体系的表达，实际上都是专业性很强的业务内容。还有产品的包装设计、广告设计，甚至包括广告主题语的表达，都是需要非常优秀的专业人才才能做出来的。当然，也要由相应对口的政府部门，通过比选的方式来选择专业机构。陕西富平县委托专业机构，打造了"富字标"统一标识和"富平柿饼甜蜜中国"口号，其中标识采用富平柿饼成熟后的橙红色作为主题色，将"富"与"灯笼"形状相结合，而口号"甜蜜中国"则将柿饼"甜蜜"的产品品质，与"将甜蜜传递给全国消费者"的价值主张相结合。

即使是到具体的品牌产品推广中，包括场地如何布置、灯光环境如何营造这些看起来很小的细节，实际上也需要很大的专业能力，由专业机构来履行不仅质量高，而且成本也更低。广西兴安县在广州举办"兴安葡萄"推介会，采购第三方机构的服务，展板、海报和大屏幕背景都采用了"葡萄紫"的主题色，巧用广西山水风景、兴安葡萄等元素设计展厅，主题鲜明，并设置了专门的葡萄品鉴专区，让来宾直接品尝。

区域品牌的发展当然离不开本领域知名专家的支持，而要获得这些专家的支持，也必须是用"购买服务"的方式才能真正落地和实现。有些区域品牌的地方政府部门，以为召开一两个会议，给知名专家授个顾问的牌子，就算是把专家资源利用了。这实际上是非常形式主义的，试想一下，既然是行业的顶级专家，本身的工作一定是非常繁忙的，怎么可能因为一个形式上的行为，就把专业力量投入到这个品牌区域呢？但是，品牌要真正做好，又离不开这些专家的作用，这就需要通过"购买服务"的方式，让专家真正能够把自己的技术和智力落地在本区域。一个方法就是设立专门的科研项目，以项目的方式让专家参与进来，攻克本区域所要解决的某个技术或经营难题。云南省设立《云南几种重要花卉品种自主创新与产业化应用》科技计划项目，吸引云南省农科院花卉研究所的专家，参与"云南花卉"的产业发展技术攻关当中。类似的，江西省用"揭榜挂帅"的方式，设立"赣南脐橙残次果高值化利用关键技术与产品创制""水稻和井冈蜜柚全产业链智慧管理技术研究与示范"等重点项目，吸纳江西省农科院农业工程研究所的专家团队资源。另外一个方法就是设立联合的研发中心或开发平台，通过地方政府的硬件投入，吸引专家团队落户本地，开展针对区域品牌产品开发的专项攻关。贵州遵义联合当地高校研究院，打造了"遵义辣椒"科技小院，科研团队长期驻扎生产一线开展科研活动，当年开展生产和加工术指导培训 5000 余人次。

前面说过，全国性的行业组织，包括省一级的行业组织，往往在本行业具有专业性和权威性，所以引进行业组织资源，也是重要的专业力量。同样，行业组织资源的引进，也需要"购买服务"。道理非常简单，行业组织是面向全国服务的，如果希望它有更多的资源投入本地，那是一定要支付相应的成本。行业组织要召集全国的行业专家，来为一个区域的品牌产品进行研讨或者鉴定，这都需要所在地通过购买服务的方式，吸引这些专家资源的到来。更不要说，行业组织要号召本行业的知名企业来投资本地的品牌产品，如果没有相应的利益激励，那作为行业组织是没有内生动力来进行这样的活动投入的。

区域品牌要发展，更离不开专业公关资源的支持。同样，无论是线下还是线上，专业资源都是稀缺的，如果某个大的媒体要对区域品牌所在地进行专题的报道和宣传，那无疑也是需要专家资源和媒介资源的投入的，这也需要通过"购买服务"的方式才能实现。浙江台州与小红书签订战略合作协议，推广当地的"大陈黄鱼""仙居鸡"、"三门甜瓜"等特色农产品。在线上通过直播、VLog、图文等方式进行宣传，同时邀请小红书博主到线下实地参观、体验打卡，再到社区发布笔记，从而发挥小红书的"种草"功能。

一个区域品牌的发展，离不开技术、产品、质量、品种、品牌、设计、营销、渠道和公关等多个方面的专业资源的支持和介入，更离不开行业知名专家的专业赋能和专业引领。真正把这些专业资源充分利用好了，能够为本地的品牌发展服务，当然品牌在全国的地位就树立起来了，因为行业的专业资源和专家本身就参与了区域品牌发展的建设，这本身就证明了该品牌的质量的水平，只是要有"购买服务"这样的机制。

树立专业主义精神

区域公用品牌的打造是一套系统工程，在讲述"品牌"打造的方法与流程前，首先要明确这项工作具有专业性，需要对农业、产业、产品、品牌、质量管理等多方面的知识有深入的理解，并根据方法论真实地在区域农产品的一线进行各项田野调查，显然这离不开专业人士的力量。因此，专业主义精神的树立必不可少，通俗来讲就是"专业人做专业事"，政府在区域品牌打造上，应该发挥其资源协调的优势，采纳各领域专业机构的智力成果，让专业主义成为品牌打造的"指挥棒"。

专业主义的第一个体现是树立当地学习的风气，敬畏区域公用品牌的专业性，即要让大家都认同区域公用品牌打造是个专业工程。本书中讲过的各种系统打造农产品品牌的方法论，都来自我多年的知识积累、实践发现和深入思考，是具有专业性的，对于很多从事区域公用品牌打造的工作者来说，是需要时间去学习并实践的。而想要加快这一进程，最好的就是通过举办"大讲堂"的形式，也就是集体学习的课堂，不仅能提升大家对区域公用品牌的认识，也能统一思想，使创牌成为"共识"。实践证明，对区域公用品牌的理解越透彻，就更舍得投入，也更能坚持。

专业主义的第二个体现是要引进专业的人才，这涉及品牌相关的各个领域，种子研发、加工工艺研发、设备制造、销售终端各环节都应该引进专业化的人才。当然，有些地区会担心人才难以在本区域落户，但事实上这很好解决，可以将工作地点落在中心城市，人才的智慧成果仍然是为本地产业服务的。这种"飞地"模式正在多地展开，以浙江省金华市婺城区的

"科创飞地"模式为例，研发中心在上海，生产基地在婺城，在上海高校创新资源、高端人才的加持下，实现异地研发孵化、驻地招才引智。

进一步地，还可以通过资本化的手段让核心的人才团队真正成为项目合伙人，具体来说就是鼓励项目跟投机制和股权激励机制。这就像投资公司和股权基金的投资经理，每当他们给公司上报投资项目的时候，风控部门可能会附加一个条件，就是你投资经理个人必须跟投，比如自掏腰包认购最低额度的100万元的基金。这也许相较项目规模是远远不够的，但是毕竟是个人的真金白银，投资失败的风险是很高的，这也就真正实现了风险共担、利益共享。

专业主义的第三个体现是要重视研发投入和市场情报的收集，面向市场需求点进行有效地研发。无论是区域农产品种苗研发、种植技术研发、生态系统优化、加工技术研发还是信息化技术研发，都是需要大量经费投入的。要让研发更好地进行转化，就需要让研发面向市场的需求，注重对区域农产品相关的行业情报进行收集，包括消费者的需求分析、产品的流行趋势和技术创新趋势等，这一般也是由专业机构来提供服务的。

专业主义的重要性已经无需赘述了，和专业机构合作显然是一条捷径，可以快速让区域公用品牌的打造专业化，同时还可以通过机构口碑的正面影响力，赋能农产品品牌力，可谓是一举两得。那么在合作机构的选择上，区域农产品选择合作机构的操作标准是什么呢？我认为是选择行业领先的战略合作机构，这里的行业涉及农产品相关的多个具体行业，接下来逐一进行分析。

在合作机构的选择上，区域农产品品牌规划的合作机构是首要的，规划先行，后续各项举措的力量才能得到凝聚，发挥出"1+1>2"的效果。区域农产品品牌规划与企业品牌规划不一样，区域农产品需要的是一、二、三产业融合支撑的品牌规划，实际上是品牌规划和产业规划相结合，所以参与规划工作的专业机构一定要有产业规划经验，而不能是一个品牌咨询公司。产业规划和品牌规划并不是一个逻辑，背后所需要的知识积累和项目经验也全然不同，品牌咨询公司是无法轻易支撑一个产业规划和品牌规划相结合的工作的。因此，在品牌规划的专业机构选择上，应选择在产业链和品牌领域深耕多年的、行业领先的知名机构进行战略合作。

其次是苗种的战略合作机构，种子是农业的"芯片"，苗种研发是农产品品质提升的核心来源，专业的苗种研发机构可以结合当地农产品的品质特性与市场需求，为种子进行"量身定做"。我在调研各地大米品牌的过程中，发现不少地区选择与湖南省的某家水稻研究所合作，其中一个原因就是他们发现消费者偏好有香气的大米，而这家机构拥有行业领先的香稻品种研发能力，能够为当地提供有独特香气的种子。

然后是会展的合作平台，全国的农产品相关的会展有很多，包括食品展、农博会、农机展览会以及各类专业展会，专业的会展合作平台能够结合行业需求和当地的资源禀赋，从主题设定、展馆空间规划设计到现场布置，都不断推陈出新，让展会保持旺盛的生命力。我在各地参加过很多农产品相关的展会，其中成都的糖酒会是很成功的，承办该展会的机构创新性地突破了传统的展馆空间，将展会与整个城市进行联动，如在金牛区开展"新酒饮嘉年华"，巧妙将威士忌、预调酒等新酒饮产业融入糖酒会主题，充分发挥成都本地美食和美酒的产业特色。

区域农产品品牌的创意和设计，是影响消费者对产品直观感受的重要环节，好的设计团队除了要拥有扎实的设计功底，还要能从产品的相关信息中提炼出一个好的故事，并精妙地传达给消费者。浙江仙居县某富硒有机大米品牌的礼盒包装，其设计团队抓住仙居县的神话故事中，男子与仙女成亲后开耕山腰梯田过上男耕女织生活的情节，将其拆分为 5 个章节并以插画的形式体现在产品包装上，生动地展示了有机大米的传奇来源，产品荣获 2022 年德国红点品牌包装设计奖。

当然，区域农产品还离不开优质的农产品加工主体，这个优质既体现在加工量能够支撑区域农产品面向目标消费人群的供给量，也体现在加工技术和设备水平能够支撑区域农产品的品质满足目标消费人群对产品品质的需求。适当地引入优质的加工主体能够大幅度提升农产品加工品的品质，让品牌发展有所依靠。内蒙乌兰察布商都县引进了麦当劳供应商之一的薯制品公司，该公司在马铃薯加工技术上领先同行，比如其专利技术 Lamb 水枪刀，能够快速将大小不一的马铃薯加工成标准化的薯条，提升了"乌兰察布马铃薯"的精深加工水平。

区域公用品牌打造是一个专业性很强的工作，树立专业主义精神的步骤是不可或缺的，坚持专业人做专业事，本身就是一种专业主义。各地政府在专业资源的选择上往往会面临很多选择，标价高低不一，如何在其中选出最优质的专业资源呢？我认为还是要遵循市场规律，那就是优质优价，而且很多时候，低价产品不仅没有价值，有时可能还会带来负向影响，需要格外注意。

对品牌进行全面的"把脉问诊"

一个地方选择的专业机构对不对，这个机构是不是真正的在认真地做本区域的品牌规划，甚至包括一个广告导语或一个 Logo 的设计，有一个最重要的衡量标准：这个机构真正地了解本区域的品牌状况吗？对本区域的品牌与全国的对标品牌进行了科学的对比吗？这两个标准很容易衡量出受委托的机构是不是真正认真地在做品牌的规划，如果连对本区域的品牌是什么、竞争对标的结果是什么都说不清楚，那么后面的设计一定是脱离实际的。所以，在区域品牌起步阶段的时候，尤其是规划和设计开始的时候，第一个流程就是要对区域品牌进行"把脉问诊"。

在品牌诊断的一开始，就要真实地去筛选和识别为什么要选择这个品牌的产业领域，也就是说这个区域在该产业领域到底有没有基础？这个基础不是一般人想象的该产品的生产的自然和生态条件，也不是所谓的区位，最重要的是该区域有没有在这个领域，在全国至少在一个省份比较有规模、有竞争力、有影响力的带头企业。我在进行潜江龙虾、随州香菇这两个区域品牌的价值评价工作时，对它们的一、二、三产业链上的市场主体情况进行了深入分析，结合品牌发展的实际历程，就发现潜江某水产公司早年间创新性地提取小龙虾虾壳中的蛋白质和虾青素，并通过深加工生产甲壳素产品出口，提升小龙虾产品的附加值，类似的，随州某企业率先大力投入香菇深加工，打造的香菇酱新产品出口国外后大受欢迎。这些知名企业成功后，带动了更多市场主体加入区域农产品的产业链中，进而推动了区域品牌的高速发展。

当然，实证调查并不仅仅是以上这一个关键点，还包括下述各类和区域农产品相关的重要事实：城市发展情况，如区位交通、城市人口、宏观经济、城市规划等；产业发展现状，如一、二、三产业结构、产值及增加值等；产业发展趋势，如政策、产业增长情况、同类农产品区域产业发展对比情况、标准建设、产学研合作等；企业主体情况，包括总体水平、龙头企业情况等；市场竞争情况，如消费者认知、市场地位、同类型农产品市场情况、获奖情况等；同时，还要调查包括产业带动就业情况、生态效益情况、政府税收情况等，综合了解某区域农产品产业的真实情况。

以上的调查内容，实际上还不是最重要的，最重要的是这个团队真正的深入程度，也就是有没有特别是团队的首席专家，亲自深入到与上述调查内容有关的关键对象的一线去，也就是真正的田野调查。实际上衡量一个团队是不是真值得合作，有一个非常直观的指标，就是这个团队是不是真的扎根在本区域，比如是否真的与政府、协会、市场主体、消费者等各类相关主体进行了有效沟通，是否深入到田间地头、街边小店进行调查，是否扎实地在本地住一段时间全力投入到调查中？

我在进行"荆楚粮油"品牌价值评价项目时，带领团队成员在湖北省内以及全国范围内开展的多次详细调研，仅湖北省内就调研了除武汉以外的监利、枣阳、随县、沙洋、天门、京山、潜江、黄梅、安陆、江陵、蕲春、襄州区、竹溪、房县、鹤峰、建始、恩施、丹江口、钟祥、仙桃、洪湖、公安22个县(市、区)。更不要说为了全面了解潜江的龙虾产业、恩施鹤峰的葛仙米产业的最新发展状况，每年我都要跑去潜江、鹤峰数十次。可以非常明确地说，一个优秀的团队通过调查得出的很多发现，不是相关政府部门提供的材料所能得到的，更不是开几个座谈会就能了解的。我多年的实践可以充分证明，一个县委书记或一个市长，之所以要请你去，一定是你的调查能够发现他们不知道的事情，如果都是依靠政府报告上的东西再加上网上公开搜到的知识，是不可能全面细致地描绘出本区域品牌发展的真实状况的。

对区域品牌的把脉问诊不仅要知己，还要知彼，也就是一定要客观地评估，本区域的品牌和产业在全国的地位。只有站在全国这个大的宏观视野下，你才能发现本区域的特点是什么，禀赋是什么，未来的希望在哪里，未来的目标是什么，这就需要对本区域的特色农产品做全国性的市场调查工作。

全国的市场调查最容易忽悠的是，找一些行业调研报告、做一些行业的抽象的统计拼凑成一份报告，现在网络很发达，网上有很多公开平台可以免费或者花一些钱获取到不少其他第三方机构制作的行业报告或者统计报告，这些报告就可能被人从多个角度拼凑成一个看似完整的全国性市场竞争分析报告，但这显然是存在问题的。这些行研、统计报告当然有价值，但毕竟是其他机构出于其他研究目的进行的分析，数据来源也不一定是最新的实证调研，很多研究报告的价值也不一定那么高，所以我们只能将这些资料作为案头分析的二手资料来源，可以用于补充和验证，但核心的信息来源一定是这个团队，通过精心准备后前往各个地区和当地的有关部门、龙头企业等现场调研工作才能获取到的。

之所以做区域品牌规划和产业战略规划不容易，就来自于行业的秘密绝对不是那些一般化的统计描述，最简单的道理就是，这个行业是由一个又一个区域来共同构成，并且是由这些区域中的知名企业来构成。你当然可以做全国大米产业的统计和品牌分析，排出个一二三来，但你能回答到底五常大米是怎么崛起的、五常大米的一、二、三产业是如何融合的、那个江湖传说的稻花香种子到底是怎么成功的，以及五常市成功的企业内部到底有什么样的奥妙？显然，这些根本不可能靠行业统计数据来得出，而是需要真实到五常市，找到并且联系上最了解情况的人，并让对方愿意花时间和你详谈他对这个行业的理解，从中发现并提炼出行业的秘密。

当然，除了这些深入的了解之外，通过全国性的市场调查，我们还可以厘清许多基本面的数据：某类农产品当下的市场规模情况，包括种养殖产量、加工量、主要销售地区分布；市场竞争情况，包括和同类品牌相比较的价格、销量、口碑、消费人群分析；市场主体发展情况，如数量、市场占有率、龙头企业地位；市场发展前景，包括消费变化趋势、创新趋势、政策趋势等。通过全国各地的实证调查，可以从多角度、多口径的比对下获取最真实可信的基本面数据，让规划更有据可依。

战略规划是扎实落地的，需要深入这个区域的一线进行品牌和产业的相关调查，才能全面掌握区域品牌的真实状况和在全国的竞争地位，进而支撑品牌规划的真实可行。区域品牌规划，其实是一件既花人力，又需财力的事，必须要深入一线投入时间和精力，才能够真正做到知己知彼，百战不殆。

品牌定位与产业规划

在打造区域品牌时，了解了自己，也了解了别人，这些都不是目的，目的是确立自己要怎么做，正如本书前面十一个章节都在讲如何做一样，实在是太复杂了，但是复杂问题简单化就是一条，品牌的定位是什么，这是战略的核心，也是规划的关键。通俗地讲，凡是符合定位的，就是对的，凡是不符合定位的，就是错的，或者是没必要干的，可见得品牌发展的战略定位有多么重要。品牌的战略定位一旦得以确定，那么后续围绕这个定位该如何打造和发展品牌的设计就都有了主题，也有了标尺，该怎么做，具体要做到的目标是多大，也就都有据可依。品牌有了定位才可能进行具体的产业规划，实际上产业只是实现定位的一种实体经营的支撑。一个地方在推进品牌规划的时候，一个重要的基本面就是看有没有做一、二、三产业的具体规划，如果没有，那么所谓的目标和定位，就缺乏最重要的经营和实体支撑。前面我也讲过，在我从事的区域品牌规划和评价中，花时间最多的一个是现状调查和竞争评估，另一个就是产业链的规划。

确立定位最重要的是要了解消费者到底要什么，也就是要回答，消费者为什么要买你这个区域的产品，你给他的理由就是你的定位，还是回到橙子，比如赣南说我的橙子果大形正、橙红鲜艳、浓甜芳香、含果汁55%以上，而秭归又说我的橙子皮薄色鲜、肉脆汁多，奉节说我的橙子果皮中厚、脆而易剥、酸甜适度。从这些对当地橙子的直观描述中，我们可以看到各地想展示给消费者的品质特色是不同的，究其原因是在竞争下各地采取了差异化的品牌定位，而哪个定位更能打动消费者，就要看消费者对于橙子的核心需求到底侧重在哪一方面，那个核心指标是什么。

　　了解了消费者要什么，定位的依据还要看能做什么，也就是你的禀赋是什么，同样是说地理位置，或自然地理条件，你会发现，赣南说我位于亚热带湿润气候区，这里的山地和丘陵地带为脐橙提供了理想的生长环境；秭归说我位于三峡工程坝上库首，长江三峡河谷地区，适宜脐橙生长。大米也是同样的，五常说我地处三大黑土带之一，水稻灌溉采用高山雪水和山泉水天然自流灌溉，同时三面环山，形成独特的区域小气候；舒兰说我的大米种植区域与五常大米同处北纬 43 度世界黄金水稻种植带，位于流入五常市的第二松花江流域拉林河上游。可以看到，各地的自然条件都在不同维度上支撑了自身的品质定位。

　　品牌定位并不是纯客观的，也就是说虽然要尊重消费者的需求和理性地看待本地的禀赋条件，那为什么面对同样的消费者，禀赋也差不多的地方，市场的绩效特别是品牌的价值差距如此之大呢？这实际就涉及品牌认知建立的问题。将品牌的定位准确传达到消费者并不是一件容易的事，做好定位和消费者认识到这个好定位是两码事，中间需要经过系统性的规划，实际上是品牌和产业规划。

　　正如前面讲的，品牌不是宣传出来的，也不是投几个广告就能做出来的，它来源于这个农产品一、二、三产业融合的综合能力，是产业的强大才能支撑品牌的知名，否则品牌就能成了无源之水。因而，品牌的规划是需要一、二、三产业的系统规划支撑的，在选择品牌规划机构时，除了要有品牌方面的专业能力，一个关键是要考察这个机构是否真正懂产业规划。搞农业区域品牌规划之所以不容易，是因为这个机构不仅要懂一产业，而且要懂二产业，还要懂三产业，更重要的是，要能够做一、二、三产业的融合规划，也就是说要将农产品的种养殖、加工一直到销售环节，以及中间涉及的各种产业支撑，系统性地纳入一整个战略规划中，这显然需要深刻的分析和规划能力。

另一个关键是规划需要落实到发展目标的确立，不然规划的可执行性就值得商榷。发展目标通常包括投入的预算和收益的预测，这里面既包括政府主体的，也包括市场主体的。在投入的预算上，可能涉及一产业进行农田升级或是鱼塘整理升级、种养殖区域的分级规划；二产进行初加工、深加工还有相关制品的加工基地的建设、产业园区的打造；三产业建立配套的交易中心、物流配送中心、仓储中心、体验展馆中心，还有打造区域农产品主题的文旅项目、区域农产品的终端营销和渠道拓展等。由上述投入带来的区域农产品一、二、三产业的交易量、交易额、税收等，都需要进行短期、中期和长期的目标确立。显然，这些都是不能离开品牌的战略定位进行设计的，否则就成了"鬼话连篇"，不具备可操作性。

当然，毕竟是品牌规划，虽然需要系统的产业规划做支撑，但输出的毕竟还是品牌的运作和表达，因而选择的合作机构，必须有品牌表达方面的能力。实际上，产业规划的战略定位，就是Logo设计的来源，也是广告语表达的基础。包括色彩的选择、包装的选择，都与产业的战略规划定位有着密切的关系，否则，这些广告语也好，色彩也好，都不一定具有商业价值，而很可能是停留在非常形式化的设计表达中，而不能称之为"工业设计"，工业设计的外延往往会拓展到商业策略和产业链整合。

实际上，选择一个具备上述能力的品牌规划合作机构，有一个最靠谱的方法，就是看这个机构过往的业绩，是不是真正做过品牌，特别是产业规划，某个地方的区域公用品牌与这个机构是不是有长期的合作。这一点尤其重要，因为品牌是需要一个长时期的培育和发展过程，如果只是提交给你，说他给某地做了一个规划，而不能讲清楚，他是怎么按年度来提供具体的实施计划，那么，这样的机构充其量也就是提供了一个可能挂在墙上的一个"鬼话"。"规划"和"鬼话"的一个最好的鉴别标准，就是这个专业机构与区域品牌所在地能不能有长期合作，并且每年的实施和产出成果都能真正得到实证的检验。如果这个专业机构能够提供的都是短期的、单次合作的规划经历，那么就要对它的规划能力以及可操作性存疑，因为这背后存在着"短期行为"的风险。

　　作为一个县域来说，掌握品牌规划和设计的流程至关重要，因为没有科学的过程控制，结果一定不会好。即使在具体的规划中有再多所谓好的点子，也很难孤立地评价到底是否正确，因为如果既没有对真实情况的把脉问诊，又没有基于把脉问诊的定位设计，或者即使有了定位，还缺乏产业链的具体支撑，那么这个规划的科学性就会大打折扣。

产品设计与支撑体系构建

在品牌规划的流程和执行控制中,前面三个流程都非常重要,但无论是把脉问诊也好,还是科学定位也好,包括产业链的设计也好,最终都要落到产品是否好上。前面做的事情再多,对于消费者来说都是不存在的,消费者认的就是产品,所以产品的设计是规划关键的一环。品牌区域在衡量品牌规划机构时,一个必不可少的衡量方法,就是看对方是否进行了产品设计的规划。规划的实施除了把脉问诊、定位确立、产业规划和产品设计外,还需要相应的支撑体系,主要就是土地、人才、资本、基础设施和政策的支持,因而在具体的规划操作中,一定要认真把关品牌规划方是否提供了这些支撑体系的设计。

产品设计有很多方法论,一个共同点是都以产品创意为流程的起点,目标是突出产品的独特性。区域农产品的创意当然也要契合品牌整体的战略定位,如何将战略定位转化成好的产品呈现给消费者,是产品设计一开始就要想清楚的。区域农产品的创意可以从其品质特征、自然环境或人文底蕴上进行挖掘,并通过产品设计,在产品的名称、图标、包装等方面展现给消费者。

我们先来看看区域农产品品牌如何在命名上体现产品创意,核心是要用简单的语言精准传递产品特色。以美国加州的新奇士橙为例,我们之前讲过其专业合作社出色的服务能力,其实新奇士橙这个品牌命名的思路也富有创意。"新奇士"音译自"Sunkist",是从当时的新词"Sunkissed"演化而来,意为"被阳光亲吻之地",这很容易让消费者联想到其产地加利福尼亚州的美誉"阳光地带"，建立了新奇士橙阳光、自然的品牌形象。

农产品的图标设计要将产品独特的卖点简洁地表达出来，并能快速地让消费者留下印象。爱媛柑橘起源于日本爱媛县，其宣传图中的核心概念是柑橘形态的"三个太阳"，即天空照射下来的太阳光、海面反射的阳光和山上石墙反射的阳光，意指充足的光照使柑橘色泽均匀、甜而不腻。

农产品的包装多种多样，但万变不离其宗，那就是是否讲述了一个好的品牌故事，能否让消费者产生好的品质联想。台湾某知名农产品文创品牌在产品包装上，使用古朴的牛皮纸、纸藤圈、棉纸外衣，用书法手写产地、产品与生产者的故事，用细腻的手法向消费者传达大米背后的文化故事，其产品售价达到了日常大米售价的 5 倍左右。

产品设计，说到底核心是要把战略定位生动地呈现给消费者，不论是口感口味、原产地特色还是健康功能等，都要回到战略定位的角度以及消费者的角度去思考是否是适合的，有没有讲出本地区产品最独特的卖点故事，这个故事有没有支撑起产品的品质定位。如果上述几个问题的回答都是肯定的，产品设计也就向成功迈进了一大步。

对于产业支撑体系来说，首要要素是土地，也就是自然资源环境的支撑，这与农业的特性有关。根据品牌发展战略规划中对一产业种养殖规模及标准的要求，对现有的土地资源空间进行规划，并根据农产品的品质要求倒推对种养殖环境的标准，对产地以及上下游做好生态保护。重庆梁平市合兴镇是"梁平柚"的发源地，在全镇土地综合整治项目中对废弃闲置集体建设用地进行复垦，新增规模化柚园 1000 亩，打造标准化和高效化的柚产业园 800 亩，改造生态化的老柚产业园 2200 亩，建成母本园苗木基地 30亩，打造以梁平柚为特色的产业型土地。

产业支撑体系的另一个更重要的要素就是劳动力和人力资本的支撑体系的建设，这既包括建设产业技术研究院，与国内外先进科研单位合作，进行创新人才的引进，还包括劳动力支撑体系的打造。农产品的成功离不开终端产品的丰富，农业产业未来应当培养一批具有强大实践能力的人才，包括烹饪、调味、加工等领域的综合型高端人才，同时开设职业技能培训班以培育一、二、三产业一线人才，依托本地各类职业大学平台开设培训班。大理宾川县的葡萄、柑橘、石榴等水果都独具特色，通过"订单式"技能培训及人才培养，培育出果树嫁接工匠、修果工匠、装果工匠、种植技术专家，以及从事水果病虫害防治、水果加工、水果销售等新型职业农民1.4万余人。

产业支撑体系的第三个要素就是要有资本的支撑体系建设。当地政府可成立区域农产品品牌的投资公司，并鼓励村镇银行、农村信用社、小额信贷公司、融资担保公司、融资租赁公司等主体，为当地农产品品牌的发展提供多元化的资本支持。

产业支撑体系的第四个要素就是基础设施以及新基建的支撑。当地应该着力打造农产品的专业园区，吸引产业链上下游的优质企业入驻，加快建设交易中心、种苗繁育中心、检测中心和价格发布中心等基础设施，助力区域品牌走向全国；另一方面，积极利用大数据、人工智能、云计算、"互联网+"等新兴信息技术，将其应用于农业生产各领域中的载体或系统，推动智慧农业建设。

产业支撑体系还有一个重要要素，就是政策支撑体系，主要包括财政政策、退税政策、土地政策和人才政策等。财政政策上，对当地特色的品牌农产品经营主体进行重点支持，利用财政资金为基地建设、品牌创建、龙头培育等环节进行扶持；退税政策上，推出支持品牌农产品发展的相关税费优惠政策，以税助农；土地政策上，为品牌农产品发展盘活农村闲置宅基地、探索灵活多样的用地方式、土地综合整治、实行耕地保护等；人才政策上，对品牌农产品专业人才，建立人才信息库、打造职称评价制度、设立人才项目基金、落实人才服务保障等。

产品和支撑体系是互为表里的关系，有了明确的产品定位和开发，才能建设和制定出与之相适应的相关支撑体系。同样，支撑体系并不是独立存在的，无论是土地，还是资本体系的建设，都是要服务于产品的创新，因为消费者买的就是产品本身，财政等优惠政策的制定，也要围绕产品竞争力的提高来展开。